편집부 통신

KB091468

…에서는 '슬램덩크 열풍'이 연일 화제가 됐…
…년대 폭발적인 인기를 끌며 연재됐던 만…가 지난 1월 극장판 '더 퍼스트 슬램덩크'로 돌아온 이후 만화를 즐겨봤던 3040세대뿐만 아니라 작품을 처음 접하는 1020세대까지 사로잡으며 원작인 만화책부터 각종 굿즈, 농구용품 구매로 이어지는 현상이 나타났기 때문입니다. 일각에서는 단순히 과거 인기있었던 작품을 그대로 재현하기보다 현재의 트렌드에 맞게 재해석한 것이 잘 맞아떨어진 것이라는 분석도 있었죠. 이처럼 슬램덩크는 단순한 콘텐츠의 의미를 넘어 기성세대에게는 추억과 감동을, 신세대에게는 새로운 경험을 제공하며 공감을 기반으로 한 세대통합을 보여주는 대표적인 예시로 떠올랐습니다. 특히 작품 흐름의 전반을 각자의 사연을 지닌 '성장형' 캐릭터들이 이끈다는 점에서 많은 사람들이 위로를 받았다고 하죠. "아픔과 상실, 잘되지 않는 것, 살아가면서 누구나 통과하는 길을 표현하고자 했다"는 이노우에 다케히코 감독의 말처럼 꿈을 이루기 위해 계속해서 노력하는 인물들의 모습에 '중요한 것은 꺾이지 않는 마음'이라는 메시지가 더해져 전 세대를 아우르는 열풍을 불러일으키지 않았나 싶습니다. 어느 것 하나 쉽지 않은 것이 지금의 현실이지만 영화가 전해주는 메시지처럼 여러분의 꿈과 열정을 위한 노력들이 꼭 보답받을 수 있기를 바랍니다.

발행일 | 2023년 3월 25일   발행인 | 박영일   책임편집 | 이해욱   편집/기획 | 김준일, 김은영, 이세경, 남민우, 김유진, 박영진   동영상강의 | 조한
편저 | 시사상식연구소   표지디자인 | 김지수   내지디자인 | 장성복, 채현주, 곽은슬, 윤준호   마케팅홍보 | 오혁종   창간호 | 2006년 12월 28일
발행처 | (주)시대고시기획   등록번호 | 제10-1521호   대표전화 | 1600-3600   주소 | 서울시 마포구 큰우물로 75[도화동 538번지 성지B/D] 9F
인쇄 | 미성아트   홈페이지 | www.sdedu.co.kr

"문송합니...다?"
채용담당자의 생각은?!

문과 전공 출신은 취업이 어렵다는 것이 거의 정설처럼 받아들여지는 시대다. 오죽하면 채용시장에서 "문과 출신이라 죄송하다"는 "문송합니다"라는 신조어가 생겨났을까. 그렇다면 실제 채용담당자는 이에 대해 어떻게 생각할까? 고용노동부와 한국고용정보원은 문과 전공이 채용에 미치는 영향에 대해 실제 채용업무를 담당하고 있는 총 758개의 기업담당자에게 직접 묻고 그 결과를 발표했다.

문과는 취업에 불리할까?

❯ 문과 전공 채용영향 (직군별 채용기업 수)

단위 : 개소

직군	직무관련 자격·실무경험 있으면 긍정적	문과 전공 자체만으로 영향 없음	학점·어학 등 기타 조건 우수하면 긍정적	긍정적	부정적
경영지원(n=671)	430(64.1%)	190(28.3%)	35(5.2%)	13(1.9%)	3(0.4%)
영업·마케팅(n=544)	336(61.8%)	175(32.2%)	28(5.1%)	2(0.4%)	3(0.6%)
연구개발(n=280)	138(49.3%)	61(21.8%)	9(3.2%)	2(0.7%)	70(25.0%)
생산기술(n=348)	191(54.9%)	89(25.6%)	4(1.1%)	2(0.6%)	62(17.8%)
IT(n=302)	158(52.3%)	92(30.5%)	6(2.0%)	1(0.3%)	45(14.9%)

자료/고용노동부

❯ 직무관련 경험 가장 중요해!

❶ 본 조사에서 문과는 경영·경제계열을 제외한 인문사회계열을 의미한다.

❷ 전체적으로 문과 출신이더라도 관련자격이나 실무경험이 있으면 긍정적이라는 응답이 많았다.

❸ 문과라는 사실 자체만으로는 채용에 영향이 없다는 응답도 많았다.

❹ 자연·공학계열의 선호가 높은 직군에서도 관련자격·실무경험이 있는 문과 출신을 긍정적으로 평가한다는 응답이 있었다.

문과는 무엇을 준비해야 할까?

문과 전공자가 합격을 위해 노력해야 하는 부분

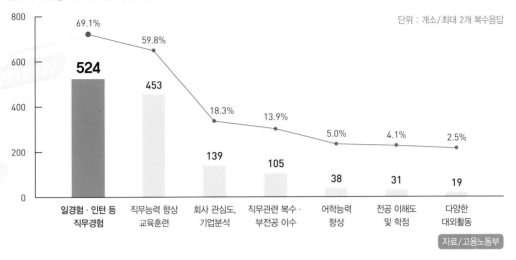

단위 : 개소/최대 2개 복수응답

- 일경험 · 인턴 등 직무경험 : 524 (69.1%)
- 직무능력 향상 교육훈련 : 453 (59.8%)
- 회사 관심도, 기업분석 : 139 (18.3%)
- 직무관련 복수 · 부전공 이수 : 105 (13.9%)
- 어학능력 향상 : 38 (5.0%)
- 전공 이해도 및 학점 : 31 (4.1%)
- 다양한 대외활동 : 19 (2.5%)

자료/고용노동부

문과 전공자는 어떤 준비를 해야 할까?

❶ 채용담당자는 일경험이나 인턴 등 직무경험과 직무능력 향상을 위한 교육훈련을 문과 전공자가 가장 노력해야 할 사항으로 꼽았다.

❷ 일경험과 자격증은 채용에도 긍정적 영향을 주는 것으로 나타난 반면, 학교에서의 복수 · 부전공 여부는 영향이 없거나 상황에 따라 다르다는 의견이 강했다.

❸ 학점은 기업이 정하는 기준 학점 이상이면 영향이 없다는 의견이 가장 많았다.

📢 채용담당자에게 물었다!

1. 문과 전공자의 취업역량 확대를 위해선?

채용담당자들은 문과 전공자의 취업역량을 확대하기 위해 필요한 것으로 직무 관련 일경험 기회 확충(70.6%)을 가장 많이 꼽았고, 다음으로 산업 수요가 있는 분야에 대한 직업훈련(31.1%), 전공 별 직업경로 등 정보제공(22.3%)을 꼽았다.

2. 문과 전공자에게 기업이 기대하는 것은?

기업이 문과 전공자에게 기대하는 역량으로는 커뮤니케이션 능력(31.8%)이 가장 높게 나타났고 2위 조직 적응력(22.3%), 3위 보고서 작성 능력(16%)순으로 나타났다.

04 월

대 대외활동   채 채용   공 공모전   자 자격증

SUN	MON	TUE	WED
2 대 유엔본부 한국 대학생 대표단 모집 마감 대 덕스티켓 덕스크루 모집 마감	**3** 공 대학(원)생 나노기술 공모전 접수 마감 공 오뚜기 푸드에세이 공모전 접수 마감	**4** 대 세계시민꿈나무 교실 봉사자 모집 마감 공 국립중앙과학관 과학체험 콘텐츠 접수 마감	**5** 공 부산 북구 시책 아이디어 공모전 접수 마감
9 자 손해사정사 1차 실시 자 기업회계·세무회계 1, 2, 3급 실시 자 전산세무·전산회계 1, 2급 실시	**10** 공 서초구 공사장 가설울타리 상상디자인 접수 시작 공 기록사랑 공모전 접수 마감	**11**	**12** 대 2023 청년/청소년 재능 봉사단 모집 마감
16 공 지식여행 가이드북 공모전 접수 마감	**17**	**18**	**19**
23/30 공 해외에서 겪은 사건사고 경험담 공모전 접수 마감 자 TOEIC 제487회 실시	**24**	**25**	**26**

공모전·대외활동·자격증 접수/모집 일정

❖ 일정은 향후 조율될 수 있습니다. 참고 뒤 상세일정은 관련 누리집에서 직접 확인해주세요.

THU	FRI	SAT
		1 채 한국경영자총협회·한국재료연구원·한국서부발전 필기 실시 채 한국환경연구원·한국항공우주연구원 필기 실시
6	**7** 대 부산 위풍당당 링크사업 멘티 모집 마감 대 인천 디아스포라영화제 자원활동가 모집 마감	**8** 채 국가직 9급 필기 실시 채 한국공항공사·SGI서울보증 필기 실시 자 기능사 정기 2회 필기 실시
13	**14** 대 충북 대학인재 재능나눔 참가자 모집 마감 공 국민취업지원제도 홍보 콘텐츠 접수 마감	**15** 채 중소벤처기업진흥공단·노사발전재단 필기 실시 채 충북 지방직 9급 1회 필기 실시
20	**21**	**22** 자 FAT·TAT 1, 2급 실시
27	**28** 공 부천 생명사랑 수기·표어 공모전 접수 마감	**29**

대외활동 Focus **2일 마감**

유엔본부 대학생 대표단 모집

유엔본부 한국 대학생 대표단

8월 뉴욕의 유엔본부에서 활동할 대학생 대표단 참가자를 모집한다. 유엔본부에서 전·현직 외교관과 직원·실무자들과 만나 각종 외교활동을 배우고 직접 경험할 수 있는 좋은 기회다.

채용 Focus **8일 실시**

한국공항공사

우리나라의 14개 공항을 관리·운영하는 한국공항공사에서 2023년 상반기 신입사원을 모집한다. 8일에 NCS를 비롯한 필기시험이 치러질 예정이다. 일반직, 5·6급, 안전직 등을 채용한다.

공모전 Focus **14일 마감**

국민취업지원제도 홍보콘텐츠 공모전

고용노동부에서 시행하는 국민취업지원제도를 홍보할 수 있는 콘텐츠를 공모한다. 소개형·후기형 콘텐츠를 공모하며, 5장 이내 이미지와 3분 이내의 자유형식 영상 형태로 지원할 수 있다.

자격증 Focus **9일 실시**

손해사정사

손해사정사

보험사고 발생 시 피보험자와 보험사 간의 분쟁을 해결하고 사고조사를 통해 피보험자의 권익을 지키는 손해사정사 자격시험이 치러진다. 1차와 2차 필기시험으로 진행된다.

Vol
194
CONTENTS

April

HOT ISSUE

2023.04.

필수 시사상식

취업! 실전문제

상식 더하기

HOT
ISSUE

1위

가해자 일본 책임 빠진
반쪽 강제동원해법

정부가 2018년 대법원으로부터 배상 확정판결을 받은 일제 강제동원 피해자들에게 국내의 재단이 대신 판결금을 지급한다고 공식발표했다. 그러나 일본 피고기업의 배상 참여가 없는 해법이어서 '반쪽'이라는 비판이 불가피할 것으로 보인다. 피해자들도 강하게 반발하고 있다. 정부는 강제동원 피해자의 고령화와 한일·한미일 간 전략적 공조강화의 필요성을 명분으로 내세우며 '대승적 결단'을 했다는 입장이지만, 미완의 해결안이라는 점에서 정부가 추진하는 일본과의 미래지향적 관계에도 계속 부담으로 작용할 가능성이 크다.

3월 6일 서울 외교부 청사에서 '강제동원 대법원판결 관련 정부입장 발표' 회견이 있었다. 발표를 맡은 박진 외교부 장관은 국내적 의견수렴 및 대일 협의 결과 등을 바탕으로 했다면서 '일제 강제동원 피해자들에게 국내재단이 대신 판결금을 지급한다'고 밝혔다.

배상 책임·의무 없는 국내기업이 지급

핵심은 행정안전부 산하 일제강제동원피해자지원재단(이하 재단)이 2018년 3건의 대법원 확정판결 원고들에게 판결금 및 지연이자를 지급하고, 현재 계류 중인 관련 소송이 원고승소로 확정될 경우에도 역시 판결금 등을 지급한다는 것이다. 이를 위해 정부는 앞선 1월 재단에 목적사업을 규정하는 정관 제4조 '일제 국외 강제동원 피해자 및 유족에 대한 피해보상 및 변제'를 신설해놓은 상태다.

강제동원해법을 발표하는 박진 외교부 장관

재원 마련은 포스코를 비롯해 16개가량의 국내 청구권자금 수혜기업의 자발적 기부를 통해 우선적으로 추진될 것으로 알려졌다. 1965년 한일청구권협정*에 따라 일본이 지원한 자금의 혜택을 본 국내기업들이 기부금을 출연해 우선 강제동원 피해자들에 대한 배상금을 변제하라는 것이다. 박 장관은 재원은 "민간의 자발적 기여 등을 통해 마련하고, 향후 재단의 목적사업과 관련한 가용재원을 더욱 확충해나갈 것"이라고 말했다.

박 장관은 아울러 "강제동원 피해자들의 고통과 아픔을 기억해 미래세대에 발전적으로 계승해나가기 위해 피해자 추모 및 교육·조사·연구 사업 등을 더욱 내실화하고 확대해나가기 위한 방안을 적극적으로 추진할 계획"이라고 말했다. 또 "한일 양국이 1998년 10월 발표한 '21세기의 새로운 한일 파트너십 공동선언(김대중·오부치 공동선언)'을 발전적으로 계승해 과거의 불행한 역사를 극복하고, 화해와 선린우호협력에 입각한 미래지향적 관계를 발전시켜 나가기 위해 함께 노력하기를 바란다"고 밝혔다.

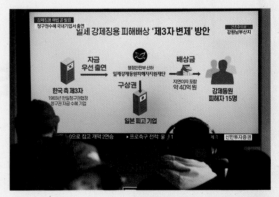

강제동원 피해배상 제삼자 변재방안

미래세대를 위한 대승적 결정?

그는 국내 대법원판결 이후 수출규제, 한일 군사정보보호협정(GSOMIA) 종료 통보, 코로나19에 따른 인적교류 단절 등 일련의 사태로 인해 경색된 한일 관계가 "사실상 방치돼왔다"고도 지적했다. 그러면서 "최근 엄중한 한반도 및 지역·국제 정세 속에서 자유민주주의, 시장경제, 법치, 인권이라는 보편적 가치를 공유하는 가장 가까운 이웃인 일본과 함께 한일 양국의 공동이익과 지역 및 세계의 평화번영을 위해 노력해나갈 수 있기를 바란다"고 말했다.

이날 발표한 정부의 강제동원해법은 일본이 1965년 한일청구권협정으로 강제동원 배상책임이 끝났다고 완강하게 버티는 상황에서 내린 고육지책으로 보인다. 박 장관도 회견에서 "일본 측이 일본정부의 포괄적인 사죄, 그리고 일본기업의 자발적인 기여로 호응해오기를 기대한다"고 말해 일본기업의 동참을 희망한다는 뜻을 분명히 했다.

하지만 외교부 고위당국자는 기자들과 만나 '일본의 참여를 위해 계속 외교적 노력을 할 것인가'라는 질문에 "양국 민간에 앞으로의 기여를 기대하고 있다"면서도 "자발적 성격은 우리가 요구하는 것이 아니고 기대하는 것"이라고 답했다. 비록 현실적 한계로 피고기업의 배상 참여는 끌어내지 못했지만, 우리나라가 먼저 발을 떼 해법 마련을 위한 기회의 창을 열겠다는 것이다. 정부가 향후 대일 외교교섭을 통해 이를 공식적으로 요구하기는 어렵다는 의미다. 이같은 상황에도 박 장관은 "이번 해법은 대한민국의 높아진 국력에 걸맞은 우리의 주도적인, 그리고 대승적인 결단"이라며 "정부가 이 문제를 도외시하지 않고 책임감을 가지고 과거사로 인한 우리 국민의 아픔을 보듬겠다는 의지의 표현"이라고 강조했다.

피해자들이 요구해온 또 다른 호응조치인 일본의 사과는 이전 기시다 후미오 총리가 "역사인식에 관해서는 역대 내각의 입장을 전체적으로 계승해왔고, 앞으로도 이어갈 것"이라고 했던 것을 인용하는 것으로 대신했다. 박 장관은 이에 대해 "일본으로부터

새로운 사죄를 받는 것이 능사는 아니라고 생각한다"며 "일본이 기존에 공식적으로 표명한 반성과 사죄의 담화를 일관되고, 또 충실하게 이행하는 것이 더 중요하다고 생각하고 있다"고 답했다. 김대중·오부치 선언에는 일본의 과거 식민지 지배에 대해 통절한 반성과 진심 어린 사죄가 담겨 있으므로 일본이 이를 충실히 이행하는 것만으로도 의미가 있다는 것이다. 사실상 일본정부의 공식적 사과는 요구하지 않겠다는 의미다.

한국의 강제동원해법에 대해 환영하는 일본 신문들

그러다 보니 일본은 긍정적으로 평가했다. 하야시 요시마사 일본 외무상은 우리 정부의 발표에 대해 "한일관계를 건전한 관계로 되돌리는 것으로 평가한다"며 "일본정부는 1998년 10월 발표된 한일공동선언을 포함해 역사인식에 관한 역대 내각의 입장을 전체적으로 계승하고 있다고 확인한다"고 덧붙였다. 일본 피고기업들도 "이 문제가 1965년 한일청구권협정으로 해결된 것으로 인식하고 있다"는 일본정부의 입장을 앞세우며 "한국정부의 국내조치에 대해 언급할 입장이 아니다"라고 밝히면서도 환영하는 분위기다.

일본 가해기업 면책 ⋯ 대법원판결 무력화

피해자 측은 강하게 반발하고 있다. 애초 시작점이 된 대법원판결의 취지를 전혀 살리지 못했다는 지적

도 나온다. 양금덕 할머니, 김성주 할머니, 이춘식 할아버지 등 생존해 있는 징용피해자 3명 모두 정부 해법에 반대했다. 양 할머니는 광주에서 이날 열린 회견에 직접 참석해 "우리나라 기업들 동냥해서 (주는 것처럼 하는 배상금은) 안 받으련다"고 목소리를 높였다. 7일에는 국회에서 열린 '윤석열정부 강제동원 정부해법 강행 규탄 긴급 시국선언'에 직접 참석했다. 이 자리에서도 양 할머니는 "잘못한 사람이 있는데 다른 사람이 사죄를 하고 배상을 한다는 게 말이나 되느냐"며 "같이(정부와 강제동원 피해자) 어려움을 헤쳐나갈 생각을 해야지 자기들(정부) 마음대로 결정한 것은 받아들 수 없다"고 지적했다. 대리인단도 동의하지 않는 피해자들과 일본기업의 국내 자산에 대한 강제집행절차를 계속하겠다고 밝혔다.

이에 양 할머니는 일본의 공식적인 사죄 한마디 듣겠다며 31년을 싸워왔다. 1992년 일본정부와 전범기업을 상대로 한 이른바 '천인소송'에 참여한 것을 시작으로 일본에서 진행된 3개소송에 모두 참여했다. 모두 패소했지만 포기하지 않은 양 할머니는 변호사와 시민단체의 도움을 받아 국내에서 다시 소송을 제기했고, 결국 2018년 대법원 승소판결을 받아냈다. 한일청구권협정과 별개로 일본기업의 책임을 인정하고 미쓰비시중공업 등 전범기업에 손해배상 책임을 지우는 판결이었다. 그러나 대법원판결을 근거로 강제집행 절차에 돌입하자 일본기업이 이 절차마저 부당하다며 항고에 이어 재항고를 제기해 현재 대법원에 계류 중이다.

강제동원 피해자 양금덕 할머니

양 할머니는 나주공립보통학교 6학년이던 1944년 일본인 교장의 반강제적인 권유로 일본에 있는 미쓰비시중공업이 운영하는 나고야항공기제작소에 동원됐다. 매일 중노동에 시달려야 했지만 약속했던 임금은 한 푼도 받지 못했다. 해방된 뒤 고향으로 돌아와서는 위안부로 오인한 사람들의 냉대에 시달리기도 했다.

일본제철과 히로시마 미쓰비시중공업 징용피해자를 지원해온 민족문제연구소와 법률대리인들도 서울 민족문제연구소에서 기자회견을 열고 정부해법에 대해 "식민지배의 불법성과 전범기업의 반인도적인 불법행위에 대한 배상책임을 인정한 2018년 대법원 판결을 사실상 무력화하는 것"이라고 강하게 반발했다. 또 "일본의 사과도, 강제동원 문제에 대한 일본의 그 어떤 재정적 부담도 없는 오늘의 굴욕적인 해법에 이르렀다"라고 지적했다. 광주에서 미쓰비시중공업 나고야 근로정신대 피해자들을 지원해온 일제

강제동원시민모임도 "정부해법은 대한민국 행정부가 사법부의 판결을 무력화시킨 '사법 주권의 포기'이자 자국민에 대한 외교적 보호권을 포기한 '제2의 을사늑약'이다"라고 비난했다.

2018년에 대법원 확정판결을 받은 징용피해자들은 총 15명이다. 일본제철에서 일한 피해자, 히로시마 미쓰비시중공업에서 일한 피해자, 나고야 미쓰비시 근로정신대 피해자 등 3개 그룹이다. 이와 별도로 대법원에 계류돼 확정판결을 기다리고 있는 강제동원 소송 9건을 비롯해 국내법원에서 다수의 소송이 진행되고 있다.

한일정상회담 재개 … 대일 굴욕외교 비판도

정치권에서도 비판이 쏟아졌다. '일본의 강제동원 사죄와 전범기업의 직접배상 이행을 촉구하는 의원모임' 53명은 "정부 발표는 양금덕 할머니를 비롯한 강제동원 피해자들의 절규를 철저히 무시하고 능멸한 것"이라며 "즉각 철회하라"라고 촉구했다. 이들은 "진정한 사죄와 전범기업의 배상이 포함되지 않은 정부의 제삼자 변제해법 발표는 피해자인 한국이 가해자 일본에 머리를 조아린 항복선언으로 한일관계 역사상 최악의 외교참사로 기록될 것"이라며 "대일 굴욕외교의 나쁜 선례로 남아 향후 군함도, 사도광산, 후쿠시마 오염수 등 산적한 대일 외교현안 협상과정에서 한국의 발목을 잡으며 돌이킬 수 없는 후과를 양산할 것"이라고 성토했다. 제삼자 변제해법에 대해서는 일본의 '성의 있는 호응' 조치가 없다는 점을 들어 "이번 정부 발표로 더욱 오만해진 일본이 책임 있는 조치를 취할 가능성 또한 전무하다"며 "강제동원을 특정해서 사죄한 적 없는 일본의 과거 담화 계승으로 강제동원에 대한 사죄를 대신하겠다는 입장을 공식화함으로써 윤석열정권의 참담한 역사인식을 다시 한 번 드러냈다"고 비판했다.

한편 국내의 거센 비판여론에도 불구하고 윤석열 대통령은 3월 16일 한일정상회담을 위해 일본을 방문해 기시다 총리와 만났다. 이날 두 정상은 강제동원해법을 비롯해 일본의 대(對)한국 수출규제 및 GSOMIA 정상화. '셔틀외교' 복원 등을 논의했다. 또한 오는 5월 히로시마에서 개최되는 주요 7개국(G7) 정상회의에 윤 대통령을 초청하는 것을 검토 중인 것으로 알려졌다.

윤석열 대통령과 기시다 일본 총리

다만 회담 이후 진행된 공동기자회견에서 과거사와 관련한 기시다 총리의 진전된 발언은 없었으며, 윤 대통령 역시 일본 가해기업에 대한 구상권 행사는 상정하고 있지 않다고 밝혔다. 같은 날 전국경제인연합회와 일본경제단체연합회(게이단렌)가 창설을 발표한 '미래 파트너십 기금'에도 미쓰비시중공업과 일본제철의 참여 여부가 명확히 밝혀지지 않았다. 또 수출절차 간소화 혜택을 주는 화이트리스트(백색국가 리스트) 원상회복과 관련해서도 확답을 얻지 못했다. 이를 두고 더불어민주당은 과거사에 대한 진심 어린 사죄나 반성은 듣지 못한 채 일본측 요구만 일방적으로 수용한 굴욕적 외교 참사라며 맹비난했다. 시대

2위

이변은 없었다
국민의힘 새 대표 김기현

국민의힘 새 당 대표에 4선 의원인 김기현(64, 울산 남구을) 후보가 당선됐다. 김 신임 대표는 3월 8일 경기 고양 킨텍스에서 열린 전당대회에서 52.93%를 득표, 4명의 후보 중 과반으로 1위를 차지했다. 이날 발표된 득표율은 지난 3월 4~5일 모바일 투표와 6~7일 ARS 투표를 합산한 결과다. 투표율은 역대 최고인 55.10%(83만 7,236명 중 46만 1,313명)를 기록했다. 당 대표 경선 2위는 안철수 후보(23.37%), 3위는 천하람 후보(14.98%), 4위는 황교안 후보(8.72%)가 차지했다. 이번 전당대회는 김 대표가 과반을 득표하면서 결선투표는 치러지지 않게 됐다.

김 신임 대표, "총선 압승 위해 총력 다할 것"

득표율 52.93%로 과반을 넘겨 여당 신임 대표로 선출된 김기현 대표는 수락연설에서 "우리는 오직 하나의 목표를 향해 달려가야 한다"며 "그 목표는 첫째도 민생이고, 둘째도 민생이고, 그리고 셋째도 오로지 민생"이라고 강조했다. 이어 "당원 동지 여러분과 한 몸이 돼서 민생을 살려내 2024년 총선 승리를 반드시 이끌어 내겠다"며 "하나로 똘똘 뭉쳐 총선 압승을 이루자"고 말했다.

당 대표 수락연설을 하는 김기현 국민의힘 대표

김 대표는 전당대회(전대) 종료 이후 기자회견에서 "최대한 이른 시일 내 이재명 더불어민주당 대표를 포함한 여러 야당 지도자를 찾아뵙고, 의견을 구하겠다"고 말했다. 사무총장을 비롯한 주요 당직에 '친윤(친윤석열)' 인사들을 기용하는 것 아니냐는 질문에는 "당직 인선에 대해 그동안 구체적으로 구상해온 것이 없다"며 "연·포·탕(연대·포용·탕평)이라는 기본원칙을 지켜나갈 것"이라고 답했다. 한편 김 대표와 함께 지도부를 구성하는 최고위원은 김재원(득표율 17.55%), 김병민(16.10%), 조수진(13.18%), 태영호(13.11%) 후보, 청년최고위원은 장예찬(55.16%) 후보가 선출됐다.

이번 국민의힘 전대 투표율은 역대 최고인 55.10%(83만 7,236명 중 46만 1,313명)를 기록했다. 이 가운데 열린 전대는 전국에서 1만여 명의 당원과 지지자들이 운집해 뜨거운 열기를 내뿜었다. 당 대표를 비롯해 최고위원 4명, 청년 최고위원 1명을 선출한 이번 전대는 국민의힘이 집권 여당이 된 후 처음 개최한 행사로 코로나19 사태 이후로도 처음이다. 전대에는 윤석열 대통령도 참여했다. 현직 대통령이 전대에 참석한 것은 2016년 새누리당(국민의힘 전신) 시절 박근혜 전 대통령 이후 7년 만이다.

'친윤 지도부' 완성, '비윤'은 전멸

이날 전대에서 선출된 차기 지도부의 면면을 보면 김 대표는 물론이고 최고위원도 모두 친윤계로 분류되거나 친윤계를 자처한 인사들로 채워졌다. 비윤(비윤석열)계 후보들은 모조리 탈락했다. 이로써 윤 대통령 '친정체제'가 구축돼 당정관계는 당분간 큰 갈등 없이 순항할 것이라는 전망이 나온다. 2022년 당을 깊은 내홍 속으로 빠져들게 한 '가처분 파동*' 같은 사태가 되풀이되지 않고 차기 총선까지 안정을 유지할 수 있을 것으로 관측된다.

2022년 국민의힘 가처분 파동

이준석 전 국민의힘 대표가 자신을 축출하기 위한 당의 비상대책위원회(비대위) 출범에 반발해 2차례의 효력정지 가처분 신청을 하는 등 당이 내홍에 휩싸였다. 1차에는 신청이 인용돼 비대위 출범이 무산됐지만, 당은 당헌·당규를 개정해 다시금 비대위 출범을 시도했고, 그 결과 이 전 대표가 낸 2차 신청은 법원에서 기각됐다. 이후 이 전 대표는 당의 윤리위원회에 회부돼 당원권이 추가로 정지됐고 대표직을 잃었다.

반면 내부 다양성을 확보하지 못한 것이 당에 부담으로 작용할 것이라는 우려도 있다. '친윤 일색' 리더십에 대한 비판적 목소리가 터져 나오면서 계파 갈등이 오히려 심화할 수 있다는 것이다. 총선이 다가오고 공천 관련 얘기가 당내 이슈로 떠오르면 더욱 고조될 가능성이 크다. 또한 대표부터 최고위원까지 이번에 선출된 6명을 출신·선거구 지역별로 보면 당의 취약지인 호남·서울이 절반을 구성하고 있다는 점은 의미가 있으나, 이른바 '중원벨트'로 불리는 경기·강원·충청권은 아예 없다. 이념성향을 봐도 '강성보수'에 가깝고, 친윤 주류와 결을 같이하고 있다는 분석이 가능하다. 이러한 지도부 면면을 두고 '총선 민심'을 향해 얼마나 소구력을 발휘할 수 있을지 미지수라는 우려도 제기되고 있다.

이에 따라 김 대표가 향후 지명직 최고위원이나 주요 당직을 어떻게 인선할지도 주목됐다. 김 대표가 전대 과정에서 연·포·탕 정신을 강조한 만큼 당내 비주류를 끌어안는 인사가 이뤄질 것이라는 시각도 있지만, 당장은 당 전열정비를 우선하며 '단일대오' 진용 다지기에 나설 것이라는 관측에 무게가 실리고 있다.

전대 내내 이어진 네거티브에 후유증 전망도

약 한 달간의 레이스는 마감했지만, 그간 후보들 간의 날 선 비방전은 적지 않은 생채기를 남겼다. 전대 레이스 초반에는 유력 당권주자로 꼽히던 나경원 전 의원을 향한 친윤계의 비방전으로 시끄러웠다. 김 대표를 지원해온 당내 친윤그룹은 "반윤(반윤석열) 우두머리" 등의 발언으로 나 전 의원에게 십자포화를 퍼부었고, 초선의원 50명은 이에 동조해 나 전 의원을 비판하는 연판장을 돌리기도 했다. 나 전 의원의 불출마 선언 후 본 경선에 들어가서는 당적을 여러 차례 바꾼 안철수 후보에게 공격을 가했다. 김 대표는 '간첩', '신영복' 등 이념적 색채가 강한 사안과 관련한 과거발언으로 안 후보를 비판했다.

전대 레이스 중반부터는 김 대표의 '울산KTX 역세권 부동산 시세차익' 의혹을 놓고 김 후보 대 다른 후보 간 뜨거운 비방전이 이어졌다. 2007년 울산 KTX 역세권 연결도로 노선이 당초 계획과 달리 울산KTX역 인근에 있는 김 후보 소유 임야를 지나도록 휘었고, 이 과정에서 김 후보가 막대한 시세차익을 얻었다는 게 의혹의 핵심이다. 향후 김 대표의 해당 의혹과 관련된 여진이 생길 가능성도 남아 있다.

안철수 후보(왼쪽)와 황교안 후보

또한 레이스 막판엔 대통령실 행정관들이 SNS 단체대화방을 통해 김 대표 지지활동을 했다는 논란으로 갈등이 정점에 달했다. 안 후보 측은 이를 '대통령실 행정관들의 전대 선거개입'으로 규정하고, 강승규 시민사회수석을 고위공직자범죄수사처에 고발했다. 안 후보와 황교안 후보는 3월 7일 국회에서 공동기자회견을 열고 김 대표의 후보직 사퇴를 촉구했고, 김 대표가 "막장 내부총질"이라고 맞받아치며 '진흙탕 싸움'으로 번졌다. 이렇듯 이번 전대를 기점으로 뚜렷해진 당내 친윤 주류세력과 개혁보수 성향의 안 후보, 이준석계 천하람 후보 등 비주류 사이의 계파 갈등이 제대로 봉합되지 않을 경우 총선에 예상치 못한 악재로 작용할 수 있다는 우려도 있다. 시대

Welcome to ChatGPT

with your OpenAI account to continue

Log in   Sign up

3위

대화부터 문서작성까지 가능
AI 챗봇전쟁 서막

2022년 11월 30일 출시된 대화형 인공지능(AI) '챗GPT'가 불러온 챗봇 열풍이 최근 전 세계를 휩쓸고 있다. 미국의 오픈AI(Open AI)가 개발한 챗GPT는 방대한 데이터베이스를 기반으로 한 강화학습을 통해 스스로 언어를 생성하고 추론할 수 있는 능력을 지니고 있어 마치 사람과 이야기하는 것처럼 자연스러운 대화가 가능하다. 여기에 MBA와 로스쿨, 의사면허 시험 합격소식에 이어 소설이나 논문, 기사 등의 문서작성까지 가능하다는 사실이 알려지면서 출시 2개월 만인 지난 1월에 이미 사용자가 1억명을 돌파하는 등 새로운 게임체인저로 떠올랐다.

챗GPT가 촉발한 AI 챗봇전쟁

'챗GPT' 등 사람처럼 대화하는 생성형 인공지능*(AI) 챗봇이 전 세계적으로 열풍을 일으키고 있는 가운데 구글과 마이크로소프트(MS) 간 불붙은 'AI 챗봇전쟁'이 검색서비스를 넘어 양사의 전 사업 영역으로 번지는 모양새다. 3월 8일(현지시간) 블룸버그통신은 MS의 챗GPT기술 도입에 위기감을 느낀 구글 모기업 알파벳이 AI기술 도입에서 MS를 따라잡기 위해 전력질주하고 있다고 보도했다. 이를 위해 구글은 심각한 위기경고를 뜻하는 '코드 레드(Code Red)'를 발령하고 사용자가 10억명 이상인 구글의 모든 주요 제품에 생성형 AI를 포함해야 한다는 지침을 내놨다고 소식통이 전했다. 앞서 지난 2월 MS가 챗GPT기술을 탑재한 검색엔진 '빙(Bing)'의 새 버전을 내놓자 구글은 AI 챗봇 검색서비스 '바드(Bard)'를 부랴부랴 출시하기도 했다.

생성형 인공지능

단순히 콘텐츠의 패턴을 추론·학습해 결과를 도출하는 것을 넘어 텍스트, 오디오, 이미지 등 기존의 콘텐츠를 활용하여 이용자의 요구에 따라 다양한 형태의 창작물을 새롭게 만들어내는 인공지능(AI)기술을 말한다. AI기술이 발전함에 따라 일반인도 쉽게 AI를 활용할 수 있다는 기대가 커졌지만, 새롭게 등장한 기술이니만큼 저작권법이나 윤리문제 등 정립되지 않은 사안들이 많아 지속적인 사회적 논의 및 관련 대책 마련이 필요한 상황이다.

두 빅테크(거대 기술기업) 간 AI경쟁은 각 사의 주요 사업 분야 곳곳으로도 확산하고 있다. 구글은 바드 외에 유튜브에도 AI기능을 탑재해 크리에이터들이 영상에서 가상으로 옷을 갈아입거나 SF 같은 배경을 만들 수 있게 한다는 계획이다. MS는 기업용 소프트웨어에도 챗GPT기술을 도입해 기업 판매·마케팅·고객서비스 소프트웨어인 '다이내믹스 365 코파일럿' 시범서비스를 출시했다.

이러한 AI경쟁 움직임은 검색엔진을 넘어 페이스북 등 소셜미디어(SNS)로도 보폭을 넓히고 있다. 챗GPT 개발사 오픈AI의 공동창업자였던 일론 머스크 테슬라 최고경영자(CEO)도 챗GPT 대항마 개발을 위한 연구소 구성과 인재 영입에 나섰다. 페이스북의 모회사 메타플랫폼의 마크 저커버그 CEO는 생성형 AI에 초점을 둔 새로운 조직을 만들 것이라고 발표하며 "새로 구성되는 팀은 메타의 제품에서 사용될 수 있는 창조적이고 표현적인 툴을 구축할 것"이라고 설명했다. 인스타그램과 모바일 메신저 왓츠앱, 페이스북 메신저에도 사람처럼 답하는 AI 챗봇을 탑재하겠다는 것이다. 또 미국의 소셜미디어기업 스냅은 오픈AI의 GPT에 기반한 AI 챗봇 '마이' 출시를 발표했는데, MS와 구글 외에 자사 상품에 AI 챗봇을 탑재한 것은 스냅이 처음이다.

챗GPT, 얼어붙은 반도체업계에 구원투수 될까

챗GPT는 침체에 빠진 글로벌 반도체업계에 활기를 불어넣을 새로운 수요처로도 주목받고 있다. 업계에 따르면 AI 머신러닝(기계학습)에 알맞은 칩을 만드는 미국 반도체업체 엔비디아의 주가가 최근 고공행진을 펼쳤다. 챗GPT는 대규모 데이터학습에 엔비디아의 A100 그래픽처리장치(GPU) 1만개를 활용했는데, 이는 데이터를 한 번에 대량으로 처리하는 병렬처리방식 반도체로 AI 분야에서 많이 활용되고 있다. 현재 엔비디아의 GPU 시장점유율은 80% 이상인 것으로 알려져 있는데, MS와 구글 등 빅테크 기업이 잇따라 AI 챗봇 경쟁에 뛰어들면서 AI 머신러닝 구동에 적합하다고 평가받는 엔비디아 칩에 쏠리는 관심도 커졌다.

국내 반도체업계도 챗GPT가 창출한 새로운 메모리 수요에 기대를 거는 상황이다. 챗GPT 같은 AI 분야 데이터 처리에 쓰이는 GPU에 고대역폭 메모리

(HBM)를 포함한 D램이 대거 탑재되기 때문이다. 이러한 AI 수요 증가에 발맞춰 삼성전자와 SK하이닉스는 고성능·고용량 메모리 개발에 사활을 걸고 있다. 업계에서는 생성형 AI의 서비스 학습과정이 텍스트뿐만 아니라 이미지와 비디오, 생체 신호 등 모든 데이터 형식을 커버하는 멀티모달 형식으로 진행될 것으로 예상되는 만큼 학습과 추론을 위한 서버인프라 투자도 확대될 것으로 보고 있다.

시장조사업체 가트너는 AI 반도체시장이 2020년 220억달러에서 2023년 553억달러로, 2026년에는 861억달러 규모로 가파르게 성장할 것으로 전망했다. 다만 전방위적인 수요부진으로 인한 메모리 불황의 골이 상당히 깊고, 아직 AI 수요가 전체 반도체 수요에서 차지하는 비중은 미미한 수준이다. 이 때문에 챗GPT 열풍이 당장 반도체 업황 회복으로 이어지기에는 역부족이라는 진단도 나온다. 한 업계 관계자는 "챗GPT 열풍과 인텔 사파이어 래피즈 출시로 서버교체 수요에 대한 기대감은 크지만, 경기 둔화로 인해 2023년 안에 그 기대감이 현실화할 가능성은 미미한 것으로 보인다"며 "수요침체와 과잉재고로 인해 D램산업의 상처가 역대급으로 큰 상황이라는 점을 고려하면 업황 회복강도가 시장예상 대비 낮을 가능성도 충분히 있다"고 진단했다.

윤리문제, 저작권법 등 풀어야 할 과제 많아

향후 챗GPT가 풀어나가야 할 과제도 많이 남아 있다. 우선 정확성과 신뢰성 측면에서 한계가 있다. 현재의 챗GPT는 2021년까지의 정보만 분석해 최신정보 탐색에 제한적인 데다 인터넷상에서 확률적으로 분석해 답변을 찾다 보니 잘못되거나 편향된 정보를 제공할 수 있고, 가치판단을 할 수 없어 혐오 또는 차별적인 내용을 기술할 수도 있다.

저작권 문제 역시 해결해야 할 숙제 중 하나다. AI가 데이터베이스를 기반으로 정보를 대량으로 학습하는 과정에서 기존의 저작물이 무단으로 이용될 수 있기 때문이다. 이로 인해 저작물의 독창성과 고유성을 둘러싼 저작권과 표절문제를 재정의하는 과정이 필요하다는 의견이 대두되고 있다. 현재의 저작권법에서 '저작자'는 인간만 인정하고 있어 챗GPT가 쓴 소설을 그대로 낸다고 해도 저작권법 위반에 해당하지는 않는다. 그러나 앞으로 챗GPT와 유사한 형태의 생성형 AI가 진화를 거듭하면서 인간과 비슷하거나 혹은 그것을 뛰어넘는 수준의 창작물을 만들어낼 수 있게 되면 AI의 창작물에 대한 저작권 인정문제는 첨예한 쟁점의 대상이 될 수 있다.

또 인간을 뛰어넘는 능력에 대한 논란도 크다. 미국의 한 대학 철학수업에서는 '학급에서 가장 잘 쓴 글'로 평가된 에세이가 챗GPT가 작성한 것으로 드러났다. 이처럼 부정행위에 악용될 우려가 커지자 미국 대학들은 대책 마련을 서두르고 있다. 김덕진 미래사회 IT연구소 소장은 "인공지능의 발전을 통해 분명히 일자리나 사회의 변화는 생길 것"이라며 "그 변화에 맞춰 우리가 어떤 식의 접근을 해야 할지 고민해야 한다"고 말했다. 시대

4위

주 69시간 근로제 개편안 …
거센 비판여론에야 의견수렴 나서

정부가 1주일에 52시간까지만 일하도록 하는 현행 근로제도를 개선해 바쁠 때는 최대 69시간까지 일할 수 있도록 허용하고 장기휴가 등을 이용해 푹 쉴 수 있게 한다는 근로시간 개편안을 발표했다. 그러나 이후 비판여론이 높아지자 진화와 해명에 나섰고, 대통령실도 노동약자의 의견을 수렴한 뒤 개편방안을 잡겠다며 한발 물러났다.

비상경제장관회의 주재하는 추경호 부총리 겸 기획재정부 장관

연장근로 단위 '주' → '월·분기·반기·연'

개편안을 살펴보면 먼저 정부는 70년간 유지된 '1주 단위' 근로시간제도가 불합리하다고 봤다. 현재는 근로자 1명이 1주일에 1시간만 초과해 53시간 일해도 사업주는 범법자가 된다. 이로 인해 사업주들은 처벌을 피하려고 근로자가 실제로 더 일해도 52시간만 일한 것으로 '꼼수' 기재하는 경우가 많아 결국 '공짜노동'으로 이어진다는 것이다. 이에 정부는 '주 52시간제(기본 40시간+최대연장 12시간)'의 틀을 유지하되 '주' 단위의 연장근로 단위를 노사합의를 거쳐 '월·분기·반기·연'으로도 운영할 수 있도록 했다.

단위기준별 연장근로시간을 살펴보면 '월'은 52시간(12시간×4.345주), '분기'는 156시간, '반기'는 312시간, '연'은 624시간이다. 하지만 정부는 장시간 연속근로를 막고 실근로시간을 단축하기 위해 분기 이상의 경우 연장근로 한도를 줄이도록 설계했다. 즉, '분기'는 140시간(156시간의 90%), '반기'는 250시간(312시간의 80%), '연'은 440시간(624시간의 70%)만 연장근로가 가능하게 했다.

최대 근무시간 주 69시간 근무 예시	
24시간 − 11시간(근로일간 연속휴식) − 1.5시간(근로시간 4시간당 30분 휴게시간) = 11.5시간	일 최대 11.5시간×6일

주69시간 근로 포함 근무 예시				
	첫째 주	둘째 주	셋째 주	넷째 주
법정	40시간	40시간	40시간	40시간
연장	29시간 + 23시간		불가	불가
69시간	월 단위 주 52시간 연장근무			

주 64시간 상한
근로일간 11시간 연속휴식 따르지 않을 경우

자료 / 고용노동부

월·분기·반기·연 단위로 전체 근로시간을 관리하게 되면 주 단위 근로시간은 매주 달라질 수 있다. 일이 몰리는 주에는 근로시간이 많아지고, 일이 적은 주에는 반대로 줄어드는 식이다. 이 경우 1주에 최대 69시간까지 근로가 가능하다. 정부는 일을 마치고 다음 일하는 날까지 11시간 연속휴식을 보장하기로 했기 때문에 하루 24시간 중 11시간(수면, 이동시간 포함)을 빼면 13시간이 남는다. 또 **근로기준법***상 4시간마다 30분씩 휴게시간이 보장되므로 13시간에서 1.5시간을 빼면 남는 근무시간은 11.5시간이다. 일주일에 하루는 쉰다고 가정하면 1주 최대 노동시간은 69시간(11.5시간×6일)이라는 계산이 나온다. 결국 6일 동안 9시에 출근할 경우 휴게시간을 포함해 23시까지 직장에 있어야 한다는 의미다.

헌법에 따라 근로조건의 최저 기준을 정함으로써 근로자의 기본적 생활을 보장 및 향상시키고 균형 있는 국민경제의 발전을 꾀하기 위해 만들어진 법이다. 1953년 처음 제정됐으며, 이후 수차례 개정되어 지금에 이르렀다. 주요 내용으로 근로계약, 임금, 근로기간 및 휴식, 여성 및 소년 등의 고용, 안전과 보건, 기능습득, 재해보상, 취업규칙, 근로감독관 등이 있다.

또한 정부는 휴가를 자유롭게 쓸 수 있는 여건을 마련하고자 '근로시간 저축계좌제'를 도입한다고 했다. 저축한 연장근로를 휴가로 적립한 뒤 기존 연차휴가에 더해 안식월 개념처럼 장기휴가를 쓸 수 있도록 하겠다는 것이다.

비판여론 커지자, 정부는 뒤늦게 의견수렴 나서

그러나 정부의 근로시간 개편안은 곧 여론의 거센 반발에 부딪혔다. 주당 최대근로 시간인 69시간을 두고 고용노동부(노동부)는 전체 일하는 시간이 절대 늘어나지 않는다고 강조했지만, 많은 청년 근로자가 '주 52시간제'가 사실상 '주 69시간제'로 바뀌는 것으로 받아들이면서 여론이 들끓었다. 이른바 MZ세대 노조라고 불리는 '새로고침 노동자협의회' 유준환 의장은 "개편안의 취지의 실제 여부가 불분명하다"면서 "근로시간을 유연하게 선택하고 쓴다는 취지에는 많은 노동자가 공감하겠지만, 유연의 기준을 주 40시간 기준으로 떠올리지, 연장근로를 유연하게 쓰는 것으로는 생각하지 않는다"고 강조하기도 했다.

반발여론이 높아지자 윤 대통령은 입법예고 8일 만인 3월 14일 개편안을 보완하라고 지시했다. 이어 이날 '주 60시간 이상 근로는 무리'라고 발언하며 구체적인 가이드라인까지 제시했다. 이에 따라 정부는 MZ세대와 노동약자, 양대 노총 등 각계각층을 대상으로 한 의견수렴 절차에 뒤늦게 나섰다. 주무부처인 노동부는 이러한 과정을 토대로 보완대책을 내놓을 계획이다.

5위

5개월 연속 수출 감소 …
무역수지 1년째 적자행진

우리나라 경제를 지탱해온 수출이 5개월 연속 마이너스 성장을 기록했다. 반면 수입은 늘어나 무역적자 행진이 1년째 이어졌다.

눈덩이 재고에 K-반도체 못 버텨

2023년 2월 수출액은 501억달러(66조 3,825억원)로 2022년 같은 달(541억 6,000만달러)보다 7.5% 감소한 것으로 집계됐다. 다만 수출액이 2022년 대비 16.6% 감소했던 1월에 비해서는 감소폭이 둔화했다. 수출은 글로벌경기 둔화흐름이 이어지는 가운데 반도체업황 악화까지 겹쳐 2022년 10월부터 감소세가 계속되고 있다.

반도체 수출액 추이

자료 / 산업통상자원부

우리나라 최대 수출품목인 반도체의 2월 수출액은 59억 6,000만달러로 2022년 같은 달보다 42.5%(44억달러) 급감했다. IT제품 등 세트 수요 위축에 더해 K-반도체의 주력인 D램, 낸드플래시* 등 메모리제품 가격이 바닥을 치고 있기 때문이다. 가격하락으로 국내 반도체 최대 수출시장인 대중국 반도체 수출액도 2022년보다 무려 39.0%나 감소하며 마이너 성장을 주도했다. 수출부진 등으로 삼성전자와 SK하이닉스는 2023년 2월 메모리사업에서 상당한 적자를 낸 것으로 알려졌다.

D램과 낸드플래시

반도체는 크게 저장역할을 수행하는 메모리 반도체와 정보처리 역할을 수행하는 비메모리 반도체로 나뉜다. 그중 메모리 반도체는 저장할 데이터를 잠시 머무르게 한 후 이동(캐시)시키는 역할을 하는 휘발성 반도체와 캐시메모리에서 받은 데이터를 반영구적으로 저장하는 비휘발성으로 나뉜다. D램은 대표적인 휘발성 메모리 반도체이며, 낸드플래시는 대표적인 비휘발성 메모리 반도체다.

반도체뿐 아니라 석유화학(-18.3%), 철강(-9.8%), 디스플레이(-40.9%), 바이오·헬스(-32.9%), 선박(-10.7%) 등 대다수 주요 품목의 수출액도 동반 감소해 전체 수출실적을 끌어내렸다. 반면 자동차 수출은 47.1% 증가해 역대 최대실적을 올렸다. 석유제품(+12.0%)과 이차전지(+25.1%), 일반기계(+13.0%)도 모두 두 자릿수 증가율을 보였다.

대중국 무역수지 5개월 연속 적자행진

국가별로는 반도체 수출감소로 영향을 크게 받은 대중국 무역수지가 마이너스 11억 4,000만달러를 기록해 5개월 연속 적자행진을 이어갔고, 2월 대중국 수출도 98억 8,000만달러로 2022년 동월 대비 9개월 연속 감소(-24.2%)했다. 반도체를 비롯해 디스플레이(-43.5%), 석유화학(-29.5%) 등 대다수 품목의 대중국 수출이 감소했다. 윤석열 대통령 취임

초 북대서양조약기구(NATO, 나토) 정상회의 연설에서 '반중노선'을 발표한 이후 일관적인 흐름이다.

반면 2023년 2월 수입은 554억달러(73조 4,000억원)로 2022년 동월보다 3.6% 증가했다. 원유, 가스, 석탄 등 3대 에너지원 수입액(153억달러)이 2022년보다 19.7% 증가한 영향이 컸다. 유가하락으로 원유 수입액은 줄었지만, 동절기 에너지 수급에 대비해 가스 수입이 늘었기 때문이다. 에너지 외 수입은 2022년보다 1.5% 줄어 감소세를 보였다. 물가 및 체감물가 상승으로 소비자들의 소비심리가 얼어붙었기 때문이다.

이에 따라 무역수지는 53억달러(7조 225억원)의 적자를 기록해 2022년 3월부터 12개월째 적자가 이어졌다. 적자폭은 역대 최대였던 2023년 1월(127억달러)에 비해 절반 이상 줄었지만, 2023년 들어 두 달 만에 2022년 무역적자의 38%에 달하는 적자가 쌓이면서 불안감은 가중되고 있다. 무역적자가 12개월 이상 지속된 것은 1995년 1월~1997년 5월 연속 적자를 낸 이후 25년여 만에 처음이다.

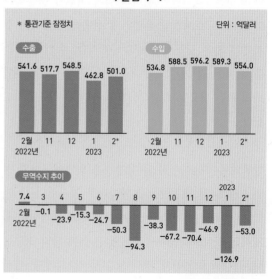

수출입 추이

자료 / 산업통상자원부

정부는 수출감소와 무역적자 상황을 엄중히 인식하고 2월 제4차 수출전략회의에서 확정한 범정부 수출확대 전략을 이행해 강력한 수출 드라이브를 걸 방침이다. 그러나 반중선언, 전쟁, 미국의 중국 적대시정책 등 외교적 접근이 시급한 상황이어서 국내 정책만으로 해결할 수 없다는 비판의 목소리가 크다.

6위

중국 아닌 한국 견제, 불합리한 미국 반도체법

최근 공개된 미국의 '반도체지원법(CHIPS Act, 칩스법)' 보조금 지급기준에 한국기업에 대한 독소조항이 지나치다며 국내외 업계가 강력하게 반발하고 있다.

미국의, 미국을 위한, 미국에 의한 칩스법

2월 28일(현지시간) 미국은 ▲ 경제·국가안보 ▲ 사업 상업성 ▲ 재무 건전성 ▲ 기술 준비성 ▲ 인력개발 ▲ 사회공헌 등의 6가지 보조금 심사기준을 공개했다. 특히 재무 건전성 기준을 충족하기 위한 조건으로 이를 검증할 수 있는 수익성 지표와 예상 현금흐름 전망치를 제출하고, 지원금을 1억 5,000만달러(한화 약 2,000억원) 이상 받은 기업의 경우 현금흐름과 수익이 미국이 제시하는 전망치를 초과하면 초과이익을 미국정부와 공유(초과이익 공유)해야 한다는 내용이 담겼다. 보조금의 최대 75%를 미국정부에 반납해야 한다는 의미다. 그러면서 지나 러몬도 미국 상무부 장관을 통해 "보조금을 받는 기업이 이 조건을 끝까지 지킬 수 있도록 여러 안전장치를 시행할 것"이며 "우리는 백지수표를 쓰지 않는다"고 못 박았다.

미국 반도체 생산 지원금 심사기준

❶ 경제 및 국가안보
- 미국 내 반도체 생산을 확대하고 세계 공급망을 강화하는지
- 미국의 국가안보 이익을 증진하는지(가드레일 조항 적용)

❷ 사업 상업성
- 기업에 계속된 투자와 업그레이드를 통해 공장을 장기간 운영할 수 있는지

❸ 재무 건전성
- 사업의 예상 현금흐름, 수익률 등 수익성 지표 제출
- 현금흐름과 수익이 전망치 초과 시 미국정부와 초과분 일부 공유

❹ 기술 준비성
- 사업이 기술적으로 가능한지
- 기업이 공장을 지을 준비가 됐는지
- 환경 등 관련 규제를 통과할 수 있는지

❺ 인력개발
- 직원들의 숙련도와 다양성 확보
- 공장직원과 건설노동자에 보육서비스 제공

❻ 사회공헌
- 기업의 미래투자 의지와 지역사회 공헌

자료 / 미국 상무부

독소조항은 또 있다. 바로 가드레일 조항*(Guardrails Provision)이다. 지원금이 국가안보를 해치는 용도로 사용할 수 없도록 하겠다는 목적을 내세워 지원금을 받으려면 향후 10년간 중국을 비롯한 우려대상국에 첨단기술 투자를 해서는 안 된다는 것이다. 세계 반도체시장을 크게 한국, 대만, 미국이 나눠 갖고 있는 현실에서 중국과 적대적인 대만이나 중국에 첨단공장이 없는 인텔, 마이크론 등 미국 반도체기업은 가드레일 조항에 영향을 받을 일 자체가 없다. 반면 삼성전자와 SK하이닉스는 모두 중국에서 공장을 운영 중이며 신규공장을 건설 중이기 때문에 이에 영향을 받을 수밖에 없다. 가드레일 조항이 한국을 겨냥한 것이라는 비판이 나오는 이유다.

가드레일 조항

미국 반도체지원법의 세부조항으로 반도체지원법의 인센티브를 미국 연방정부로부터 수령하는 기업에게 인센티브를 수령하는 반대급부로서 중국 등 미국이 지정한 우려대상국에서의 신규공장 건설, 시설투자 등 생산능력 확장을 10년간 제한하는 협약을 미국 상무부와 체결토록 하는 것이다. 우려대상국은 미국 상무부, 국방부, 국가정보국 등이 '미국의 국가안보 또는 대외 정책에 해를 입히는 국가'로 결정하는 국가들로서 중국, 러시아, 이란, 북한 등이 대표적이다.

보조금 반환·기술 약탈 … 반도체 패권 노려

여기에 보조금을 받는 기업들은 군사용 반도체를 미국에 안정적으로 공급해야 하며, 미국의 안보이익을 증진시켜야 할 뿐 아니라 첨단 반도체시설에의 접근권마저 허용해야 한다. 미국 국방성 및 국가안보기관이 미국 내 첨단 반도체시설에 대한 접근을 허용할 것을 조건으로 내건 것이다. 공정 자체가 핵심일 수밖에 없는 반도체 생산공정을 공개하라는 것은 그야말로 우리나라 기업의 핵심기술을 약탈하겠다는 의미와 다르지 않다. 결국 접근권을 통한 기술획득으로 자국 내 반도체산업을 육성하겠다는 의도로서 세계 1위의 반도체 생산국이 되겠다고 한 바이든 대통령의 발언과 맥을 같이한다.

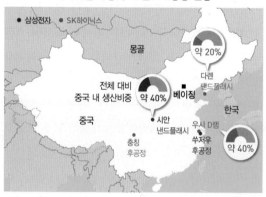

국내기업의 중국 내 반도체공장 현황

자료 / 삼성전자, SK하이닉스

하지만 우리 기업들이 미국의 보조금을 거부하기는 사실상 어렵다. 삼성전자는 이미 미국 현지에 공장을 건설 중이고, SK하이닉스는 공장건설을 위해 부지를 알아보는 중이기 때문이다. 이런 상황에서 지원금을 거부하게 되면 세금이나 인·허가 등 다른 문제로 난항이 예상될 수밖에 없다. 결국 미국의 칩스법은 세계 첨단 반도체산업에서 대만과 함께 양대 산맥이었던 우리나라를 겨냥한 한국맞춤형 악법이었던 셈이다.

이에 미국 월스트리트저널(WSJ)이 사설에서 칩스법을 "사회주의 정책을 강요하는 도구"라고 평가하는 등 미국 현지에서도 과도하게 자국 중심적인 기준을 지적했다. 국내업계 관계자는 "초과이익을 환수한다는 것은 줬던 지원금을 다시 뺏겠다는 것"이라면서 "특히 기대수익의 공개, 보안이 생명인 반도체공장 개방 등의 요구는 명백한 영업비밀 침해다. 이 같은 독소조항에 미국 보조금정책은 반감됐고, 미국의 지원금을 받는 것보다 더 손해를 볼 수 있다는 우려마저 나오고 있는 실정"이라고 했다.

이재명 체포동의안 부결 … 위기 극복했지만 혼돈에 빠진 민주당

'위례·대장동 개발특혜 의혹'과 '성남FC 불법후원금 의혹' 등으로 구속영장이 청구된 이재명 더불어민주당 대표 체포동의안이 2월 27일 국회에서 부결됐다. 이날 국회 본회의에 상정된 이 대표 체포동의안은 여야 의원 297명의 무기명 투표결과 찬성 139명, 반대 138명으로 부결됐다. 무효는 11명, 기권은 9명이었다. 앞서 검찰이 이 대표에 대한 구속영장을 청구했지만, 현역의원인 이 대표는 회기 중 국회의 체포동의가 있어야 법원의 구속 전 피의자 심문(영장실질심사*)을 받는다. 이날 체포동의안이 부결되면서 이 대표에 대한 법원의 구속여부 판단은 이뤄지지 않게 됐다.

영장실질심사

검사로부터 구속영장을 청구받은 판사가 구속영장 발부 전에 피의자를 직접 대면하여 심문하고 구속영장을 발부할지 결정하는 제도다. 기존에는 서류심사만으로 구속영장을 발부하여 구속이 남발됐으나, 이런 무분별한 구속을 막기 위해 도입됐다. 헌법에 명시된 불구속 수사와 피의자 인권보호 원칙을 기초로 하며, 구속의 기로에 놓인 피의자가 부당하게 구속되는 것을 제도적으로 방지하는 역할을 한다.

'단일대오' 자신한 민주당 의석수에 크게 미달

체포동의안 가결요건은 재적의원(299명) 과반출석에 출석의원 과반찬성으로 투표에 참여한 297명 중 149명 이상 찬성이 필요하다. 결과적으로 부결은 됐지만 반대표가 민주당 의석수(169석)에 크게 못 미치면서 찬성 또는 무효·기권 의사표시를 한 이탈표가 상당수 나온 것으로 추정된다.

이 대표의 체포동의안에 대한 27일 국회 본회의 표결에서 상당수의 이탈표가 있었다는 결과에 민주당은 당황하는 분위기다. 체포동의안은 부결됐지만, 당이 분열될 수 있다는 위기감 때문이다. 30표를 훌쩍 넘는 것으로 추산되는 이탈표 규모에 당 내부는 누가 아군이고 누가 적인지 모르는 대혼돈으로 접어드는 듯한 양상이다.

애초 민주당은 2월 21일 의원총회에서 체포동의안을 부결시켜야 한다는 데 총의를 모으고 표결에 임했다. 이 대표는 의원 전원에게 전화연락을 하는 등 표 단속에 나섰고, 지도부도 '단일대오'라면서 압도적 부결을 자신했다. 그러나 정작 10표만 더 이탈했으면 체포동의안이 가결됐을 수 있었던 아슬아슬한 상황이 연출되자 지도부는 당혹감을 감추지 못했다.

"똘똘 뭉쳐야" vs "사즉생 결단"

이날 결과는 이 대표의 사법리스크가 당의 발목을 잡을 것이라고 우려해온 비명(비이재명)계의 목소리가 결집했다는 분석이 나온다. 친명계가 당을 장악한 상황에서 수적 열세인 비명계는 그간 상대적으로 목소리를 크게 내기 어려웠다. 대선후보 경선상대였던 이낙연 전 대표 지지세력 등 비명계는 이번 표결을 앞두고 결집하며 조직적으로 불만을 표출하고자 한 것으로 보인다. 또한 이 대표 중심으로 총선에 돌입할 경우 공천을 못 받을 수 있다는 위기의식에 대한 불만도 작용한 것으로 보인다.

체포동의안 부결 결과를 듣는 이재명 대표

한편 무더기 이탈표 발생 후 실제로 민주당 내부 갈등도 고조되는 모양새다. 친명계는 모두가 결집해야 한다고 목소리를 높였고, 비명계는 이 대표가 직을 유지하고 있는 한 사법리스크와 당을 분리하기는 어렵다고 지적했다. 친명 성향인 안민석 의원은 "민주당 대표를 지키느냐 마느냐 총성 없는 전쟁 중인데, 내부총질을 멈추고 똘똘 뭉쳐야 하지 않겠는가"라며 "무엇보다 일체의 계파활동을 중단해야 한다"고 주장했다. 반대로 비명 성향의 이상민 의원은 "민주당 검은 먹구름의 1차적인 원인은 이재명 대표의 사법적 의혹"이라며 "이를 분리해야 하나 당 대표직을 유지하면서 그러기는 쉽지 않으므로 이 대표가 뒤로 물러서는 것이 당과 이 대표를 위해서 바람직하다"고 강조했다.

8위

정순신 '아들 학폭 논란' … 국가수사본부장 임명 취소

윤석열 대통령이 2월 25일 자녀의 학교폭력 문제가 드러난 정순신(57) 변호사의 **국가수사본부***장 임명 결정을 하루 만에 전격 취소했다. 김은혜 대통령실 홍보수석은 이날 오후 7시 30분께 윤 대통령이 정 변호사의 임명을 취소했다고 밝혔다. 김 수석은 "임기 시작이 내일 일요일(26일)인 만큼 사표 수리를 하는 의원면직이 아닌 발령 취소조치를 취한 것"이라고 덧붙였다.

국가수사본부

2020년 검찰과 경찰의 수사권 조정을 담은 형사소송법과 검찰청법 개정법률안이 국회를 통과하면서 경찰은 1차 수사종결권을 갖고 수사를 전담하며, 검사는 수사지휘를 폐지하고 공소제기 및 유지 업무를 진행하는 형사절차가 성립됐다. 이에 경찰수사에 대한 통제가 약화된다는 우려가 발생하면서 수사의 전문성과 공정성을 높이기 위해 경찰수사에 관해 경찰청과 경찰서를 지휘·감독하는 '국가수사본부'를 신설하는 등 경찰 수사조직을 개편했다.

경찰·대통령실 인사검증 허점

윤 대통령은 2월 24일 정 변호사를 2년 임기의 제2대 국가수사본부장(이하 국수본부장)에 내정했다. 그러나 아들이 2017년 유명 자립형사립고에 다니면서 기숙사 같은 방 동급생에게 8개월 동안 언어폭력을 가해 학교폭력대책자치위원회의 재심과 재재심을 거쳐 전학처분을 받은 사실이 알려졌다. 당시 정

변호사 측은 '전학처분이 지나치다'며 소송을 내고 대법원까지 갔지만, 법원은 "학교의 조치가 부당하지 않다"며 받아들이지 않았다. 피해학생은 정신적 고통으로 인해 극단적 선택을 시도하는 등 정상적 학업생활을 하지 못한 것으로 전해졌다. 반면 정 변호사 아들은 학폭 가해자라는 학생부 기록이 삭제되고 이후 명문대에 진학한 것으로 알려졌다.

정 변호사가 대통령 임명 하루 만인 25일 전격 낙마하면서 경찰과 대통령실의 인사검증 과정에서 허점이 드러났다는 지적이 나온다. 정 변호사를 국수본부장 최종후보로 추천한 경찰청은 1월 18일부터 시작된 공모절차에서 사퇴의 결정적 원인인 아들의 학교폭력 문제를 전혀 인지하지 못한 것으로 파악된다. 그렇지 않아도 경찰의 수사를 총괄하는 국수본부장 자리에 검사 출신을 임명하는 것을 두고 경찰 조직이 술렁이던 터에 부실한 인사검증이 겹치면서 전국 3만 수사경찰을 대표하는 국수본부장 자리는 당분간 공석으로 남게 됐다.

'정순신 파장'에 학폭 처벌강화 목소리

경찰청은 지난 1월 국수본부장 공모 지원자에 대한 서류심사와 신체검사를 거친 뒤 2월 17일 종합심사한 결과 지원자 3명 중 정 변호사를 최종 후보자로 낙점했다. 이 과정에서 정 변호사가 검사 시절 두 차례 받은 징계, 정 변호사 본인의 군 면제 논란, 장인

인 옛 새누리당 조진형 전 의원의 '청목회' 사건 등이 검증됐다. 그러나 경찰청은 결격사유에는 해당하지 않는다고 결론을 낸 것으로 전해진다.

경찰청 추천을 받은 대통령실도 정 변호사의 아들 문제를 전혀 인지하지 못한 채 국수본부장에 정식 임명한 것으로 알려졌다. 경찰청은 "사생활이어서 검증과정에서 파악하기에는 한계가 있었다"고 해명했다. 아들의 학교폭력이 학내문제로 그쳤다면 부실검증 책임이 덜어질 수도 있겠지만, 정 변호사가 강제전학 징계를 취소하려고 아들의 법정대리인으로서 불과 4년 전 소송까지 벌인 만큼 이를 알지 못했다는 것은 이해하기 어려운 대목이다.

국가수사본부장 임명이 취소된 정순신 변호사

한편 '정순신 파장'에 **학교폭력대책심의위원회(학폭위) 조치사항의 학교생활기록부 기재를 강화하자는 목소리**가 나온다. 현재 국회에는 학폭위 조치사항의 생활기록부 보존을 강화하는 내용의 '초 · 중등 교육법' 일부 개정법률안이 계류돼 있다. 기존 초 · 중등 교육법 시행규칙에 명시된 학폭위 조치사항의 생활기록부 보존기간을 법률로 규정해 법적 근거를 명확히 하고, 생활기록부 기재기한도 연장하는 내용이 개정안의 핵심이다. 현재는 퇴학을 제외하고는 최대 2년간 기록이 보존됐다가 삭제되지만, 개정안에 따르면 학폭위 조치사항이 졸업 후 최대 2년에서 최대 10년까지 생활기록부에 남겨져 대입은 물론 취업에

도 영향을 미칠 수 있게 된다. 정 변호사의 아들이 중대한 학폭에 해당하는 8호 전학조치를 받고도 1년 만에 서울대에 입학한 것으로 알려지면서 가해자 처벌강화를 위해 생활기록부 기재기간 연장이 필요하다는 요구도 확대되는 모양새다.

'5년 5,000만원' 청년도약계좌 … 월 최대 2만 4,000원 보조

청년층이 5년 동안 적금을 납입하면 5,000만원 안팎의 목돈을 마련할 수 있는 청년도약계좌가 6월에 출시된다. 가입자가 매월 40만~70만원을 적금 계좌에 내면 정부가 월 최대 2만 4,000원을 더해주는 구조다. 금융위원회(금융위)는 3월 8일 청년도약계좌 출시와 관련해 관계기관과 세부 상품구조 등을 협의한 결과를 중간발표하고 6월 상품출시를 위한 후속절차를 진행할 계획이라고 밝혔다.

월 한도 70만원 비과세 적금 … 금리는 추후 공시

청년도약계좌는 윤석열 대통령이 대선공약에서 청년층에게 자산형성 기회를 만들어주겠다며 도입을 약속한 정책형 금융상품이다. 기본적인 상품구조는 **최대 납입액이 70만원인 5년만기 적금이다. 차별점은 정부가 매달 2만 2,000~2만 4,000원을 기여금**

형태로 보태주고, 이자소득에 비과세 혜택을 부여해 준다는 점이다. 가입자격은 개인소득 6,000만원 이하이면서 동시에 가구소득 중위 180% 이하인 19~34세 청년이다. 보건복지부가 고시한 2022년도 중위소득(2인가구 기준 월 326만원)을 기준으로 하면 2인가구의 경우 월 소득이 586만 8,000원 이하라면 대상이 된다. 병역이행자의 경우 병역이행 기간(최대 6년)만큼 나이 계산 때 빼준다.

금융위는 공약과제 단계에서 제시된 만기 10년을 현실성을 고려해 5년으로 줄였다. 정부기여금은 가입자의 개인소득 수준에 따라 차등을 뒀으며, 소득이 4,800만원 이하이면 월 납입한도 70만원을 채우지 못하더라도 기여금을 모두 받을 수 있도록 설계했다. 6,000만원 초과 7,500만원 이하이면 정부 기여금 없이 비과세 혜택만 받을 수 있다.

금리수준은 아직 미정으로 취급기관이 확정된 후 해당 금융회사가 금융협회 홈페이지에 공시할 예정이다. 가입 후 첫 3년은 고정금리, 이후 2년은 변동금리가 적용된다. 금융위는 3년을 초과해 고정금리가 적용되는 상품도 출시할 수 있도록 금융사들과 협의할 계획이다. 김소영 금융위 부위원장은 "향후 금리 수준에 따라 변동 여지가 있지만, 기본적으로 만기 때 5,000만원 내외를 찾을 수 있을 것으로 생각하면 될 것"이라고 말했다.

금융위, "6월부터 비대면가입 신청 가능"

소득 2,400만원 이하 등 일정수준 이하인 저소득층 청년에게는 0.50%포인트(p)의 우대금리를 부여하도록 하는 방안도 협의 중이다. 또한 만기가 5년으로 긴 만큼 부득이한 사유에 따른 해지 시 불이익이 없도록 했다. 가입자의 사망·해외이주, 퇴직, 사업장 폐업, 천재지변, 장기치료 질병, 생애최초 주택구입 등 사유에 해당하면 중도해지 시에도 정부기여금을 받을 수 있고 비과세 혜택도 유지된다.

청년내일저축계좌, 청년(재직자)내일채움공제, 각종 지방자치단체 상품 등 복지상품과 고용지원상품과는 동시가입이 허용된다. 사업목적이 유사한 **청년희망적금***은 중복가입이 불가하지만, 만기 또는 중도해지 후라면 가입할 수 있다. 금융위는 "청년도약계좌 취급기관이 모집된 이후 협의를 거쳐 취급기관 목록, 상품금리, 가입신청 개시일 등의 사항을 최종 안내할 계획"이라고 밝혔다.

청년도약계좌 개인소득별 기여금 지급구조

개인소득 (총급여 기준)	본인 납입한도(月)	기여금 지급한도(月)	기여금 매칭비율	기여금 한도(月)
2,400만원↓		40만원	6.0%	2.4만원
3,600만원↓		50만원	4.6%	2.3만원
4,800만원↓	70만원	60만원	3.7%	2.2만원
6,000만원↓		70만원	3.0%	2.1만원
7,500만원↓		–	–	–

청년희망적금

2022년 2월 중·저소득 청년들의 재산형성을 돕는다는 취지로 비과세 혜택과 저축장려금을 지원하는 금융상품으로 출시됐다. 가입일 기준 만 19~34세 청년 중 직전년도 총급여가 3,600만원(종합소득금액 2,600만원) 이하일 경우 가입이 가능하다. 2년만기에 매달 50만원 한도 내에서 자유롭게 납입할 수 있으며, 5~6%의 은행이자와 이자소득 비과세, 정부 예산으로 저축장려금(1년차 납입액 2%, 2년차 4%)이 추가지급된다.

10위

1인당 국민소득 7.7% 하락 …
20년 만에 대만에 역전

한국은행(한은)이 3월 7일 발표한 '2022년 4분기 및 연간 국민소득(잠정)' 통계에 따르면 2022년 달러 기준 1인당 국민총소득(GNI)이 3만 2,661달러로 2021년(3만 5,373달러)보다 7.7% 감소했다. 2022년 4분기와 연간 실질국내총생산(GDP) 성장률 잠정치는 각각 −0.4%, 2.6%를 유지했다.

국민소득 20년 만에 대만에 뒤져, 일본에도 역전

한은 관계자는 GNI가 큰 폭으로 추락한 것에 대해 "2022년의 경우 이례적으로 원/달러 환율이 연평균 12.9%나 뛰면서 명목 국내총생산(GDP)이 8.1% 줄어"들었기 때문이라고 설명했다. 아직 유엔(UN)이나 월드뱅크(세계은행) 등의 동일 기준 세계순위는 발표되지 않았지만, 일단 각 나라 중앙은행·정부가 자체집계한 통계만 보자면 2022년 우리나라 1인당 국민소득은 대만보다 적다. 우리나라 1인당 국민소득이 대만에 뒤진 것은 2002년 이후 20년 만이다.

한은에 따르면 대만 통계청이 공개한 2022년 대만 1인당 GNI는 3만 3,565달러로 0.7% 하락해 7.7% 하락한 우리나라(3만 2,661달러)를 904달러 웃돌았

다. 똑같은 강달러 환경에서 우리나라가 대만보다 10배 이상 하락한 셈이다. 이 때문에 원/달러 환율 상승이 원인이라는 한은의 설명이 타당하지 않다는 비판이 나온다.

우리나라 1인당 GNI는 2017년(3만 1,734달러) 처음 3만달러대에 들어선 뒤 2018년 3만 3,564달러까지 늘었다가 2019년(3만 2,204달러)과 2020년(3만 2,004달러) 2년 연속 뒷걸음쳤다. 2021년(3만 5,373달러)엔 코로나19 충격으로부터 경기가 회복하고 원/달러 환율이 연평균 3% 떨어지면서 3년 만에 반등에 성공했지만, 2022년 급격한 원화절하와 함께 달러기준 1인당 GNI도 다시 뒷걸음쳤다.

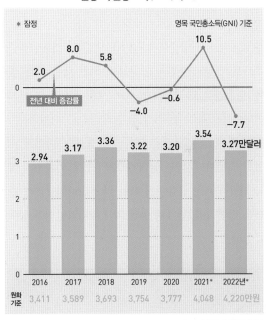

1인당 국민총소득(GNI) 추이

자료 / 한국은행

한은 "머지않은 시기 국민소득 4만달러 달성할 것"

다만 한은은 윤석열정부의 경제목표인 우리나라 '1인당 GNI 4만달러 달성' 가능성은 낙관했다. 최정태 한은 국민계정부장은 "향후 2~3년간 연평균 실질 GDP는 2% 내외 성장하고 디플레이터도 2% 안

팍 상승할 것으로 예상된다. 원/달러 환율이 과거 10년의 평균(1,145원) 수준을 유지한다고 가정하면 성장과 물가(디플레이터)를 고려했을 때 (1인당 국민소득) 4만달러는 그리 멀지 않은 시기에 달성할 수 있을 것 같다"고 말했다. 한편 GDP디플레이터는 2021년보다 1.2% 상승했다. GDP디플레이터는 명목 GDP를 실질 GDP로 나눈 값으로 수출입 등까지 포함한 전반적 물가수준이 반영된 거시경제지표*다.

거시경제지표와 미시경제지표

거시경제지표는 국민경제 전체를 대상으로 분석하여 개별 경제주체 활동의 합이 어떻게 나타나는지 보여주는 경제지표이며, 미시경제지표는 가계, 기업, 정부 등 각 개별 경제주체의 활동 자체를 대상으로 한다. 예를 들어 기업매출이나 가계소득, 저축 등은 미시경제지표이고 국민소득, 국제수지, 실업률, 환율, 통화증가율, 이자율 등은 거시경제지표다.

문제는 미국 연방준비제도(Fed, 연준)가 기준금리를 추가로 인상하면 한미 기준금리 역전 폭은 **역대 최대 수준인 1.5%포인트(p) 이상으로 벌어진다는 것이다. 역전 폭이 더 커질 경우 외국자본 이탈과 원/달러 환율 급등과 같은 외환시장 불안이 야기될 수 있기 때문이다.** 한편 역대 GDP의 경우 외환위기 때 약 400억달러, 금융위기 때는 약 1,260억달러가 줄어든 반면 2022년 1년 동안 약 1,460억달러가 줄어들었다.

미국 연방준비제도

대중교통 마스크 착용의무 해제 … 격리의무-확진자 재정지원 해제 논의

정부가 코로나19 위기단계 조정과 조치별 전환계획 발표 스케줄을 제시하며 '일상회복'에 박차를 가하고 있다. 버스와 지하철, 택시 등 대중교통 내에서의 마스크 착용의무가 3월 20일부터 해제된 데 이어 계획대로라면 5월 초에는 위기단계 하향과 함께 '확진자 7일 격리' 의무 해제가 시행될 수 있다. 일상회복과 엔데믹(Endemic, 풍토병으로 굳어진 감염병)에 크게 한 걸음 더 다가가는 셈이지만, 한편으로는 확진자에 대한 치료제·재정 지원도 사라지거나 축소될 가능성이 크다.

코로나19 안정세로 비교적 한산한 주말 선별진료소

대중교통 마스크 착용의무 아닌 권고

중앙방역대책본부(방대본)는 3월 3일 코로나19 위기단계를 현재의 '심각'단계에서 '경계'단계로 조정하는 논의를 시작할 예정이라며 4월 말~5월 초 위기평가회의를 소집해 단계하향을 논의할 계획이라고 밝혔다. 하향논의 시기로 제시한 '4월 말~5월 초'는 코로나19와 관련한 세계보건기구(WHO)의 긴급위원회가 예정된 시점이다. 정부는 이 위원회가 코로나19에 대한 공중보건 비상사태를 해제하는 것과 연계해 위기단계 하향을 추진할 계획이다. 코로나19는 현재 결핵, 수두, 홍역, 콜레라 등과 함께 2급 **감염병***이어서 발생 '24시간 이내'에 신고해야 하고 격리가 필요하다. 위기단계 하향 시 코로나19는 독감과 같은 수준인 4급 감염병으로 내려갈 가능성이 큰데, 이 경우 격리의무가 사라지고 즉시신고방식은 표본감시체계로 전환된다.

법정 감염병

'감염병의 예방 및 관리에 관한 법률'에 따라 병의 발생·유행을 방지하고 예방 및 관리가 필요해 법률에서 규정하고 있는 감염병이다. 병의 심각도와 전파력, 격리수준에 따라 1급~4급으로 분류한다. 1급은 치명률이 높거나 집단발생 우려가 큰 감염병, 2급은 발생·유행 시 24시간 이내 신고 및 격리해야 하는 감염병, 3급은 발생 추이를 감시할 필요가 있어 발생·유행 시 24시간 이내에 신고해야 하는 감염병, 4급은 표본감시활동이 필요한 감염병으로 발생·유행 시 7일 이내에 신고해야 하는 감염병이다.

이런 계획에 맞춰 **버스와 지하철, 택시 등 대중교통 내에서의 마스크 착용의무가 3월 20일부터 해제됐다.** 대중교통 마스크 해제는 중앙정부 차원의 마스크 착용의무가 생긴 2020년 10월 이후 2년 5개월 만이다. 마스크 의무화 이후 코로나19 상황이 안정되면서 2022년 5월과 9월 실외마스크, 지난 1월 실내마스크 의무가 순차적으로 해제됐다. 그러나 대중교통의 경우 실내마스크 의무 해제 이후에도 의료기관, 약국, 감염취약시설 등과 더불어 착용의무가 유지돼왔다. 중대본은 "1월 30일 실내마스크 착용의무를 조정한 이후 일평균 확진자는 38%, 신규 위중증 환자는 55% 감소했고 새로운 변이도 발생하지 않는 등 방역상황은 안정적"인 것이 이번 해재의 이유라고 설명했다. 다만 "혼잡시간대의 대중교통 이용자, 고위험군, 유증상자분들께는 마스크 착용을 적극 권고한다"고 덧붙였다.

같은 날 마트·역사 등 대형시설 안의 개방형 약국에 대해서도 마스크 착용의무가 해제됐다. 다만 일반약국은 의심증상자, 고위험군 이용 개연성을 고려해 마스크 의무를 유지했다. 결과적으로 병원과 약국, 그리고 요양병원·장기요양기관, 정신건강증진시설, 장애인복지시설 등 감염취약시설 정도에서만 마스크 착용의무가 남게 됐다.

생활지원금, 유급휴가비도 축소·폐지 가능성

정부는 확진자 7일 격리를 포함한 남은 방역조치 관련 로드맵에 대해서도 논의 중이다. **격리의무가 해제되면 치료제나 치료비에 대한 지원, 확진자에 대한 생활지원금과 유급휴가비 지원 등도 축소되거나 없어질 것으로 보인다.** 보건당국은 현재 코로나19 확진자가 외래진료나 약 처방을 받을 때 발생하는 본인부담금 일부를 지원하고 있다.

다만 확진자 격리의무 축소·폐지에 대해 '아프면 쉴 권리'가 정착되지 않는 상황에서 확진된 노동자들을 일터로 내몰 것이라는 우려가 있다. 치료비·생활지원비가 없어진다면 코로나19에 걸려도 쉬지 못하는 상황은 더 심해질 수 있다. 치료비·치료제 지원 축소 역시 확진자가 신체적 고통과 경제적 어려움이라는 이중고를 고스란히 떠안아야 한다는 점에서 가혹하다는 지적도 있다.

12위

연일 폭로·공개매수 이어가던 하이브-카카오, 전격 합의 발표

SM엔터테인먼트(SM) 인수전이 3월 7일 카카오의 전격 공개매수 발표로 방탄소년단(BTS) 소속사 하이브와 IT 공룡 카카오 간 1조원 규모 '쩐(錢)의 전쟁'으로 비화했다. 그러나 연일 극한대립을 빚던 하이브와 카카오는 12일 돌연 합의사실을 발표, 하이브가 인수절차를 중단하고 카카오가 SM엔터의 경영권을 가져가게 됐다고 전했다.

SM엔터테인먼트 서울 본사

카카오, 지분확보 패배 위기감에 강수

앞서 SM 경영진은 2월 7일 긴급 이사회를 열어 카카오에 제삼자방식으로 약 1,119억원 상당의 신주와 1,052억원 상당의 **전환사채***를 발행하기로 결의했다. 이를 통해 카카오는 지분 약 9.05%를 확보해 2대 주주로 부상할 예정이었다. 반면 당시 지분 18.46%를 보유해 1대 주주였던 이수만 전 SM 총괄 프로듀서는 지분율 하락을 피할 수 없던 상황이었

다. 이에 이수만은 반발해 법원에 카카오를 상대로 유상증자 및 전환사채 발행을 막아달라는 가처분 신청을 냈고, 법원은 가처분 인용결정을 내리며 이수만의 손을 들어줬다. 결국 경영권 확보전쟁에서 장고를 거듭하던 카카오는 SM 주식을 시장에서 공개매수해 지분 최대 35%를 확보하겠다는 승부수를 던지며 반격에 나섰다.

전환사채

일정한 조건에 따라 주식으로 전환할 수 있는 권리가 붙은 사채를 말한다. 기업에서 처음 발행할 때는 보통의 회사채와 동일하지만, 청구기간 내에 주식전환권을 행사하면 그 이후로 채권이 아닌 일반 주식으로 변한다. 이에 따라 전환하기 전에는 회사채로서 확정이자를 받을 수 있고, 주식이 오를 땐 주식으로 바꿔 팔아 이익을 얻을 수 있는, 사채와 주식의 중간형태라고 할 수 있다.

3월 7일 카카오와 카카오엔터테인먼트 공고에 따르면 양사는 이날부터 3월 26일까지 SM 주식을 주당 15만원에 총 833만 3,641주 공개매수하며, 카카오와 카카오엔터가 절반씩 나눠 매수한다는 계획을 밝혔다. 공개매수에 성공하면 카카오는 이수만 전 SM 총괄 프로듀서에게 사들인 지분을 포함해 총 의결권 지분 19.43%를 확보한 하이브를 제치고 SM엔터 최대주주에 오를 수 있다.

이처럼 카카오가 공개매수를 전격 선언한 것은 무엇보다 두둑한 현금이 뒷받침돼 있기에 가능했다는 분석이다. 카카오는 최근 사우디아라비아 국부펀드와 싱가포르투자청에서 1조 1,500억원 규모의 투자를 유치했으며, 이 중 약 9,000억원의 자금이 1차로 들어온 상태다. 가요계 안팎에서는 카카오가 투자유치한 1조원 안팎의 거금으로 사들일 수 있는 '알짜매물'이 연예계에서는 사실상 SM밖에 없다는 점에 주목하기도 했다.

숨 가빴던 인수전 끝에 카카오-하이브 전격 합의

반면 3월 3일 법원의 가처분 인용 이후 "모든 것이 제자리를 찾을 것"이라며 비교적 여유 있는 모습으로 3월 말 주주총회를 준비해왔던 하이브는 카카오의 공개매수 선언에 당황한 기색을 보였다. 카카오가 지분 최대 35% 획득에 성공한다면 20%에 미치지 못하는 하이브·이수만을 훌쩍 앞질러 최대주주에 등극하기 때문이었다. 일각에서는 하이브가 추격 공개매수에 나설 가능성을 거론했지만, 사우디 등에서 거액의 투자금을 유치한 카카오와 현금사정이 달라 좀 더 지켜봐야 한다는 시각도 제기됐다.

그러나 12일 카카오와 하이브가 합의사실을 발표함에 따라 SM 인수를 둘러싼 분쟁이 마무리단계에 돌입했다. 카카오와 하이브가 공개매수 계획을 밝힐 때마다 SM엔터 주가가 널뛰기를 계속하며 인수전이 과열되자 양사 모두 '승자의 저주'에 빠질 수 있다는 우려가 제기됐고, 주가가 15만원 안팎을 오르내리며 어느 쪽이 승리할지 장담할 수 없는 상황이 이어졌다. 천문학적 자금을 쏟아붓고도 성공을 장담할 수 없는 과열된 인수전에 결국 하이브가 카카오에 경영권을 양보하는 대신 양사가 플랫폼 관련 협업하는 방식으로 마침표를 찍기로 합의한 것이다. 하이브로서는 이수만 SM 전 총괄 프로듀서로부터 '경영권 없는 지분' 14.8%를 4,228억원에 사들인 셈이 돼 다소 아쉬운 결말을 맞게 됐다. 다만 카카오와의 '플

랫폼 협력'이라는 실리를 얻게 돼 양측 모두 '윈윈'의 결과를 끌어냈다는 평가도 나온다.

매일 1회 이상 진료받으면 본인부담금 90%로 대폭 확대

앞으로 연간 365회 이상, 하루 1회 이상 꼴로 의료기관을 찾아 외래진료를 받은 사람에 대해서는 건강보험 본인부담률이 90%로 상향된다. 외국인이나 해외 장기체류자는 입국 후 6개월이 지나야 건보 혜택을 받을 수 있게 된다.

과다 의료이용 시 본인부담률 90%로 대폭 상향

보건복지부는 2월 28일 건강보험정책심의위원회(건정심)를 열고 이 같은 내용의 '건강보험 지속가능성 제고 방안'을 논의, 확정했다. 인구고령화로 건강보험 재정 지속가능성에 대한 우려가 커지고 있는 만큼 불필요한 낭비를 줄이고 필수의료 등 꼭 필요한 분야에 대한 보장을 늘린다는 취지다. 이번 방안이 실행되면 두통·어지럼증으로 MRI 검사를 받을 때 지금은 사전검사상 이상 유무와 관계없이 최대 3회까지 건강보험을 적용받지만, 앞으로는 신경학적 검사에서 이상이 있을 경우만 건강보험을 적용받게 된다. 복합촬영은 최대 2회까지만 급여대상이 되며,

척추·어깨 등 근골격계 수술 전 위험도 평가목적의 초음파는 '의학적으로 필요한 경우'에 한정해 급여를 적용한다. 하루에 여러 부위의 초음파검사를 하는 사례를 막기 위해 하루 최대 초음파 검사 수 제한기준도 마련할 계획이다.

상식적인 수준을 넘어서는 과다한 의료이용에 대한 관리도 강화한다. 내국인 A씨의 경우 2021년 한 해 동안 통증치료를 목적으로 2,050회에 걸쳐 외래진료를 받았다. 하루 평균 5.6회로, 하루에 10곳의 의료기관을 찾은 적도 있었다. 통상 건보 적용 후 본인부담률은 20% 수준이지만, 개인적으로 가입한 실손보험이 있다면 실질적인 본인부담률이 0~4%로 낮아지기 때문에 '싼값에' 과다한 '의료쇼핑'을 하는 경우도 나타나고 있다는 것이 정부의 판단이다. 이에 따라 연간 365회 이상, 즉 매일 1회 이상 의료기관을 찾아 외래진료를 받는 경우 본인부담률을 90%로 대폭 상향하되, 불가피한 사례에는 예외기준을 마련하기로 했다.

해외 영주권자 이용자격도 강화 … 실손보험 개편

외국인, 해외 장기체류 중인 해외 영주권자 등의 건보 이용도 제한한다. 외국인 피부양자, 해외이주를 신고하지 않은 해외 장기체류 영주권자에 대해서는 입국 6개월 후 건보를 적용받을 수 있게 한다. 예를 들어 내국인 건강보험 가입자의 외국인 장인·장모·대학생 자녀 등은 다른 요건을 충족하더라도 입국 후 6개월간 피부양자 등재가 불가능하다. 장기 해외 체류자의 경우 해외 체류비자를 확인해 유학생 등 비자는 즉시 건강보험 재가입을 허용, 영주권자는 6개월 체류조건을 적용한다.

본인부담상한제*와 관련해 소득 상위 30%의 상한액도 인상된다. 본인부담상한제는 의료비 지출부담을 덜어주기 위해 소득별 상한액을 설정해 이 금액을 넘는 의료비가 발생하면 환급해주는 제도다. 개선방안에 따르면 소득 6~7분위는 기본 상한액은 현재와 같지만, 요양병원 120일 초과입원 시 상한액은 289만원에서 375만원으로 인상된다. 소득 상위 30%인 8~10분위의 본인부담상한액은 모두 인상되며, 10분위에 해당하는 사람이 요양병원에 120일 이상 입원하면 상한액은 598만원에서 1,014만원으로 늘게 된다.

본인부담상한제

고액·중증질환자의 과다한 의료비 지출로 인해 발생하는 가계의 경제적인 부담을 덜어주기 위해 의료비 지출이 일정 기준을 넘으면 그 차액을 돌려주는 제도다. 1년을 기준으로 해 환자가 부담한 의료비(비급여 항목 제외)가 상환액(소득분위에 따라 120~500만원 내에서 구분) 초과 시 환자는 소득별 상환금액까지 부담하며, 초과금액은 진료기관에서 국민건강보험공단에 청구한다.

정부는 금융위원회와 협업해 실손보험의 급여·비급여 보장 범위·수준 등을 개편하는 방식으로 의료이용의 도덕적 해이 방지에도 나선다. 도수치료 등 중점관리 대상인 비급여항목에 대한 정보공개를 늘려 소비자가 불필요하거나 과다한 의료이용을 하지 않도록 안내할 계획이다. 정부는 이날 논의된 방안을 8월까지 진행되는 한국보건사회연구원의 기초연구와 함께 검토해 9월 제2차 종합계획 형태로 발표할 예정이다.

14위

현대자동차 생산직
10년 만 채용에 홈페이지 마비

현대자동차가 10년 만에 기술직(생산직) 신입사원 채용에 나섰다. 이에 서류접수가 이뤄지는 채용 홈페이지는 밀려드는 지원자에 접수 당일 오전부터 접속 지연현상이 발생했다.

2022년 임협서 2024년까지 700명 채용 합의

3월 2일 자동차업계에 따르면 이번 채용은 2022년 임금협상 당시 미래 자동차산업 경쟁력 확보와 직원 고용안정을 위해 2023년과 2024년 기술직 700명을 공개채용하기로 한 현대차 노사의 합의에 따라 이뤄졌다. 현대차가 기술직 외부 신규채용을 진행하는 것은 2013년 4월 이후 10년 만이다. 지원자격은 고등학교 졸업 이상으로 연령·성별 제한은 없다. 2023년 채용인력은 400명이고, 2024년에 300명을 추가로 채용할 계획이다. 서류접수는 이날부터 12일까지 11일간 현대차 채용 홈페이지에서 진행됐으며 서류 합격자 발표는 3월 말이었다.

면접전형은 총 2개 차수로 진행되며 1차수는 4월부터 6월 초까지, 2차수는 5월부터 6월 말까지 각각 이뤄진다. 현대차는 차수별 1차 면접, 인성·적성검사, 2차 면접, 신체검사를 거쳐 7월 중 최종합격자를 발표한다. 합격자는 입사교육을 거쳐 9월~10월 중 현장에 배치될 예정이다.

접수 폭주에 '킹산직' 신조어까지 나와

현대차는 이번 채용이 전동화 등 산업트렌드 변화에 적극적으로 대응하기 위한 **모빌리티*** 기술인력 채용이라는 점을 강조했다. 또 10년 만에 실시하는 기술직 신입사원 채용인 만큼 공정하고 투명한 절차 아래 진행하겠다고 밝혔다. 하지만 이러한 현대차의 태도와는 달리 채용 홈페이지는 정보를 얻거나 서류를 접수하고자 하는 지원자가 몰리면서 오전 9시 20분께부터 접속이 지연됐다. 오전 10시께는 '1만 8,000명의 대기자가 있다'는 문구가 떴지만 이후 이 문구는 '다수'로 수정됐고, 홈페이지 접속을 위해 지원자들은 길게는 3시간 이상 대기해야 하는 상황이 벌어졌다. 또 접속에 성공하더라도 제출에 실패하는 사례가 여럿 발생하기도 했다. 업계에서는 이날 하루 동안 3만명에 달하는 지원자가 접속 대기한 것으로 봤다.

> **모빌리티**
>
> 사전적으로 '(사회적) 유동성 또는 이동성·기동성'이라는 뜻을 지니고 있으며 일반적으로는 사람 및 사물의 이동을 편리하게 하는 데 기여하는 각종 지능형 서비스나 이동수단을 폭넓게 일컫는 말로 사용된다. 현재 빠르게 발전을 이룩하며 상용화가 추진·진행되고 있는 자율주행차, 드론, 마이크로 모빌리티, 전기차 등 각종 이동수단은 물론 차량호출, 카셰어링, 스마트물류, 협력지능형 교통체계(C-ITS) 등 다양한 서비스가 모빌리티에 포함된다.

이처럼 현대차 생산직 채용공고가 큰 관심을 받자 '킹산직(생산직의 왕)'이라는 신조어도 나왔다. 실제로 현대차는 **연봉은 물론 복지수준도 높아 구직자들뿐만 아니라 현재 취업한 재직자들 사이에서도 '꿈**

의 직장'으로 불린다. 이에 서점에는 현대차 생산직 수험서가 매대에 등장하고 관련 수험서들이 온라인 서점 베스트셀러 상위권을 휩쓰는가 하면 온라인 카페에서는 합격비결이 공유됐다.

현대차 부스 앞에 상담을 위해 줄 선 구직자들(2023 채용박람회)

사무직과 기술직을 아우르는 현대차의 평균연봉은 2021년 기준 9,600만원 정도다. 현대차 생산직은 60세 정년 보장과 현대차 최대 30% 할인, 대학생 자녀 등록금 지원 등 복지혜택을 누린다. 앞서 현대차그룹의 다른 계열사인 기아가 2021년 생산직 채용에 나섰을 때도 100명 모집에 5만여 명이 몰려 경쟁률이 약 500대 1에 달한 바 있다. 12일 서류접수가 마감되자 이번 채용공고에 어느 정도의 인원이 지원했을지에도 관심이 쏠렸는데, 업계에서는 10만명 이상의 지원자가 발생했을 것이라는 관측이 나왔다. 한편 현대차그룹의 부품계열사인 현대위아도 이날 신산업분야의 연구개발 경력직 채용공고를 냈다. 채용규모는 세 자릿수에 가까운 수준으로 알려졌다.

반정부시위 보복, 이란 여학교 독극물 공격

최근 이란에서 여학교 및 여학생을 대상으로 하는 독극물 공격이 잇따라 발생하고 있다. 히잡착용에 문제가 있다며 체포돼 구금된 여성이 사흘 만에 의문사한 이후로 반정부시위가 확산하는 중인 만큼 반정부시위*대를 겨냥한 공격이라는 분석이 나온다.

이란 반정부시위

2022년 9월 이란에서 22세 여성 마흐사 아미니가 히잡을 바르게 착용하지 않았다는 이유로 도덕경찰에 체포된 후 의문사한 사건을 계기로 이란에서 벌어진 대규모 시위다. 이란정부가 경찰과 군대를 동원해 시위를 무자비하게 진압하면서 오히려 시위가 전국적으로 확산했다. 1979년 이슬람혁명 이후 이란에서 가장 오래 지속되고 있다. 현직 대통령이자 차기 라흐바르(최고지도자)로 유력한 에브라힘 라이시 이란 대통령이 강경파인 데다 현재의 집권층 특유의 종교적 보수성 때문에 타협은 쉽지 않은 상황이다.

여성·여학교 노린 테러

2월 26일(현지시간) AFP · 블룸버그 통신은 지난 2022년 11월 말부터 이란의 성지도시인 쿰을 비롯한 여러 지역 여학교에서 수백건의 독성물질 중독사건이 발생해 학생 수십명이 치료를 받았다고 보도했다. 영국에 본부를 둔 반정부매체인 이란 인터내셔널도 2022년 11월 30일 쿰의 한 고등학교에서 18명이 증세를 보인 것을 시작으로 12개 여학교에서 학생 최소 200명과 교사 1명이 메스꺼움, 두통, 기침, 호흡곤란 등 증세를 호소했다고 전했다.

특히 AFP통신은 후속보도를 통해 이후 다른 도시로 급속히 퍼지면서 현재까지 이란 수도 테헤란을 비롯해 아르다빌, 이스파한, 아브하르, 아흐바즈, 마슈하드, 잔잔 등지의 학교 최소 52곳에서 피해사례 400여 건이 보고됐으며, 이란 30개주 가운데 21개 주에서 유사사건이 발생했다고 전했다. 공격의 전형적 특색은 나쁜 냄새가 퍼진 뒤에 어지러워지면서 쓰러진다는 것이다. 피해자들은 숨 가쁨, 메스꺼움, 현기증, 두통, 무기력증, 저혈압 등 증세를 호소했다. 이를 근거로 이란 보건부는 피해자들이 확인되지 않은 화학물질을 흡입한 것으로 추정했다. 일부 여학생이 병원으로 옮겨지는 사태까지 빚어지고 있다. 피해학생은 최소 1,200여 명으로 추산된다.

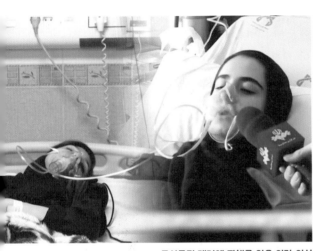

독성물질 테러에 피해를 입은 이란 여성

여성교육 파괴 의심 ··· 정부 묵인·늑장대응 비난

석 달이 넘게 테러가 이어졌음에도 세상에 알려진 것은 2월 14일이었다. 피해학생의 학부모들이 쿰 시 청사 앞에 모여 "학교는 안전해야 한다", "당국은 응답하라"며 당국의 해명을 요구하는 모습이 영상을 통해 퍼졌기 때문이다. 이에 다음 날인 15일 이란정부는 알리 바하도리 자흐로미 이란 정부대변인을 내세워 '정보당국과 교육부가 중독원인을 파악 중'이라고 밝혔고, 이란검찰도 수사를 지시했다. 여기에 글로벌미디어가 관심을 갖고 유엔(UN)인권고등판무관 사무소가 투명한 조사를 촉구하고서야 정부 차원에서 사태파악에 착수했다. 아흐마드 바히디 이란

내무부 장관은 공식 현장조사에서 수상한 표본을 수집해 분석하고 있다고 3월 4일 밝혔다.

2022년부터 이어지고 있는 반정부시위

여학생 독가스 공격은 이란의 여성인권을 슬로건으로 내건 반정부시위와 때가 맞물려 발생했다. 이 때문에 개혁성향 정치인 자밀레 카디바르는 배후로 반체제 단체나 극단주의 보수세력을 의심했다. 그는 현지언론과의 인터뷰에서 "이란의 통치체제를 탈레반식 국가처럼 바꾸려는 의도가 엿보인다"고 주장했다. 이슬람 극단주의 무장세력 탈레반은 여성에 대한 교육에 반대해 등교를 차단하고 있는데, 과거 반군이던 시절 이들은 여학생에게 공포를 주입해 등교하지 못하도록 학교 앞에서 테러를 빈번하게 자행했다. 미국 대통령에게 정책을 제안하는 연방기관인 미국 국제종교자유위원회(USCIRF)도 이란정부가 독가스 공격을 묵인하고 있다고 비판했다.

한편 세예드 알리 하메네이 최고지도자가 "당국은 여학생을 목표로 한 독극물 사건에 엄중하게 대응해야 한다"고 강조한 지 하루 만인 3월 7일 석 달 동안 미온적이었던 이란 정보당국이 파르스 지역에서 관련 용의자 5명을 검거했다고 전격 밝혔다. 파르스주 경찰 관계자는 "이들은 학교와 사회에 혼란을 일으키고, 이슬람공화국의 신성한 체제를 무너뜨리기 위해 범행했다고 진술했다"고 발표했다. 보수단체들

이 반정부시위대를 대상으로 보복테러를 했다는 분석과 정반대 결과다. 이 때문에 반정부시위대를 대상으로 하는 테러를 오히려 시위대를 압박하기 위한 수단으로 이용하려 한다는 비판이 나온다.

정부, 노조법 개정 추진 …
조합원 정보요구권 강화

고용노동부는 3월 중순께 당정협의를 거쳐 노조법 개정을 추진한다고 3월 2일 밝혔다. 법 개정에 앞서 하위법령을 고쳐 노조 회계감사원 자격을 공인회계사 · 회계법인 · 재무 · 회계 관련 업무에 종사한 경험이 있는 사람 등으로 구체화하고, 결산결과 및 운영상황 공표의 시기와 방법을 명시할 계획이다.

'노조 회계' 공개 관련 브리핑하는 이정식 고용노동부 장관

전문가들 "회계공시 활성화 해야"

이날 진행한 자문회의에서 전문가들은 노조 회계공시 활성화, 회계감사원 전문성 · 독립성 확보, 조합원 정보요구권 강화 등을 제안했다. 잠재적 조합원인 미가입 근로자의 노조 선택권과 단결권을 보장하기 위해 노조 회계공시를 활성화해야 한다는 것이다. 이를 위해 현행 노조법 제26조를 고쳐 '결산결과

와 운영상황'에 더해 '재정에 관한 장부 · 서류'를 회계연도마다 공표하도록 하고, 회계 관련 서류의 보존기간을 3년에서 5년으로 늘려야 한다고 전문가들은 주장했다.

조합원 3분의 1 이상이 요구하면 회계감사를 실시하도록 해야 한다거나, 조합원 요구가 있거나 횡령 · 배임 등으로 조합원 권익이 침해된 경우에는 회계공시를 의무화하고 실시하지 않으면 제재해야 한다는 제안도 나왔다. 회계공시의무는 조합원이나 조합비가 일정규모 이상인 노조에 대해 기한을 두고 부여할 방침이다. 회계감사원 자격에 대해서는 조합원이 직접 선출해 독립성을 보장하고, 회계감사원이 노조 임원직을 겸임할 수 없도록 금지해야 한다는 의견이 있었다.

2월 21일 공식 출범한 'MZ노조' 새로고침 노동자협의회

이정식 노동부 장관 "불법부당행위 규율할 것"

이정식 고용노동부 장관은 회의를 마친 후 '부당하게 금품을 요구하는 것이 무엇인지 기준이 불명확하다'는 질문에 "개별적인 금품요구 등이 해당하지 않겠느냐"라며 "노조활동을 위축하지 않는 범위 내에서 누가 봐도 부당한 부분을 규율하겠다"라고 말했다. 이 장관은 '사용자 측 부조리에 대한 문제의식이

높은데도 노조 측 관행 개선대책만 낸 이유'를 묻는 말에는 "사용자 부조리와 불법, 비리도 엄정히 보겠다"라며 "그래서 공짜노동, 편법노동을 최초로 기획 감독 한다는 것"이라고 답했다.

김경율 회계사는 현행 소득세법 시행령에 따르면 지정기부금 단체* 중에서 회계공시를 하지 않는 게 사실상 노조뿐이라는 점을 강조했다. 김 회계사는 "협동조합에도 공시의무가 부여되고 있다"라며 "다른 지정기부금 단체와의 형평성 제고 차원에서도 반드시 공시의무를 부여하는 게 필요하다"라고 말했다. 그러나 이에 대해 노동계는 지정기부금으로 운영되는 사업내용 및 지출내역과 결산 등은 정부가 운영하는 'e나라도움(gosims.go.kr)'에 이미 공개되고 있다며 노조가 "법치를 부정하고 사용내역 공개를 거부"한다는 것은 틀린 주장이라고 반박했다.

지정기부금 단체

세법상 기부금은 법정기부금·특례기부금·지정기부금으로 나뉘며 종류별로 세금혜택이 다르게 적용되는데, 지정기부금은 사회·문화·예술·종교 등 공익성을 감안해 지정한 단체에 기부한 기부금이다. 지정기부금 단체로 지정되면 회원들의 회비·기타 후원금 등을 손비 처리할 수 있고, 지정기부금 단체에 기부금을 지급한 개인과 법인은 소득세와 법인세의 감면혜택을 받을 수 있다.

노동계는 이번 고용노동부의 발표가 윤석열 대통령이 2022년 12월 21일 '노조부패'가 우리 사회 '3대 부패'라는 말까지 쓰며 노조를 직접적으로 겨냥하고, 국민의힘 소속 의원들이 노조 회계감사원의 자격요건을 강화하는 내용의 법 개정안을 발의한 것과 맥을 같이하는 만큼 노조에 대한 부정적 인식을 덧씌우려는 정부의 꼼수라고 비판한다. 한편 3월 8일 나라살림연구소에 따르면 2017~2021년 5년간 노동조합이 중앙정부로부터 받은 보조금은 연평균 46억원(한국노총 보조금 연평균 38억원, 83%)이었고,

같은 기간 대한상공회의소, 한국경영자총협회, 한국무역협회 등 3개 경영자단체가 받는 보조금은 연평균 1,226억원에 달했다.

HOT ISSUE

튀르키예 대지진은 '진행형' … 최악의 대재앙으로 기록 중

지난 2월 6일(현지시간) 새벽과 오후 2차례 튀르키예 동남부와 시리아 서북부 국경지대를 강타한 강진이 사망자 5만명을 넘기며 21세기 최악의 대재앙 중 하나로 기록됐다. 하지만 최초 발생 이후에도 한 달 동안 1만회의 여진이 지속되며 여전히 인명피해와 재산피해를 낳고 있다.

튀르키예 여진 발생(현지시간 기준)

자료 / 미국지질조사국(USGS)

규모 5 이상 여진만 40여 차례 발생

튀르키예 당국이 대부분의 지역에서 구조작업을 종료했다고 밝힌 지 하루 만인 2월 20일(현지시간) 또다시 규모 6.3 지진이 발생해 인명피해가 났다. 이

집트와 레바논에서도 감지된 이번 지진으로 인해 튀르키예에서 최소 3명, 시리아에서 5명이 사망했고, 부상자도 전 지역에 걸쳐 680여 명에 달했다. 일주일 후인 27일에도 튀르키예 동남부에서 규모 5.6 여진이 발생해 1명이 숨지고 69명이 다쳤다.

특히 20일에 발생한 지진은 최초 피해가 가장 심한 곳 중 하나인 하타이주 안타키아로부터 서남서쪽 16km에서 발생했는데, 발생깊이가 10km로 얕았다. 여기에 6.3 지진에 이어 5.8 여진이 발생했으며 이후에도 여진이 25차례 이상 더 발생하면서 피해를 키웠다. 인명피해 외에도 정전·단수·안타키아–이스켄데룬 고속도로 일부 붕괴 등 피해가 속출했고, 해수면이 최대 50cm 이상 상승할 것으로 예측됨에 따라 해안가 주민들이 대피해야 했다. 이날의 규모 6.3 지진은 2월 6일 최초 대지진 이후 발생한 여진 중 두 번째로 큰 규모다.

폐허가 된 튀르키예 하타이 지역

여진, 한파, 폭설, 정부 늑장대응 ⋯ 최악의 상황

구조·복구 작업의 발목을 잡는 것은 여진뿐만이 아니다. 피해지역에 한파가 닥치고 폭설까지 내리고 있기 때문이다. 삶의 터전을 잃은 이재민이 튀르키예에서만 200만명이 넘는 가운데 이들에 대한 정부의 지원도 미흡한 상태다. 이번 지진으로 무너져내린 건물들 대부분이 2018년 이후 건축물이라는 것이 알려지면서 부실공사와 부패한 건축허가 관행도 도마 위에 올랐다. 20년간 실권을 장악하고 있는 레제프 타이이프 에르도안 튀르키예 대통령은 2018년 대통령중심제로 개헌한 후 건설업자들에게 많은 특혜*를 주었고, 그 과정에서 건설업자와 정부 및 권력자 간에 밀착관계를 만들고 카르텔을 형성해 부실·불법 건축물을 양산했다는 것이다.

튀르키예 건설업 특혜

2017년 개정된 헌법에 따라 대통령제 국가로 전환된 후 첫 번째 튀르키예 대통령선거를 앞두고 에르도안 대통령이 내진설계를 강제하도록 한 법안에 예외 규정을 마련했다. 이로 인해 10개주에서 10만건 이상의 건축물이 내진설계 적용을 사면받았다. 또한 튀르키예정부는 그동안 불법건축 행위를 처벌하는 대신 일정한 수수료를 받고 주기적으로 사면해 그 돈을 재정에 활용해왔다.

그 외에도 1999년 1만 7,000여 명이 사망한 이즈미트 대지진 이후 재난예방과 응급대응 서비스 개선 등을 위해 정부가 징수한 '특별통신세(지진세)'에 대한 의문도 커지고 있다. 당초 재난 이후 일시적으로 도입한다고 했던 지진세는 현재까지도 계속 추징되고 있다. 그러나 이번 지진으로 정부가 재난예방에도 소홀했고 대응도 제대로 하지 않는다는 게 드러난 데다가 24년간 걷힌 세금의 규모만 약 880억리라(약 5조 9,000억원)에 달한다는 추산이 나오지만 그 용처도 불분명한 상황이기 때문이다. 지진 대비 국가조직 수장들이 지진전문가가 아니라는 것도 미흡한 사후조치의 원인으로 꼽히고 있다. 현재 튀르키예는 요직마다 에르도안 대통령과 인연이 깊은 사람들로 채워져 있는데, 해당 조직들 역시 지진을 전혀 모르는 지역출신 유지들로 채워져 있다.

이런 상황에서도 차기 대선에 출사표를 던진 에르도 안 대통령은 5월 14일로 예정된 조기대선과 총선을 예정대로 강행한다는 입장을 밝히고, 피해지역 주민 들의 투표 참여방안을 마련하고 있다. 또 건물 부실 시공 관련자 184명을 발 빠르게 구속해 민심을 다독 이는 한편, 지진과 관련해 공포와 공황을 조장한 혐 의로 78명을 체포하고 20명을 구속하는 등 비판여 론을 강력하게 단속하고 있다.

18위

대형 시중은행 과점 깬다 …
인가세분화, 챌린저뱅크 도입 추진

윤석열 대통령이 은행의 과점문제를 지적한 후 금융 당국이 은행권의 경쟁촉진을 위해 은행업 인가를 세 분화(스몰 라이선스)하고 인터넷 전문은행이나 핀테 크와 접목한 형태의 은행 등 '챌린저뱅크'를 도입하 는 방안을 추진한다고 밝혔다. 최근 금융회사들의 '성과급 잔치' 논란과 관련해서는 경영진 보수를 주 주들이 감시하고 임직원 성과급을 환수 또는 삭감하 는 방안도 적극적으로 추진할 방침이다.

비상경제민생회의를 주재하는 윤석열 대통령

금융권 최대실적 … 대안은 영국식 챌린저뱅크?

2월 22일 금융위원회(금융위)는 정부서울청사에서 금융감독원과 은행연합회, 생 · 손보협회, 금융투자 협회, 여신금융협회, 저축은행중앙회, 핀테크산업 협회 등이 참석한 가운데 제1차 '은행권 관행 · 제도 개선 태스크포스(TF)' 회의를 열어 이런 개선방향을 밝혔다. 이날 회의를 주재한 김소영 금융위원회 부 위원장은 "고금리로 국민의 대출이자 부담 등이 가 중되는 상황에서 은행권은 막대한 이자수익으로 고 액의 성과급을 지급하는 것에 대해 국민으로부터 따 가운 질책을 받고 있다"고 지적하고 "안전한 이자수 익에만 안주하는 지나치게 보수적인 영업행태 등 그 간 은행권에 대해 제기된 다양한 문제점들을 전면 재점검하여 과감히 개선해나갈 것"이라고 밝혔다.

김 부위원장은 이번 TF에서 은행권 경쟁촉진을 위 해 기존 은행권 내 경쟁뿐만 아니라 은행권과 비은 행권 간 경쟁, 인가세분화 및 챌린저뱅크 등 은행권 진입정책을 검토하고 금융과 정보기술(IT) 간 영업 장벽을 허물어 실질적 경쟁을 촉진하는 방안 등을 고민할 것이라고 강조했다. 인가세분화는 단일 인가 형태인 은행업의 인가단위를 낮춰 소상공인 전문은 행 등 특정 분야에 경쟁력 있는 은행들을 활성화하 는 방식이다. 챌린저뱅크는 대형은행 중심의 과점체 제를 깨려 했던 영국의 방식으로 산업 간 경쟁촉진 을 위해 신설되는 인터넷 전문은행이나 핀테크와 접 목한 형태의 은행 등을 말한다.

주주 투표권 등 소비자 선택권 늘려

아울러 가계부채의 질적 구조개선과 예대금리차 공 시제도 개편 등 금리체계 개선방안을 검토할 것이라 고 밝혔다. 또한 보수체계 개선을 위해 경영진 보수 에 대한 주주 투표권(Say-On-Pay, 세이 온 페이*) 의 도입 여부와 금융사 수익변동 시 임직원 성과급에 대한 환수 및 삭감(Claw-back, 클로백)을 강화하는 방안을 살펴보고, 배당 및 자사주 매입 등 주주환원정책도 점검하기로 했다.

세이 온 페이

상장사가 최소 3년에 한 번 경영진의 급여에 대해 주주총회에서 심의를 받도록 하는 제도로 금융사의 경영진 보수 결정에 주주가 직접 참여하도록 하는 것이다. 영국에서 1990년대 공기업들이 민영화되면서 경영진들에 대한 과도한 보상문제가 급부상하자 2000년대 초반 세이 온 페이 제도를 회사법에 명시해 시행하기 시작했다. 현재 영국과 미국에서 시행 중이다.

김 부위원장은 손실흡수능력 제고 차원에서 스트레스 완충자본 도입, 경기대응 완충자본 적립 등을 논의할 계획이라는 점도 언급했다. 금융회사의 비금융업 영위 허용, 해외진출 확대 등 비이자이익 비중을 높이는 방안을 검토하고, 사회공헌활동을 보다 활성화하기 위한 실적공시 등 다양한 방안도 고민해나갈 계획이라는 점도 덧붙였다.

TF 회의를 주재하는 김소영 금융위원회 부위원장

특히 이날 회의에는 은행권뿐만 아니라 보험, 카드, 증권업계 등 사실상 전 금융권이 참석해 은행을 중심으로 경영, 영업관행, 제도개선을 선제적으로 추진하면서 다른 업계도 따라하는 방식을 취하게 될 것으로 보인다. 금융위원회와 금감원은 향후 TF 및 실무작업반 운영을 통해 과제별 현황파악 및 해외

사례연구 등을 통해 오는 6월 말까지 개선방안을 마련할 예정이다.

그러나 현장에서는 은행권 과점체제 해소라는 목표 달성이 어려울 것이라는 반응이 이어지고 있다. 고객신뢰를 위한 자산축적, 규제완화, 소비자보호장치 마련 등 은행권 경쟁을 촉진을 위한 선결조건 확보에 긴 시간이 필요한데 '정책 속도전'이 실효성을 떨어뜨릴 수 있다는 것이다.

19위

신종마약 108억원 규모 적발 ··· 3배 수준으로 급증

2022년 향정신성의약품 등 신종마약류 적발금액이 2021년의 3배 수준으로 급증한 것으로 나타났다. 지난 3월 4일 양경숙 더불어민주당 의원이 관세청에서 받은 자료에 따르면 2022년 적발한 신종마약 금액은 108억원 규모로 2021년(38억원)보다 187% 급증했다. 적발중량은 267kg으로 87% 늘었다.

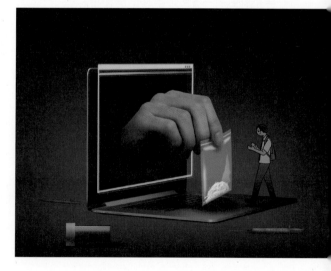

클럽용 마약, 젊은 층에 파급

신종마약은 필로폰을 제외한 향정신성의약품과 임시마약류를 일컫는 말로 MDMA(일명 엑스터시), 러쉬, 졸피뎀, 프로포폴 등이 있다. 2022년 마약 적발량은 624kg, 적발금액은 600억원으로 1년 전보다 각각 51%, 87% 감소했다. 필로폰, 코카인 등을 포함한 전체 마약 적발규모는 줄었는데, 신종마약은 늘어난 것이다. 신종마약 중에는 합성대마가 91kg(60억원)으로 가장 많았다. 1년 전보다 적발중량은 499%, 금액은 624% 늘었다. 이들 신종마약은 극미량의 복용으로 환각, 도취감, 기억상실 등의 효과가 있어 범죄에 사용될 우려가 크다는 게 양 의원의 지적이다.

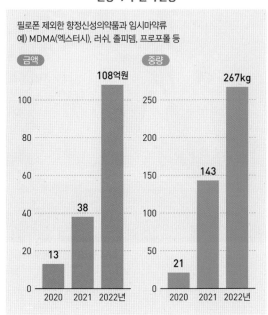

신종마약 단속현황

필로폰 제외한 향정신성의약품과 임시마약류
예) MDMA(엑스터시), 러쉬, 졸피뎀, 프로포폴 등

자료 / 관세청, 양경숙 더불어민주당 의원

양 의원은 신종마약이 최근 이슈가 된 연예인들의 마약투약 적발사건에서도 드러났다며, 마약에 대한 젊은 층의 심리적 장벽이 약해지고 있다고 우려했다. 대검찰청에 따르면 2021년 전체 마약사범 가운데 20~30대 비중이 56.8%로 절반을 넘겼다. 다크

웹*(Dark Web, 특정 프로그램을 통해서만 접속할 수 있는 웹), 소셜미디어(SNS) 등을 통해 마약밀수의 난도가 낮아진 점도 우려사항이다. 양 의원은 "대마, 필로폰 등의 마약 외에도 젊은 층에 파급력이 큰 클럽용 마약의 사용은 우리 사회에 더 큰 악영향"이라면서 "검찰, 경찰, 관세청 등 마약 단속기관의 신종마약에 대한 철저한 단속대책과 연예인, 유명인에 대한 처벌강화를 요구할 것"이라고 말했다.

다크웹

일반 인터넷 검색엔진에서 검색되지 않고 독자적인 네트워크나 특정 브라우저로만 접속할 수 있는 비밀 웹사이트를 말한다. 일반적인 방법으로는 접속자나 서버를 확인할 수 없어 익명성이 보장되며, IP주소 추적도 불가능하여 해킹으로 얻은 개인정보나 경쟁사 영업비밀, 불법청부 등 각종 불법정보가 거래되는 범죄의 온상으로 떠오르고 있다.

배우 유아인, 마약 4종 양성반응

재벌3세, 연예인들의 마약 투약사실이 잇따라 적발되는 등 신종마약이 큰 사회문제로 대두되고 있는 가운데 배우 유아인(37) 씨가 마약류 상습투약 혐의로 경찰조사를 받고 있다. 2022년 서울경찰청 마약범죄수사대는 유씨가 일명 '우유주사'로 불리는 전신마취제 프로포폴을 의료 이외 목적으로 상습적으로 처방받았다는 식품의약품안전처(식약처) 조사결과에 따라 수사에 착수했다. 경찰은 2월 5일 유씨가 미국에서 입국한 직후 소변과 모발을 채취해 국립과학수사연구원에 감정을 의뢰해 대마 양성반응을 통보받았으며, 2월 8~9일에는 서울 강남·용산구의 성형외과 등 병·의원 여러 곳을 압수수색해 의료기록을 확보했다.

유씨의 마약 투약혐의를 최초 인식한 것은 식약처의 '마약류통합관리시스템'이다. 오유경 식약처장은 "식약처의 마약류통합관리시스템에는 6억 5,000만

개 데이터베이스가 있다"며 "어떤 향정신성의약품을 처방받았는지 시스템은 다 알고 있다"고 말했다. 그는 "마약류통합관리시스템을 통해 평균보다 처방이 많은 의료기관과 개인 등 51건을 서울경찰청에 넘겼는데 거기 배우 유아인이 있었다"며 "시스템이 굉장히 정교하게 이상징후를 보이는 마약처방을 잡아냈다"고 강조했다.

그러나 식약처가 마약류통합관리시스템 운영을 통해 산출되는 빅데이터를 의료용 마약류의 오남용 예방을 위해 제대로 쓰지 못하고 있다는 지적도 있다. 실제 전체 의료용 마약류 처방 건수와 처방 의사 수는 각각 1억건, 10만명에 육박하지만 의사용 마약류 의료쇼핑 방지 정보망과 환자용 '내 투약이력 조회 서비스' 사용률은 각각 2%, 0.007%에 그치기 때문이다.

20위

가짜정부 vs 내정간섭 …
멕시코·페루 갈등

멕시코 대통령이 페루 전역에서 지속되고 있는 소요 사태와 관련해 페루의 현 정부를 거칠게 비난하자 페루정부가 강하게 반발하며 외교적 대응에 나섰다.

페루, 주멕시코 페루대사 철수 등 강경대응

2월 24일(현지시간) 페루정부는 의회로부터 탄핵당한 페드로 카스티요 전 대통령에 대해 지속적인 지지의사를 밝히고 있는 안드레스 마누엘 로페스 오브라도르 멕시코 대통령을 강하게 비판하며 주멕시코 페루대사를 철수한다고 발표했다. 디나 볼루아르테 페루 대통령은 TV 연설에서 "멕시코 대통령이 우리나라에 대해 용납할 수 없는 내정간섭을 하고 있다"며 이는 '국제법 위반'이라고 성토했다. 멕시코 대통령이 현 정부에 대해 비난을 이어가는 것에 대한 대응이다.

디나 볼루아르테 페루 대통령

앞서 오브라도르 멕시코 대통령은 2022년 12월에 있었던 카스티요 전 페루 대통령의 탄핵과 구금 이후 페루 전역에서 소요사태가 지속되고 있는 것과 관련해 "쿠데타 세력이 합법적인 대통령을 축출했다. 현 페루 정부와 대통령은 가짜"라며 공개적으로 힐난해왔다. 소요사태의 원인을 현 페루정부의 잘못된 탄핵 때문이라는 것이다. 또한 카스티요 전 대통령 가족의 망명도 허용했으며, 최근에는 릴리아 파

레데스 전 페루 영부인을 만나 망명한 카스티요에 대한 지속적인 지지를 약속하는 등 현 페루정부와 각을 세우고 있다.

페루 전 대통령 탄핵 이후 외교갈등 심화

이번 양국 간 분란의 중심에는 탄핵당한 카스티요 전 페루 대통령이 있다. 카스티요 전 대통령은 빈농과 노동자들의 지지를 받으며 당선됐으나, 이후 달라진 정치적 방향성과 부패스캔들로 소속 정당에서 출당된 데 이어 탄핵위기에 처하자 친위쿠데타를 시도하다가 실패하고 탄핵당한 인물이다. 그런데 탄핵 이후 볼루아르테 부통령이 곧바로 대통령으로 취임했으나, 탄핵에 항의하는 이들이 시위에 나서면서 페루정국은 혼란에 빠졌다. 카스티요에 대한 지지와 함께 정치권 전반을 향한 불신의 목소리가 높은 것이 원인이었다. 결국 페루정부는 지난 12월 14일 국가비상사태를 선포하고 진압에 나섰지만, 시위가 계속되면서 2주 동안 최소 21명이 숨지고 650여 명이 다쳤다.

안드레스 마누엘 로페스 오브라도르 멕시코 대통령

이런 때에 오브라도르 멕시코 대통령은 **태평양동맹*(PA)**의 의장직 이양을 거부하면서 외교적으로도 논란을 야기했다. 차기의장으로 예정돼 있던 카스티요 당시 페루 대통령이 탄핵당하자 이양이 연기됐고, 이후 볼루아르테 신임 페루 대통령은 멕시코 측에 의장직을 넘길 것을 직·간접적으로 요청해왔다. 그러나 결국 오브라도르 대통령이 2월 17일 정례 기자회견에서 "가짜라고 생각하는 정부에 태평양동맹 의장직을 넘기고 싶지는 않다"며 페루정부의 의장직 이양요청을 사실상 거부했다.

태평양동맹

중남미국가들이 경제통합, 사회불균형 해소, 성장제고, 정치적 협력 등을 목표로 설립한 국가 간 협의체로서 2012년 설립됐다. 현재 멕시코, 칠레, 콜롬비아, 페루 4개국이 정회원국이며, 아르헨티나를 비롯한 중남미국가들 외에도 미국·영국·프랑스·오스트리아·싱가포르·일본 등 59개국이 옵서버회원국으로 참여하고 있다. 우리나라는 2013년 옵서버회원국으로 가입했다.

한편 멕시코를 포함해 콜롬비아, 아르헨티나, 볼리비아 등 남미의 진보성향 정권들은 카스티요가 탄핵을 당하자 공동성명을 통해 카스티요는 "비민주적인 공격"의 희생양이라며 지지를 표명한 상태다.

한 달 동안 화제의 뉴스를 간단하게!
간추린 뉴스

윤석열 대통령, 4월말 미국 국빈 방문 … 바이든과 세 번째 정상회담

윤석열 대통령이 4월 말 미국을 국빈 방문해 조 바이든 대통령과 세 번째 정상회담을 갖는다. 이번 한미정상회담은 한미동맹을 전방위로 강화하고 인도·태평양 지역의 중심축으로 다지겠다는 포석으로 해석된다. 또한 2022년 5월 바이든 대통령의 방한에 대한 답방성격도 깔린 것으로 보인다. 김은혜 대통령실 홍보수석은 심야 서면브리핑에서 "양국 정상은 연합방위태세 및 확장억제, 미래 첨단기술 및 경제안보, 문화·인적교류, 지역 및 국제적 도전과제를 포함한 다양한 분야에서 구체적이고 실질적인 협력 방안을 도출할 수 있을 것"이라고 전했다.

여성노동자 평균임금 남성의 65% … 근속연수도 2.1년 짧아

여성노동자의 평균임금이 남성의 65% 수준에 불과하다는 분석결과가 나왔다. 민주노총 부설 민주노동연구원이 3월 8일 세계 여성의 날에 발간한 '성별 임금격차와 성평등 임금공시제' 보고서에 따르면 2022년 여성노동자의 월 평균임금은 220만원으로 남성(339만원)의 64.9%에 그쳤다. 이러한 성별 임금격차는 불합리한 고용구조와 밀접한 관련이 있는 것으로 분석됐다. 여성이 임금수준이 상대적으로 낮은 직업에 종사하는 경우가 많다는 것이다. 아울러 2022년 여성노동자의 평균 근속연수 또한 4.81년으로 남성(6.92년)보다 2.11년 짧은 것으로 조사됐다.

인천 현대시장 큰불로 점포 55곳 피해 … 상습 방화범 붙잡혀

3월 5일 인천 송림동 현대시장에서 큰불이 났다. 이 화재로 확인된 인명피해는 없으나 시장 내 점포 212곳 가운데 55곳이 불에 탄 것으로 파악됐다. 소방당국은 화재 발생 27분 만인 이날 오전 0시 5분께 '대응 2단계'를 발령했고, 소방관 등 245명과 펌프차 등 장비 66대를 투입해 진화작업을 벌였다. 이후 화재발생 2시간 50여 분 만인 오전 2시 23분께 완전히 불을 껐다. 이번 화재는 술에 취한 40대 남성의 방화 때문인 것으로 드러났다. 이 남성은 과거에도 24차례나 유사범행을 저질러 징역만 10년을 복역한 상습범인 것으로도 알려졌다.

"우주 스타트업 육성" 500억 규모 우주펀드 첫 조성

과학기술정보통신부는 우주분야 500억원 규모 모태펀드 조성을 위한 '뉴스페이스투자지원사업' 운용사를 모집한다고 3월 7일 밝혔다. 정부가 우주 스타트업에 투자하는 전용 펀드를 조성하는 것을 목표로 하는 사업이다. 모태펀드는 정부가 중소·벤처기업 육성을 위해 개별 기업에 직접 투자하는 대신 벤처캐피털에 출자한다. 2023년 50억원을 출자해 총 100억원 규모의 펀드를 조성하고, 2027년까지 5년간 총 250억원을 출자해 500억원 규모 이상 펀드를 조성할 계획이다. 정부는 펀드가 자금조달이 어려운 국내 신생 우주기업에 도움이 될 것으로 기대했다.

SVB 파산에 국내 벤처·스타트업 비상

미국 캘리포니아주 실리콘밸리은행(SVB) 파산으로 인해 국내 벤처·스타트업 업계에 비상이 걸린 가운데 설상가상 뉴욕주에 있는 시그니처은행까지 폐쇄됐다. 특히 SVB가 벤처·스타트업에 특화된 은행이어서 당장 국내 벤처투자 시장의 심리적 위축이 불가피할 것으로 전망되고 있다. 정부도 금융시장 경색이 자칫 벤처투자 축소로 이어지지는 않을지 상황을 예의주시하고 있다. 아울러 국내에서는 SVB를 모델로 하는 기술금융 특화은행을 설립하는 방안도 검토돼온 만큼 이번 사태가 어떤 영향을 미칠지도 주목된다.

3·1절 일장기 내건 주민, '소녀상 철거' 집회 참석 논란

3 · 1절에 자신의 아파트 베란다에 일장기를 게양해 공분을 샀던 세종시 한솔동 주민이 3월 7일 세종호수공원 내 평화의 소녀상 앞에서 열린 소녀상 철거촉구 집회에 일장기를 들고 참석해 논란이 일었다. 자신의 이름이 '이정우'라고 소개한 그는 "(한국과 일본이) 우호 속에 미래 지향적으로 가기를 바라 일장기를 게양했다"며 자신의 외가가 일본이라고 말했다. 지역 인터넷 커뮤니티와 해당 아파트 관리사무소 등에 따르면 3월 1일 이씨가 베란다에 일장기를 걸자 주민들의 항의전화가 빗발쳤고, 시 관계자와 입주민 수십명이 몰려 가 항의하자 이씨는 자진해서 내렸다.

대출 문턱 높인 금융권 … 2022년 4분기 산업대출 '반토막'

금융기관이 기업대출 문턱을 높이면서 2022년 4분기 산업대출 증가폭이 둔화했다. 한국은행이 3월 8일 발표한 통계에 따르면 2022년 말 기준 모든 산업대출금은 1,797조 7,000억원으로 3분기 대비 28조원 증가했다. 산업별 대출금 증가폭은 2분기 68조 4,000억원에서 3분기 56조 6,000억원, 4분기 28조원으로 점차 축소됐다. 직접금융 위축 여파로 대출수요가 이어지면서 증가세는 지속됐으나, 금융기관이 대출 건전성 관리를 강화하면서 증가폭은 축소됐다. 또 연말에는 기업들이 재무비율관리를 위해 대출금을 일시상환하는 계절적 요인도 있다고 분석됐다.

경찰학교, 잇단 학교폭력 폭로에 대대적 진상조사

3월 3일 중앙경찰학교 교육생이 모인 온라인 커뮤니티에 게시된 글을 시작으로 교육생 사이에 집단 괴롭힘이 발생했다는 의혹이 불거졌다. 경찰청은 이에 대대적인 진상조사에 착수키로 했다. 감찰담당의 한 관계자는 "과거 경찰학교에서 벌어진 유사 피해 사례가 구조적 문제에 기인한 것인지 등을 전체적으로 살펴볼 계획"이라고 말했다. 구체적 피해사례가 접수되면 수사를 통해 가해자 처벌에도 나설 방침이다. 과거사례라면 졸업하고 근무 중인 현직 경찰관이 수사대상이 될 수도 있으나, 임용되기 전에 발생한 관계로 내부감찰에 의한 징계처분은 불가능할 것으로 보인다.

셀럽 못지않은 인기 … 가상 유튜버 '버튜버' 뜬다

사람이 직접 출연하는 대신 표정과 행동을 따라 하는 가상의 아바타를 내세워 시청자와 소통하는 '버추얼 유튜버(버튜버)'가 콘텐츠 업계를 달구고 있다. 버튜버는 초창기에는 소수의 마니아층만 즐기던 콘텐츠였으나, 시청자층이 코로나19를 계기로 대폭 늘어나면서 대기업은 물론 지방자치단체까지 관심을 가지고 뛰어드는 모양새다. 버튜버는 콘텐츠 제작자가 얼굴을 직접 드러내지 않아도 되기 때문에 부담 없이 다양한 시도를 해볼 수 있고, 시청자 입장에서도 사람이 아닌 캐릭터를 상대하는 느낌을 줘 더 편하게 받아들일 수 있다는 게 강점이다.

한국축구 새 사령탑에 클린스만 선임 … 2026년 북중미월드컵까지

세계적인 공격수 출신으로 독일 축구대표팀을 이끌었던 위르겐 클린스만(59, 독일) 감독이 2월 27일 한국축구 남자대표팀 사령탑에 올랐다. 계약기간은 2023년 3월부터 2026년 북중미월드컵 본선까지로 약 3년 5개월이다. 클린스만 감독은 외국인으로는 역대 9번째, 독일 출신으로는 2014~2017년 지휘봉을 잡았던 울리 슈틸리케 감독에 이어 2번째다. 그는 2004~2006년까지 독일대표팀 감독을 맡아 2006년 월드컵에서 3위에 올랐다. 2011~2016년까지는 미국대표팀을 지도하며 2013년 북중미골드컵 우승, 2014년 월드컵 16강 진출을 이뤄냈다.

미국 아카데미 시상식 … 양쯔충 첫 아시아계 배우 여우주연상 수상

3월 12일(현지시간) 미국 로스앤젤레스 돌비극장에서 열린 '제95회 아카데미상 시상식'에서 영화 '에브리씽 에브리웨어 올 앳 원스(이하 에브리씽)'가 작품상과 감독상을 비롯해 여우주연상, 각본상, 여우·남우 조연상 등 7개 부문을 휩쓸었다. 특히 양쯔충은 아시아계 배우로는 처음으로 오스카에서 여우주연상을 받은 기록을 쓰게 됐다. 1962년생으로 2023년 환갑인 그는 말레이시아 출신이다. 에브리씽의 이러한 선전은 2020년 봉준호 감독의 '기생충' 4관왕을 계기로 오스카 무대에서 두드러진 아시아권 영화의 강세가 이어진 것이라는 분석이 나온다.

일상 회복 후 맞이한 새 학기
4년 만의 대면입학식

새 학기 시작을 알리는 3월 2일 전국 주요 학교에서 코로나19가 발생·확산했던 2019년 이후 4년 만에 대면입학식이 열렸다.

실내마스크 착용 의무는 해제됐지만 입학식에 참석한 학생과 학무모들은 안심할 수 없다는 듯 대부분 마스크를 착용한 모습이었다.

📍 핵심 브리핑

3월 2일 전국의 초·중·고등학교 및 대학교가 코로나19 확산 이후 4년 만에 대면입학식을 치르고 새 학기를 맞이했다. 사회적 거리두기 해제 및 방역지침이 완화됨에 따라 각 학교마다 의무적으로 실시했던 코로나19 자가진단 앱 등록이 없어지고, 급식실 칸막이와 등교 시 체온측정 절차도 자율적으로 시행하게 됐다. 시대

대학들도 개강을 앞두고 그동안 축소·중단했던 입학식 행사를 정상 개최하면서 학교 및 행사장에 많은 인파가 몰렸다.

입학식 행사에서는 축하인사와 함께 신입생들을 위한 다양한 공연과 프로그램이 진행돼 신입생들의 새로운 출발을 환영했다.

교육부는 3월 16일까지 '학교 방역 특별지원기간'으로 정하고 새 지침이 현장에 안착할 수 있도록 지원하겠다고 밝혔다.

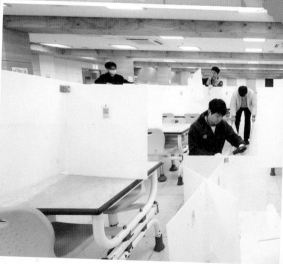

새 학기부터는 완화된 방역지침에 따라 등교 때마다 실시했던 체온측정이 폐지되고 급식실 칸막이도 필요한 경우에만 설치하면 된다.

동성결혼 합법화한 나라는
네덜란드가 최초다?

What?

동성배우자의 건강보험 피부양자 자격을 인정한 법원 판결을 계기로 외국의 동성결혼 인정 제도에 대한 관심이 높아졌다. 이에 따라 '세계 최초로 동성결혼을 합법화한 네덜란드를 비롯해 전 세계 34개국에서 동성결혼을 인정'하고 있는 것이 사실인지, 또 해외에서는 동성결혼을 얼마만큼 제도적으로 수용하고 있는지 궁금해 하는 사람들이 많아졌다.

법원, 동성파트너의 법적 권리 인정

서울고법 행정1-3부는 지난 2월 21일 동성배우자와 결혼한 소성욱 씨가 국민건강보험공단(건보공단)을 상대로 제기한 보험료 부과처분 취소 소송에서 원고승소 판결을 내렸다. 재판부는 소씨의 동성결혼이 현행 법령에선 사실혼으로 인정될 수 없다면서도 건보공단이 소씨의 피부양자 자격을 인정하지 않은 것은 차별대우라고 봤다.

이번 판결은 건보공단이 자체적으로 피부양자 자격을 직장가입자의 사실혼 배우자까지 확대한 것에 근거를 둔다. 현행 '국민건강보험법'은 '직장가입자의 배우자'를 피부양자로 인정하지만, 건보공단은 내부지침을 마련해 법률적 배우자뿐 아니라 직장가입자의 '사실혼 배우자'까지 피부양자로 인정하고 있다. 재판부는 이런 행위가 건보공단이 "스스로의 판단 아래 재량권을 행사한 것"이라며 "이런 재량권은 평등하게 행사해야 한다"고 지적했다. 나아가 사실혼이 결혼과 실질이 유사한 '밀접한 정서적 · 경제적 생활공동체'라면 소씨의 동성결합도 사실혼과 같다고 봤다.

이번 결정은 동성파트너의 법적 권리를 인정해 소수자의 인권보호에서 진일보한 판결로 평가되지만, 동성결혼 자체를 법적으로 인정한 것은 아니어서 한계가 있다는 지적도 나왔다.

네덜란드, 2001년 세계 최초로 동성결혼 합법화

세계 최초로 동성결혼을 합법화한 국가는 네덜란드다. 네덜란드 의회는 2000년 12월 19일 결혼을 '이성 또는 동성의 두 사람'이 하는 행위로 민법개정안을 가결해 동성결혼도 법적 결혼으로 인정했다. 동성결혼의 합법화가 중요한 이유는 법적 결혼에 많은 이점이 뒤따르기 때문인데, 대부분의 국가에서 혼인 당사자들에게 상속, 조세, 건강보험, 연금, 주택제도 등에서 많은 혜택을 주고 있다. 동성결혼의 합법화는 동성결혼 당사자들이 이성결혼 당사자들이 누리는 혜택을 동등하게 보장해달라는 요구에서 비롯했다. 동성커플이 기존의 제도가 평등의 원칙에 어긋난다고 소송을 제기했고, 법원에서 이를 수용하면서 동성커플의 권리가 인정되기 시작한 것이다.

그러나 이런 합법화가 단숨에 이뤄진 것은 아니었다. 이보다 앞서 동성결혼 당사자들에게 이성부부와 유사한 수준의 법적 권리와 혜택을 주는 조치가 이뤄졌다. 1989년 6월 덴마크가 도입한 '동반자관계 등록제'가 그 효시인데, 남녀 간의 결합이라는 결혼의 법적 정의를 유지하는 대신 동성결혼 당사자들에게도 이성결혼에 준하는 권리를 인정한 것이다. 동반자관계 등록제는 이후 '시민결합'이라는 용어로 다른 나라에도 퍼졌다. 네덜란드 역시 동성결혼을 합법화하기 전에 이미 이런 동반자관계 등록제를 시행하고 있었다. 물론 동반자관계 등록제 또는 시민결합은 동성에만 인정하는 것이 아니라 이성 간에도 적용된다.

이후 네덜란드의 동성결혼 합법화 흐름은 서서히 전 세계로 번졌다. 2000년대 초 벨기에, 스페인, 캐나다, 남아프리카공화국, 노르웨이, 스웨덴이 차례로 동성결혼을 합법화한 데 이어 2010년 한 해에만 포르투갈, 아이슬란드, 아르헨티나 등 3개국이 결혼의 법적 정의에 동성결혼을 포함했다. 동성커플의 권리 인정에 앞장섰던 덴마크는 정작 2012년 6월에 이르러서야 합법화를 단행했다. 2013년에는 우루과이, 뉴질랜드, 프랑스, 브라질, 아일랜드, 영국 등 7개국에서 합법화했고, 2015년 6월엔 미국 전역에서 합법화가 이루어졌다. 아시아에서는 대만이 유일하게 2019년 동성결혼을 허용했다.

현재 전 세계적으로 동성결혼을 합법화한 국가는 34개국이다. 이중 경제협력개발국(OECD) 회원국인 국가는 25개국이다. OECD 전체 회원국이 38개국이므로 3분의 2가량이 동성결혼을 합법화한 셈이다. 반면 우리나라에서는 동성결혼을 법적으로 인정하지 않을뿐더러 시민결합처럼 동성결혼 당사자들의 법적 권리를 보장하는 제도도 갖추고 있지 않다. 강원대학교 법학전문대학원 강사인 강승묵 박사는 '동성혼의 합법화 여부와 입법모델에 관한 연구(2018년)' 논문에서 "동성결합의 합법화에 대한 국민적 합의가 도출된다면 법률혼의 인정보다는 우선 생활동반자법을 시행하고 이에 대한 개선점을 찾아가면서 대비"해야 할 것이라고 지적했다. ⊠

동성커플의 권리를 최초로 인정한 국가는 덴마크이지만, 최초로 합법화한 국가는 네덜란드다. 우리나라는 아직 동성결혼 당사자들의 법적 권리를 보장하는 제도조차 갖추고 있지 않아 관련 논의가 필요하다.

개발 앞세운 국립공원 해제
흑산도에서 설악산까지

2023년 첫해가 떠오르자마자 그동안 다도해국립공원 구역으로 지정돼 있던 흑산공항 예정지(전남 신안군 흑산도)가 국립공원에서 빠졌다. 그리고 한 달여가 지나자 이번에는 설악산국립공원 내 오색케이블카의 환경영향평가에 대해 환경부가 '조건부 협의' 의견을 내며 사실상 허가를 결정했다. 이로써 1967년에 제정된 '공원법'에 큰 변화가 예고됐다.

1월 31일 국립공원위원회가 흑산공항 예정지인 전남 신안군 흑산도 예리 일대 0.675km² 구역을 다도해국립공원에서 해제하는 데 합의한 데 이어 2월 27일에는 환경부가 국내 최상위 보전지역인 국립공원에 케이블카(곤돌라 포함)사업을 사실상 허가했다.

편의와 환경 … 공존해법 없이 대치

흑산공항 예정지의 국립공원 해제에 관한 변경계획 고시가 시행되면 해당 지역인 전남 신안군 흑산도 예리 일대 0.675km² 구역이 다도해국립공원에서 빠지게 된다. 대신 명사십리 해수욕장 인근 5.5km² 구역이 국립공원에 새로 편입된다. 전라남도와 신안군은 1,833억원을 들여 2026년 개항을 목표로 연내에 흑산공항의 첫 삽을 뜬다는 방침이다.

2011년 공항개발 중장기 종합계획 고시 이후 11년째 공항건설을 위한 행정절차가 진행 중이던 흑산공항에는 68만 3,000m² 부지에 길이 1.2km, 폭 30m의 활주로가 들어서며, 50인승 항공기가 이착륙할 수 있다. 그동안 철새 서식지 교란 등의 이유로 국립공원위원회 심의에서 공원계획 변경안이 십수년째 보류돼왔다. 일단 흑산공항 부지를 국립공원에서 해제하고 8배 넓은 대체부지를 편입하기로 결정됐지만, 정부 부처 간 협의는 여전히 지지부진하다.

설악산 오색 케이블카사업의 경우에는 더 오래 걸렸다. 2월 27일 환경부 원주지방환경청은 "설악산국립공원 오색삭도(케이블카) 설치사업 환경영향평가서에 대한 조건부 협의(조건부 동의) 의견을 양양군에 통보했다"고 밝혔다. 이로써 국내 최상위 보전지역인 국립공원에 케이블카(곤돌라 포함)사업이 사실상 허가됐다. 건설부와 강원도가 1982년 8월 5일 당시 관련 규제기관 구실을 하던 문화재위원회에 '문화재 현상변경'을 요청한 지 40여 년 만이다.

흑산공항 건설계획

흑산공항
- 위치 : 전라남도 신안군 흑산도 예리 일원
- 활주로 : 길이 1,200m, 폭 30m
- 상업비 : 1,833억원
- 사업주체 : 국토교통부(서울지방항공청)
- 50인승 항공기 운항 가능한 소형공항

자료 / 국토교통부

현재 건설예정인 오색케이블카는 강원도 양양군 설악산국립공원 오색지구와 대청봉 근처의 끝청을 연결하는 3.3km 노선이다. 2015년 국립공원위원회가 오색케이블카 시범사업을 허가하는 공원계획변경을 승인했으나, 그동안 문화재청 문화재위원회 심의와 환경부 환경영향평가 관문을 뚫지 못하고 있었다.

이동권 보장, 생활편의, 지역상권 활성화

❖ 교통 기본권과 이동권 보장
❖ 누구나 손쉽고 편하게 자연을 누릴 권리
❖ 관광객 증가로 수입증가 효과 기대

흑산공항이나 오색케이블카 건설의 이유는 일단 이동권 확보와 생활편의의 확대다. 먼저 국토 최서남단에 위치한 흑산도는 섬 주민 이동권 확보를 위한 소규모 공항건설이 절실하다고 주장돼왔다. 2010년부터 2017년까지 흑산권역 선박통제상황을 보면 온

종일 결항이 최소 34일에서 최다 64일까지로 연평균 14.2%에 달한다. 반나절 이상 통제일수까지 합치면 연중 112일 정도 육지로 이동할 수가 없다. 그 이유는 대부분 높은 파고 때문이다. 목포-비금, 도초경유-흑산도, 홍도를 운항하는 여객선은 파고가 2.0m 이상이면 선박운항이 전면 통제되기 때문이다. 특히 겨울철(11~2월)에 전체 결항일수의 60%인 31일가량 통제된다. 어업 외에 관광이 주요 수입원인 흑산도로서는 큰 타격이 될 수밖에 없다.

일본과 필리핀, 인도네시아 등에서는 국립공원은 물론 세계문화유산 지역에도 소형공항을 건설해 운영되고 있는 점, 흑산도·홍도(가거도)처럼 지리적 여건과 생태환경 및 영토의 특수성 등에서 매우 유사한 지역인 울릉도는 국립공원이 아닌 지질공원이라는 이유로 건설사업이 순조롭게 진행되고 있다는 점도 불만을 키운 요소다.

오색케이블카는 1970년 외설악~권금성 구간에 케이블카가 놓이면서 관광객이 몰려들자 1980년대 들어서면서 '제2케이블카 설치론'이 떠올랐다. 이에 건설부와 강원도가 케이블카를 건설하기로 하고 1982년 8월 5일 문화재 현상변경을 요청, ▲ 오색~중청봉 ▲ 장사동~울산암 ▲ 용대리~백담사 등 세 구간 중 하나에 케이블카를 놓겠다고 밝혔다.

그러자 당시 규제기관이던 문화재위원회는 2주 뒤 '불가'를 통보했다. 그러나 건설부와 강원도는 그해 12월 용대리~백담사 구간을 제외한 두 구간에 대한 현상변경을 또 신청했다. ▲ 기존 등반로 포화상태로 순환관광이 필요하고 ▲ 자연훼손, 오물폐기를 막기 위해 케이블카가 필요하다는 게 이유였다. 지역주민들도 찬성에 힘을 실었다. 관광객이 늘어난만큼 지역살림이 향상될 것이라는 기대가 컸기 때문

이다. 흑산공항이나 오색케이블카는 표면적으로 생활편의를 위한 이동권 확보라는 대의를 내세웠으나 속내는 관광객 유치에 있었던 것이다.

환경·경제성, 모두 마이너스

❖ 경제논리가 자연·환경 앞에 설 수 없어
❖ 기존 지방공항들, 적자 누적에 잇달아 폐쇄
❖ 1일 생활권은 지역살림에 도움 안 돼

반대여론도 만만치 않다. 일단 두 사업 모두 환경훼손이라는 점에서 자유롭지 않다. 흑산도는 동아시아-대양주 철새이동경로(EAAF)에 위치해 있어 생태적 가치가 높다. 2022년 1~11월 흑산도 예리항 일대에서 모니터링을 87회에 걸쳐 실시한 결과 관찰된 조류는 212종 4만 9,294마리였으며, 이 중에는 멸종위기 야생생물 1급 저어새·흰꼬리수리, 멸종위기 야생생물 2급 큰기러기·섬개개비·팔색조, 천연기념물 원앙·솔부엉이 등 법정보호종 32종도 있었다.

설악산 역시 해당지역은 내설악의 핵심지역일 뿐 아니라 세계적 희귀종이자 천연기념물인 산양의 서식지다. 또한 1990년대부터 이어진 설악산의 유네스코 세계유산 등재시도도 케이블카가 설치되면 물거품이 될 수 있다. 1995년 9월 정부가 설악산 세계유산 등재신청서를 유네스코에 제출했을 때 국제자연보전연맹(IUCN)은 현장실사 후 평가보고서를 제출하면서 "설악산은 세계자연유산 기준의 어느 것도 충족시키지 않는다"며 냉정하게 평가했다. 이때 문제점으로 지적된 것이 바로 케이블카 설치 같은 개발압력이었다. 보고서는 "국립공원 당국이 대응 노력을 하고 있으나 위협들이 현장실사 기간 확인됐고, 향후 더 많은 보전관리가 요구된다"고 밝혔다.

경제성도 문제다. 지역주민들은 사업추진으로 지역 경기가 살아날 것으로 기대한다. 이 때문에 선거 때마다 해당 사업추진이 공약으로 앞세워졌다. 그러나 현재 지방공항이 있는 인근지역의 경제수준은 공항이 건설되기 이전보다 더 낮아졌다. 권금성 케이블카가 있는 설악동 역시 유령마을이 됐다. 관광객이 늘어나기는 했지만 머물며 소비하지 않고 지나치기 때문이다. 대기업을 비롯한 외지의 큰손 및 건설사들 주머니만 채워준다는 비판이 나오는 이유다.

동서남해안 특별법, 공원법 등으로 규제 풀어와

1967년 제1호 국립공원으로 지리산이 지정될 때부터 국립공원은 보전보다는 '이용 증대 도모'에 초점을 맞추고 출발했다. 그 뒤 '적정한 이용도모' → '지속가능한 이용도모'로 수정됐으나, 최근까지도 개발과 보전이 정면충돌할 때는 보전이 뒤로 밀리곤 했다. 특히 건설만능을 외쳤던 이명박정부는 기업의 개발사업을 지원하고 자연공원을 개발구역에 포함시키는 '동·서·남해안 특별법'을 제정하고 자연공원법 시행령을 개정하면서 '이용'에 역점을 뒀다. 오색케이블카와 흑산공항 모두 여기에 법적 근거를 둔다. 박근혜정부 때도 청와대와 환경부가 TF팀까지 구성해 오색케이블카 사업을 밀어붙였으나, 문화재위원회가 부결하고 2019년 환경부가 환경영향평가에 부동의했다. 그러나 그동안 지역 정치인들이 건설사업을 주민들의 민원으로 왜곡하면서 마침내 윤석열 대통령이 후보시절 정책공약으로까지 내세우게 됐다. 이런 영향으로 현재 무등산·북한산·소백산·속리산·지리산 국립공원 등에서도 케이블카사업이 추진되고 있다.

한편 흑산공항과 오색케이블카 건설비용은 각각 1,833억원, 1,000억원대로 추산된다. 흑산공원은 전액 국비가 투입되는 반면, 오색케이블카의 경우 에는 양양군이 80%, 강원도가 나머지 20%를 부담한다. 이 때문에 재정자립도가 낮은 강원도와 양양군이 건설·운영 비용을 감당할 수 있을지 우려가 크다. 양양군의 재정자립도는 전국 최하위 수준인 10%가 조금 넘는 수준이며, 강원도 또한 도단위 자치단체 중 세 번째로 낮은 수준이다. ⟨시대⟩

설악산 오색케이블카 설치허가

자료 / 강원도, 환경부

코로나19와 미비한 정부대책
사교육비 사상 최대

2022년 사교육비 사상 최대 기록

2022년 사교육비 총액이 역대 최고치인 26조원에 달한 것으로 나타났다. 교육부와 통계청이 3월 7일 전국 초중고교 3,000곳에 재학 중인 학생 7만 4,000명을 대상으로 조사한 결과를 보면 1년 새 학생 수가 0.9%(532만명→528만명) 준 반면 사교육비 총액은 2021년(23조 4,000억원) 대비 10.8% 늘었다. 2007년 조사 시작 이래 사상 최고치였던 2021년도 기록을 한 해 만에 갈아치운 것이다. 사교육 참여율은 78.3%로 2021년(75.5%) 대비 2.8%포인트(p) 증가했다. 사교육 참여율과 1인당 월평균 사교육비도 사상 최고치를 찍었다. 사교육비는 2022년 소비자물가 상승률을 감안한다 해도 심상찮은 증가세다.

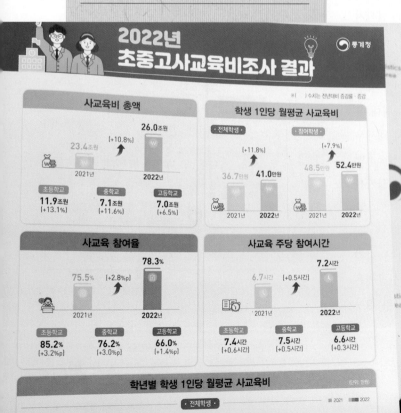

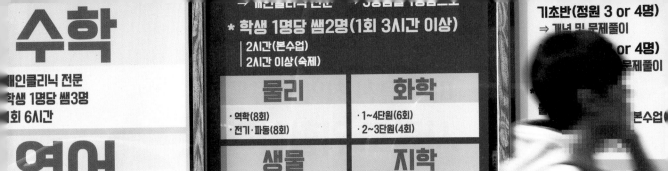

비용 증가양상에 대한 분석 필요해

우선 사교육 수요와 비용의 증가양상에 대한 면밀한 진단이 필요하다. 먼저 소비자물가 상승세의 여파를 꼽을 수 있다. 2022년 소비자물가 상승률은 5.1%로 1998년(7.5%) 이후 가장 높았다. 그러니까 물가상승으로 사교육비가 늘었다는 것인데, 문제는 사교육비 증가율이 소비자물가 상승률의 배에 달한다는 점이다. 이는 사교육비의 상승과 더불어 사교육의 총량자체도 늘었다는 의미다.

그러나 물가 상승률로만 사교육비 증가양상을 설명하긴 부족한데, 한편으론 이를 코로나19 사태와 연관 짓는 분석도 있다. 코로나19 장기화로 학습결손 또는 학력격차에 대한 우려가 커지면서 사교육 수요가 많이 늘어났다는 것이다. 사실 대면수업에 차질을 빚은 여파로 학생들의 기초학력이 떨어지는 양상이 나타나기도 했다. 한국교육과정평가원의 2021년 국가수준 학업성취도평가 결과에 따르면 고2의 기초학력미달 비율은 국어(7.1%), 수학(14.2%), 영어(9.8%)에서 모두 2017년 이래 가장 높았다.

공교육 정상화 위한 대책 조속히 마련해야

이런 현실을 지켜보며 공교육의 입지가 갈수록 좁아지고 있는 게 아닌지 그 우려를 지우기 어렵다. 교육부는 그간 공교육 정상화 정책을 펼쳐 2009~2015년에는 사교육비가 줄었다고 평가해왔다. 그러면서도 2014년 이후에는 사교육비 종합대책을 마련한

적이 없는 것으로 알려졌다. 이 때문에 2022년 사교육비 증가에는 정부정책이 부재한 영향이 있다는 지적도 나온다. 이번 조사결과에 여론이 빗발치자 교육부는 9년 만에야 관련대책 마련에 나서기로 했다. 또 3월 12일 서울시교육청은 2023년 말까지 유·초·중·고교생 대상 학원 등에 대한 특별점검을 실시한다고 밝혔다. 당장 3월부터 교습비 관련 과다징수·미게시·미반환 등 위반사항이 있는지를 집중점검할 계획을 내놨다. 다만 이러한 계획이 얼마나 효과를 드러낼지는 지켜볼 대목이다.

특히 이번 조사결과에서는 사교육비 규모에 양극화현상이 나타난 현실에도 주목해야 한다. 사교육비를 구간별로 보면 월평균 40만원 미만을 지출한 학생의 비중은 2021년 대비 줄어들었는데, 월평균 70만원 이상을 쓴 학생의 비중은 19.1%로 외려 3.3%p 늘었다. 서울 등 수도권·광역시와 다른 지역과의 격차도 뚜렷해진 것으로 파악됐다. 단순히 가격단속에만 나설 것이 아니라, 벌어지는 격차와 갈수록 사교육에 의존하게 되는 원인에 관한 면밀한 분석이 필요하다. 아울러 공교육과 교육현장의 내실화를 도모할 수 있는 특단의 대책 마련을 서둘러야 한다. 시대

미국 덮친 최악 조류독감
사람도 위험하다?

중부 유럽 스위스의 한 양계농가

중부 유럽 스위스의 한 양계농가

미국에서 사상 최악의 조류독감 사태로 인해 닭 수천만마리가 폐사하거나 살처분되고 달걀가격이 폭등하고 있다. 미국의 H5N1 조류독감 사태는 2022년 초에 시작됐다. 지금까지 47개주에서 5,800만마리의 가금류가 영향을 받은 것으로 집계됐으며, 야생 조류의 발병사례도 흔하다. 2023년 1월 미국의 달걀가격은 2022년 같은 기간 대비 70% 올랐다.

미국, 최악 조류독감에 닭에도 백신접종 검토

뉴욕타임스(NYT)에 따르면 사상 최악의 조류독감 사태를 맞은 미국 농무부가 가금류 종별로 조류독감(H5N1) 백신 후보물질을 시험 중이며, 미국 역사상 최초로 H5N1 백신 접종을 대규모로 실시하는 방안을 업계 지도자들과 논의 중이다. 조류독감이 토착화된 중국, 이집트, 베트남 등에서는 이미 실시하고 있으나, 미국에서는 계두(Fowl Pox) 등 다른 조류 감염병에 대해서만 백신접종을 하고 있다.

H5N1 백신접종에 대해 닭을 키우는 축산업자들은 반대, 칠면조를 키우는 다른 축산업자들은 찬성으로 의견이 갈리고 있다. 닭고기 생산용 육계사육업자들을 대표하는 전국계육협회의 톰 수퍼 선임부사장은 닭에 대한 백신접종이 "간단한 해결책처럼 보여서 솔깃할지 몰라도 해결책도 될 수 없고 간단하지도 않다"며 반대입장을 밝혔다. 그는 미국 육계업체들이 닭고기의 18%를 수출하고 있다며, 백신접종으로 수출길이 막히면 엄청난 손실을 입게 된다고 설명했다. 반면 칠면조 사육업계는 H5N1에 따른 피해가 워낙 크고 생산된 칠면조 고기 중 9%만 수출하기 때문에 접종을 수용한다는 분위기다.

페루에서는 조류독감이 바다사자까지 덮쳐

한편 3월 7일(현지시간) 미국 CNN방송 등에 따르면 페루 국가보호구역서비스는 H5N1 감염확산으로 페루 바다사자 개체수의 3%에 달하는 3,487마리가 폐사했다고 밝혔다. 이와 관련해 페루 수의사 하비에르 하라는 "2022년 펠리컨에서 시작된 감염이 해양 포유류에 영향을 미치고 있다"고 설명했다.

H5N1은 미국 야생조류 100여 종에서 감염이 확인된 이후 곰이나 여우, 돌고래 등 포유류로도 옮겨가기 시작했다. 페루에서는 2022년 11월께 H5N1이 처음 확인된 이래 조류 최소 6만 3,000마리가 폐사한 것으로 집계됐다. 다른 야생동물의 감염도 지속해서 확인되고 있으며 바다사자 외에 물개 5마리도 폐사한 것으로 파악됐다. 페루 당국은 주민들에게도 야생동물이나 동물의 사체 등에 접근하지 않도록 주의를 주고 있다. 테워드로스 아드하놈 거브러여수스 세계보건기구(WHO) 사무총장은 조류독감이 인간에게 위협이 될 가능성은 작지만 "앞으로도 그럴 것이라고 가정할 순 없다"고 언급한 바 있다.

조류독감, 사람과 사람으로도 전염될까?

농무부의 백신접종 검토에 대해 인플루엔자 바이러스 전문가인 애니스 로언 미국 에머리대 교수는 "바이러스가 덜 퍼지도록 하는 것만으로도 인간이 이에 노출되는 것을 줄일 수 있다"며, 백신접종 구상에 찬성하는 의견을 밝혔다. 그는 또 "이 구상이 실현되면 인간 대 인간으로 쉽게 전파되는 변종이 출현할 가능성이 줄어들 것"이라고 말했다.

그러나 이미 포유류에 퍼진 상황에서 사람에게도 잘 전파되는 변종이 나올 수 있다는 우려가 제기되고 있다. 캄보디아에서는 2월 22일 11세 소녀가 H5N1으로 사망하고 이 소녀의 아버지가 확진되기도 했다. 다만 각각 조류와 접촉해 감염된 것으로 추정되며, 사람 대 사람 전파는 아니었던 것으로 보인다. 미국 질병통제예방센터(CDC)에 따르면 미국에서 H5N1에 노출돼 감시대상에 올랐던 사람의 누계는 2023년 2월 말 기준으로 6,315명이었고, 이 중 163명이 증상발현을 보고했으며, 이 중 확진된 사람은 1명이다. CDC는 인간 대 인간 전파가 쉽게 이뤄지는 변종이 출현할 가능성에 대비해 모니터 작업을 진행 중이며, 유사시 백신 생산업체들이 대응할 수 있도록 정보를 제공하고 있다. 싟댸

H5N1 누적 확진자수(미국, 토착화 3개국)

국가	2003~2009		2010~2014		2015~2023		총계	
	감염	사망	감염	사망	감염	사망	감염	사망
미국	0	0	0	0	1	0	1	0
중국	38	25	9	5	1	1	54	32
이집트	90	27	120	50	149	43	359	120
베트남	112	57	15	7	0	0	127	64
총계	240	109	144	62	151	44	541	216

※ 2023년 3월 기준

자료 / 세계보건기구

"저녁 있는 삶 vs 스마트워크"

찬성

업무는 업무시간에만

직원에 대한 근무시간 외의 메일을 규제하는 움직임이 세계적으로 확산하고 있다. 미국 뉴욕시는 퇴근 후나 휴가 시에 메일에 응답하지 않아도 되는 '연결되지 않을 권리' 조례안을 심의 중이다. 프랑스는 2019년 세계 최초로 이 권리를 법제화해 50인 이상 기업에 대해서는 연결되지 않을 권리에 관한 노사 협의내용을 매년 단체교섭 협상에 포함하도록 명문화했다. 이탈리아, 슬로바키아, 필리핀, 포르투갈 등에서는 노동법에 해당 권리를 명시해 이미 시행하고 있다.

현대는 업무와 비업무의 경계가 모호한 상황이 많다. 정신노동, 지식기반의 근로가 많아진 게 큰 요인이다. 더구나 우리나라는 경제협력개발기구(OECD) 평균보다 일을 많이 한다. 연평균 근로시간 통계를 보면 OECD에서 네 번째(연간 1,915시간, 2021년 기준)로 많이 일한다. 그런데도 SNS의 보편화로 퇴근 후에도 업무지시를 받거나 상사로부터 시시콜콜한 연락을 받는 경우가 다반사다. 모두 근로의 연장이다. 또한 야간이나 이른 아침에 울리는 알림은 스트레스를 가중시킨다. 사생활침해는 물론 심각한 인권침해의 요인도 있다. 그러나 회사를 상대로 개인은 이런 사항에 대한 저항권이나 발언권을 보장받기 어렵다. 정부나 국회가 제도화해 강제해야 하는 이유가 바로 여기에 있다.

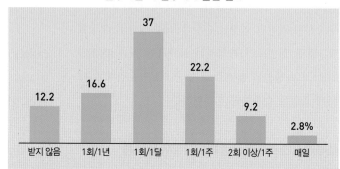

근무시간 외 업무지시 받은 빈도

받지 않음	1회/1년	1회/1달	1회/1주	2회 이상/1주	매일
12.2	16.6	37	22.2	9.2	2.8%

자료 / 경기연구원(2021년)

카카오톡이 개인사는 물론 회사업무에서도 광범위하게 사용되는 국민메신저로 자리 잡았다. 그러나 퇴근 후에도 카카오톡을 통해 상사 등에게 업무지시를 받는 일이 많아지면서 직장인들의 스트레스도 커졌다. 주 52시간 근무제가 보편화됐지만, 제도 시행 이후에도 근무시간 외 업무지시를 하는 관행은 근절되지 않고 있는 것이다. 2021년 12월 경기연구원의 설문조사 결과에 따르면 전체 응답자 중 87.8%가 퇴근 후 업무지시를 받은 경험이 있으며, 이 중 34.2%는 일주일에 한 번 이상 퇴근 후 업무지시를 받은 것으로 조사됐다.

이런 문제를 해소한다는 취지로 2022년 9월 노웅래 더불어민주당 의원은 소위 '퇴근 후 카톡 금지법'이라고 불리는 근로기준법 일부개정안을 대표발의했다. 개정안에는 법에서 정하는 근로시간 이외 시간에 전화, 전자문서, 문자메시지, SNS 등 각종 통신수단을 이용해 업무 관련 지시를 반복적·지속적으로 하는 등 근로자 생활의 자유를 침해해서는 안 된다는 내용이 담겼다. 사용자가 이를 위반하면 500만원 이하 과태료를 부과하도록 했다.

연결되지 않을 권리

지난 2016년에도 비슷한 입법시도가 있었다. 신경민 의원이 대표 발의한 당시 법안은 근로기준법 제6조 2항을 신설하고 '사용자는 이 법에서 정하는 근로시간 이외의 시간에 전화(휴대전화를 포함한다), 문자메시지, SNS 등 각종 통신수단을 이용하여 업무에 관한 지시를 내리는 등 근로자 사생활의 자유를 침해하여서는 아니 된다'는 내용을 담았다. 이를 보면 노 의원의 법안이 지속·반복되는 과도한 업무지시만 규제한다는 점, 법 준수를 위해 과태료를 도입한 점에 있어서 법의 강제력이 강화된 셈이다.

이런 법률이 요구하는 근로자에 인정되는 권리는 소위 '연결되지 않을 권리(Rright to Disconnect)'다. 이는 근무시간 외 직장에서 오는 전자우편이나 전화, 메시지 등을 받지 않을 수 있는 권리로 프랑스는 지난 2017년 1월 1일부터 노동법에 '연결되지 않을 권리'를 명시하고, 이에 대한 노사 간 협의내용을 도출하도록 했다. 이를 위반한 50인 이상 기업의 사업주에게는 1년 이하 징역 또는 3,750유로 이하 벌금을 부과하도록 하고 있다. 최근에는 우리나라 고용노동부도 근로자 보호를 명목으로 이런 내용을 법에 담는 방안을 강구 중인 것으로 알려졌다. 시대

"상시대기 요구하려면 월급도 그만큼 주던가"
"퇴근하고서는 좀 쉽시다, 제발!"

"법만 자꾸 만든다고 문제점이 없어지는 것도 아냐"
"회사 급한 사정 외면하면 직업윤리 내던지는 꼴"

반대

상당 부분 업무관행

통신과 인터넷 기술이 발전하면서 이제 우리는 글로벌 초연결사회(Hyper-Connected Society)에 살고 있다. 게다가 메타버스는 온라인과 오프라인 삶의 경계를 흐릿하게 하고 있다. 시간·장소에 관계없이 업무처리가 가능하고 업무처리 시간이 단축되는 등 효율성을 극대화하는 일이 가능해졌다. 이 장점을 구체화한 것이 스마트워크(Smart Work)다. 이는 특정한 장소에 구애되지 않고 회사 외부에서도 업무를 볼 수 있도록 하는 개념으로 코로나19 상황에서 스마트워크는 선택이 아니라 재택근무를 위한 필수적인 요소가 됐다. 사회적 거리두기도 완화되고, 코로나19가 일상적인 풍토병으로 전환되는 상황에서도 상당 부분 업무관행으로 굳어졌다.

특히 연결되지 않을 권리를 실행하는 데 있어서 스타트업, 외국과의 업무가 많은 기업, 고객을 직접 응대하는 전문 서비스직의 경우에는 업무시간을 명확히 특정하기 어렵다는 문제가 있다. 다양한 근로형태와 근무시간을 고려하면 일률적인 업무시간 외 연결금지의 법제화는 실효성에 의문이 들 수밖에 없다. 법제화해 일률적으로 강제하기보다는 초연결사회에서 연결되지 않을 권리의 비현실성을 인정하고, 오히려 업무시간을 탄력적으로 정의함으로써 근로자에게 보상이 이루어지도록 하는 방안이 타당하다.

"돌봄 필요 vs 업무 과중"

안전한 장소, 안전한 보육

초등학생 학부모들의 가장 큰 고민은 어린이집이나 유치원보다 빨라진 하교시간이다. 초등학교 1~2학년은 대개 오후 1시 전후로 수업이 끝나기 때문이다. 학교에서는 이미 돌봄교실을 운영하지만, 학령인구가 많거나 돌봄전담사가 부족한 지역에선 정원보다 신청 학생이 많아 어려움이 있었다. 한국교육개발원에 따르면 돌봄교실을 신청했지만 정원이 초과돼 대기순번을 받은 학생은 2021년에는 1만 7,719명, 2022년에도 1만 5,106명이나 됐다.

이전에도 돌봄시간을 오후 7시까지 연장한 권고방안이 발표됐지만, 전체 돌봄교실 중 오후 5시 이후에도 운영되는 곳이 11.1%에 그쳐, 맞벌이 부부들을 중심으로 퇴근시간 전까지 돌봄공백이 생긴다는 불만이 컸다. 매 끼니 잘 먹었는지, 학교는 잘 갔다 왔는지 걱정이 컸지만, 앞으로는 늘봄학교 덕분에 어린이집 때처럼 믿고 아이를 맡길 수 있게 돼 정신적으로든 경제적으로든 부담을 덜게 됐다.

무엇보다 학교는 아동에게 가장 편하고 익숙한 장소이며, 학부모에게는 안심할 수 있는 공적장소다. 또한 단순한 돌봄이 아니라 다양한 교육이 가능함에 따라 늘봄학교는 초등학교 단계에서 학교만 보내도 아이들의 보육과 질 높은 방과 후 교육까지 가능하게 된다는 의미가 있다.

교육부는 초등학생의 방과 후 학교와 돌봄을 통합한 '늘봄학교'를 전국 200여 개 초등학교에서 원하는 학생을 대상으로 3월부터 시범운영하고 있다. 늘봄학교는 하교시간이 빠른 초등학생들의 돌봄공백을 해소하고 양질의 교육을 제공하기 위한 초등 전일제학교의 새 이름이다. 학부모의 돌봄부담을 경감하고, 출발점 시기의 교육격차를 해소할 수 있도록 모든 학생에게 개별화된 교육과 돌봄을 지원하기 위해 마련됐다. 이에 교육부에서는 아침 7~9시에 운영하는 '아침돌봄'과 방과 후 학습 사이사이의 '틈새돌봄', 방과 후 프로그램 후의 '저녁돌봄'까지 다양한 서비스를 지원하며, 돌봄교실에서 먹는 간식, 중식, 석식은 전액 무상으로 제공된다.

앞서 교육부는 KB금융그룹과 업무협약을 맺고 늘봄학교 운영을 위해 5년간 500억원을 지원받기로 했다. 또한 거점형 돌봄기관에서 인근 학교 학생을 흡수할 수 있도록 차량을 지원하고, 방학 중이나 토요일, 수시·틈새 돌봄도 희망하는 학생들이 이용할 수 있도록 했다. 방학 중 AI·SW 프로그램을 제공하는 '디지털 새싹캠프'를 주말로 확대시행하는 등 분야별 관계기관과 연계해 디지털 교육, 문화·예술·체육 등 다양한 방과 후 프로그램도 지원한다.

늘봄학교

교육부는 시범운영을 앞두고 수요를 조사하기 위해 2022년 9~11월 초등학교 1~5학년과 만 5세 아동(2023년 취학예정) 학부모 12만 1,562명을 대상으로 돌봄수요에 대한 모바일 설문조사도 했다. 그 결과 응답자(8만 9,004명)의 49.5%가 돌봄이용을 희망한다고 답했다. 2019년 30.2%였던 돌봄 희망비율이 2020년 41.0%, 2021년 45.2%, 2022년 48.4%로 계속 상승해 2023년은 50%에 육박한 것이다. 세부적으로 보면 만 5세 학부모의 경우 응답자(1만 4,389명) 가운데 71.3%가 돌봄이용을 원한다고 답해 초등학교 1학년의 돌봄수요가 큰 것으로 나타났다.

특히 희망하는 돌봄기관(중복응답)으로는 초등돌봄교실이 81.4%로 압도적 1위였고, 학교돌봄터(36.7%)가 뒤를 이었다. 다함께돌봄센터, 지역아동센터 등을 원한다는 응답은 10%대였다. 학부모들 사이에서는 정부가 돌봄교실을 늘려 원하는 학부모가 수월하게 학교돌봄을 이용할 수 있었으면 좋겠다는 목소리가 계속 나오고 있다. 그러나 현재 현장에서는 인력보충이 제대로 이루어지지 않아 교사들의 업무가 가중되고 있다는 불만이 크며, 학부모는 학부모대로 여전히 원하는 돌봄을 제공받지 못하고 있다는 하소연이 적지 않다. 〖시대〗

"공교육이 책임을 다하는 사회로"
"아동에게 가장 안전하고 편안한 장소는 학교"

"부모는 12시간 일하고, 아이는 학교에 맡기고"
"교육기관과 교육인력의 부담만 과중"

부모 근로시간 단축이 먼저

늘봄학교에 남아 있는 아이들은 대체로 혼자 집에 있을 수 없는 저학년이다. 이 때문에 늦게 집에 가면 부모와 함께하는 시간이 그만큼 줄어들 수밖에 없다. 어린 아동의 인성은 학교뿐 아니라 가정과 부모에 의해 형성되고, 그것은 함께하는 시간에 비례한다. 결국 늘봄학교는 가정과 부모의 역할을 축소시키는 역할을 한다. 조금 더 일찍 퇴근해서 가정에 돌아갈 수 있는 환경으로 만들어주는 게 인성과 학습 면에서, 그리고 미래를 위한 바른 방향이다.

제공하는 교육의 질도 문제다. 2019년 한국보건사회연구원의 설문조사에서 '돌봄서비스 내용 및 질 개선'을 원하는 응답이 32.3%로 '서비스 제공시간 확대'를 원하는 응답(31.6%)보다 약간 많았다. 교실환경과 학교시설이 열악해 불안하며, 교육프로그램도 다양하지 않아 아동이 수업에 흥미를 못 느끼는 경우가 많다는 의미다.

늘봄학교 공모계획이나 절차 역시 민주적인 협의과정을 거치지 않았다. 자발적 신청이라고 하지만 대부분의 학교들이 해당 교육청으로부터 신청하라는 압박을 받았다. 또한 당장 늘봄학교를 위한 교사가 없어서 기존 교사들이 대신 업무를 하고 있다. 이에 현장의 교사들은 늘봄학교 시행으로 '해당 업무가 교사의 업무가 돼 교육의 본질이 흐려질 것'을 우려하고 있다.

01 지난 3월 6일 정부가 발표한 강제동원해법은 일본이 1965년 (   )(으)로 배상책임이 끝났다고 완강히 버티는 상황에서 내린 결정이다.

02 국민의힘 신임 대표로 선출된 김기현 대표는 수락연설에서 인사와 관련해 "연대 · 포용 · (   )이라는 기본원칙을 지켜나갈 것"이라고 말했다.

03 (   )은/는 기존의 콘텐츠를 활용해 이용자의 요구에 따라 다양한 형태의 창작물을 새롭게 만들어낼 수 있다.

04 정부가 근로시간제도 개편 추진과 함께 휴가를 자유롭게 사용할 수 있는 여건 마련을 위해 (   )을/를 도입하기로 했다.

05 우리나라 최대 수출품목인 반도체 수출이 감소한 것은 IT제품의 수요 위축과 K-반도체 주력인 D램과 (   ) 등 메모리제품 가격이 바닥을 치고 있기 때문이다.

06 (   )은/는 미국 반도체지원법의 세부조항으로 미국이 지정한 중국, 러시아 등 우려대상국에 첨단기술 관련 투자를 하면 안 된다는 내용이 담겼다.

07 회기 중 현역 국회의원의 (   )이/가 가결되기 위해서는 국회 재적의원 과반출석에 출석위원 과반찬성이 필요하다.

08 2020년 경찰과 검찰의 수사권이 조정됨에 따라 경찰수사의 전문성과 공정성을 높이기 위해 경찰청과 경찰서를 지휘 · 감독하는 (   )이/가 신설됐다.

09 청년도약계좌는 청년내일저축계좌, 청년내일채움공제 등과는 동시가입이 허용되지만 사업목적이 유사한 (   )와/과는 중복가입이 불가능하다.

10 명목 GDP를 실질 GDP로 나눈 값인 GDP디플레이터는 수출입 등까지 포함한 전반적 물가수준이 반영돼 (   )(으)로 분류된다.

11 3월 초 기준 (   )(으)로 분류되고 있는 코로나19는 발생·유행 시 24시간 이내에 신고해야 하고 격리조치가 필요하다.

12 SM엔터테인먼트 경영권을 둘러싸고 카카오와 하이브 간 인수전이 과열되자 양사 모두 (   )에 빠질 수 있다는 우려가 제기됐다.

13 (   )은/는 과다한 의료비 지출 부담을 덜어주기 위해 소득별 상한액을 설정해 일정금액 이상의 의료비가 발생하는 경우 환급해주는 제도다.

14 일반적으로 사람 및 사물의 이동을 편리하게 하는 데 기여하는 각종 지능형 서비스나 이동수단을 (   )(이)라고 한다.

15 이란 반정부시위는 2022년 9월 한 여성이 히잡을 바르게 착용하지 않았다는 이유로 (   )에 체포된 뒤 의문사한 사건을 계기로 일어났다.

16 (   ) 단체로 지정되면 회원들의 회비·기타 후원금 등을 손비 처리할 수 있고, 기부금을 지급한 개인과 법인은 세금감면 혜택을 받을 수 있다.

17 튀르키예에서 발생한 대지진 이후 재난예방과 응급대응 서비스 개선 등을 위해 정부가 징수한 (   )에 대한 의문이 커지고 있다.

18 (   )은/는 상장사가 최소 3년에 한 번 경영진의 급여에 대해 주주총회에서 심의를 받도록 한 제도다.

19 (   )은/는 독자적인 네트워크나 특정 브라우저로만 접속할 수 있어 각종 불법정보가 거래되는 범죄의 온상으로 떠오르고 있다.

20 오브라도르 멕시코 대통령은 현 페루정부에 대한 인정을 거부하고 (   )의 의장직 이양을 거부하고 있어 외교적으로 문제가 되고 있다. ⬛시대

---

01 한일청구권협정 **02** 탕평 **03** 생성형 인공지능(AI) **04** 근로시간 저축계좌제 **05** 낸드플래시 **06** 가드레일 조항 **07** 체포동의안 **08** 국가수사본부 **09** 청년희망적금 **10** 거시경제지표 **11** 2급 감염병 **12** 승자의 저주 **13** 본인부담상한제 **14** 모빌리티 **15** 도덕경찰 **16** 지정기부금 **17** 특별통신세(지진세) **18** 세이 온 페이 제도 **19** 다크웹 **20** 태평양동맹

필수 시사상식

한 달 동안 화제의 용어를 한자리에!
시사용어브리핑

필환경 친환경을 넘어 환경을 필수적으로 생각해야 한다는 의미

▶ 사회·노동·교육

지구온난화와 환경오염이 가속화함에 따라 대두된 개념으로 '반드시'라는 뜻의 '필(必)'과 '환경'을 합친 말이다. 환경문제가 일상의 영역으로 들어오면서 환경과 생활이 어우러지는 '친환경'을 넘어 이제는 환경을 필수로 고려해야 한다는 의미다. 코로나19 이후 비대면 소비와 택배물류가 급격하게 증가하면서 과대포장이나 불필요한 포장재 사용 문제 등을 비판하는 목소리가 커졌고, 친환경적 생활양식을 주도하는 MZ세대의 '미닝아웃' 성향이 맞물리면서 사회 전반적인 흐름으로 자리잡았다.

왜 이슈지?

친환경 소비가 보편화되고 **필환경**이 대두되자 유통업계에서도 이러한 추세를 반영해 친환경 원료를 사용하거나 재활용이 가능한 상품들을 출시하는 등 재료부터 포장까지 환경을 필수요소로 고려하는 움직임이 나타나고 있다.

버티컬 커머스(Vertical Commerce) 특정 상품이나 서비스를 전문적으로 판매하는 상업형태

▶ 경제·경영

다양한 상품과 서비스를 모두 제공하는 것이 아니라 특정 상품이나 서비스를 전문적으로 판매·제공하는 상업형태를 말한다. '수직(vertical)'과 '상업(commerce)'의 합성어로 특정 카테고리에 한정해 특화된 상품과 서비스를 제공한다는 의미에서 '카테고리 킬러(Category Killer)'라고 부르기도 한다. MZ세대가 소비의 주체로 떠오르고 소비자의 취향이 점차 세분화하는 추세 속에서 하나의 카테고리에서 다양한 선택지를 제공하는 버티컬 커머스의 성장세가 가속화하고 있다. 국내에는 신선식품 분야의 컬리, 패션 분야의 무신사·지그재그, 여행 및 숙박 분야의 여기어때·야놀자, 인테리어 분야의 오늘의 집 등이 있다.

왜 이슈지?

맞춤형 상품을 선호하는 MZ세대의 소비성향과 특정 상품군만 판매하는 상업형태의 전문성 및 신뢰성이 맞물리면서 유통업계에서 **버티컬 커머스**가 새로운 틈새시장으로 부상했다.

패스워드리스(Passwordless) 사용자의 계정보안 강화 및 편의성 향상을 위해 등장한 차세대 로그인 방식

사용자가 직접 비밀번호를 만들고 계정에 접속했던 방식이 아니라 일회용 비밀번호(ORP), 지문인식, 생체인식, 안면인식 등의 방식으로 로그인하는 것을 말한다. 기존의 로그인 방식은 비밀번호를 기억하기 쉽도록 문자를 단순 나열하거나 하나의 비밀번호를 여러 사이트에서 동시에 사용하는 경우가 많아 한 곳에서 유출된 정보를 다른 곳에 무작위로 대입하는 '크리덴셜 스터핑'의 표적이 되기가 쉬웠다. 이에 기존의 로그인 방식을 개선하고 보안성과 편의성을 향상시키기 위해 등장했다.

왜 이슈지?

최근 글로벌 IT기업인 애플, 구글, 마이크로소프트(MS)를 필두로 **패스워드리스**를 상용화하는 계획이 진행되고 있으며, 지난 1월에는 네이버가 안드로이드 애플리케이션에 한해 패스워드리스 로그인 방식을 도입하기도 했다.

혁신기술타격대 미국정부가 적대국가에 의한 기술 탈취를 막기 위해 조직한 합동수사단

미국정부가 중국, 이란, 러시아, 북한 등 적으로 간주될 수 있는 국가에 의한 핵심기술 탈취를 차단하고 안보위협으로부터 자국을 보호하기 위해 조직한 범정부 합동수사단이다. 미국 법무부 국가안보국과 상무부 산업안전국이 공동으로 참여하고 국토안보조사국, 워싱턴DC·뉴욕·LA 등 주요지역 지방검찰청 14곳 등도 참여할 예정이다. 향후 불법행위자들을 목표로 삼아 정보 및 자료분석을 활용해 수출법 위반혐의에 대한 수사와 기소를 진행하고, 공공 및 민간 부문과의 파트너십을 통해 공급망을 강화하는 한편 중요한 기술자산이 적대국에 의해 유출 또는 사용되는 것을 방지하는 등의 업무를 수행하게 된다.

왜 이슈지?

리사 모나코 미국 법무부 차관이 지난 2월 16일(현지시간) 영국 싱크탱크 채텀하우스 연설에서 **혁신기술타격대** 출범을 발표하며 중국정부와 민간기업의 유착관계를 지목하고 경제안보의 필요성을 강조했다.

페이체크 투 페이체크(Paycheck to Paycheck) 저축을 거의 하지 않은 채 월급으로만 사는 것

'하루 벌어 하루 먹고 산다'는 뜻으로 저축을 거의 하지 않고 월급으로만 생활하는 것을 일컫는 말이다. 소득의 손실 또는 예산 부족으로 인해 생활비 지출조차 빠듯한 상황을 가리킨다. 최근 고물가·고금리 상황이 이어지면서 물가상승률이 월급인상 속도보다 더 빠르게 오르고, 부채 상환비용도 늘어나 생활에 어려움을 겪는 사람들이 늘어나고 있다. 보통 제한된 기술을 가진 저임금 근로자인 경우가 많지만, 고학력자나 고급기술을 가진 근로자도 상황에 따라 해당할 수 있다.

왜 이슈지?

마켓워치에 따르면 뉴리얼리티체크가 2022년 12월 진행한 설문조사 결과 연간 10만달러 이상의 고소득자 51%(전년 대비 3%포인트 증가)가 자신이 '**페이체크 투 페이체크**'에 해당한다고 답변했다.

EGOT 클럽 에미상, 그래미상, 오스카상(아카데미상), 토니상을 모두 수상한 사람

▶ 문화·미디어

미국 대중문화계와 각 분야에서 가장 권위 있는 4개의 시상식에서 수상한 사람을 뜻하는 말로 에미상(Emmy), 그래미상(Grammy), 오스카상(Oscar), 토니상(Tony)의 앞글자를 딴 것이다. 에미상은 TV 분야, 그래미상은 청각매체 분야, 오스카상은 영화 분야, 토니상은 극예술 분야를 대표한다. 따라서 EGOT 클럽에 가입했다는 것은 한 명의 아티스트가 연기부터 노래, 제작 등 다방면에서 그 능력을 인정받았다는 의미다. 현재까지 EGOT 클럽에 가입한 사람은 전 세계에서 18명뿐이다.

왜 이슈지?

할리우드 배우 비올라 데이비스가 지난 2월 5일 열린 그래미 시상식에서 자서전 '나를 찾아서'로 베스트 오디오북 부문을 수상하며 18번째로 **EGOT 클럽**에 이름을 올렸다.

클로백(Clawback) 회사에 손해를 입힌 임직원의 성과급을 삭감·환수할 수 있도록 한 제도

▶ 경제·경영

환수(금)라는 뜻의 영어단어인데, 금융업계에서는 임직원이 회사에 손실을 입히거나 비윤리적인 행동으로 회사의 명예를 실추시킨 경우 성과급을 삭감 또는 환수할 수 있도록 한 제도를 말한다. 2008년 발생한 글로벌 금융위기 이후 미국과 유럽의 금융업계를 중심으로 도입됐으며, 현재 주요 대형 투자은행들이 직원을 채용할 때 계약서에 해당 조약을 명시하고 있다. 국내에도 클로백과 관련된 내용이 '금융회사 지배구조 감독규정(제9조)'에 명시돼 있으나, 대부분의 금융사가 해당 조항을 내부규범에 반영하고 있지 않거나 규정이 있더라도 실제로 이행한 사례는 없는 것으로 알려져 있다.

왜 이슈지?

금융당국이 은행권 과점체계 허물기에 나선 가운데 금융감독위원회는 현 금리산정체계에 경쟁 제한적인 요소가 있는지 살피면서 임직원의 성과급을 환수할 수 있는 '**클로백**'과 경영진 급여에 대해 주주총회의 심의를 받도록 한 '세이 온 페이' 제도 등을 개선하겠다고 밝혔다.

클라우드 서비스 보안인증(CSAP) 민간기업이 공공부문에 클라우드 서비스를 공급하기 위한 필수요건

▶ 과학·IT

정부가 클라우드 서비스 제공자가 제공하는 서비스에 대해 '클라우드 컴퓨팅 발전 및 이용자 보호에 관한 법률'에 따라 인증기관이 정보보호의 기준 준수여부 확인을 평가·인증해 이용자들이 안심하고 서비스를 이용할 수 있도록 지원하는 제도다. 공공기관에 안전성 및 신뢰성이 검증된 민간 클라우드 서비스를 제공하고, 객관적이고 공정한 클라우드 서비스 보안인증을 실시해 이용자의 보안우려를 해소하며, 클라우드 서비스 경쟁력을 확보하는 것을 목적으로 실시되고 있다.

왜 이슈지?

2월 23일 네이버클라우드와 SK브로드밴드는 공공·금융 기관 전용 클라우드 서비스인 공공 DaaS 상품 '클라우드 데스크탑'을 공동개발해 한국인터넷진흥원(KISA)의 **클라우드 서비스 보안인증(CSAP)**을 획득했다고 밝혔다.

챌린저은행(Challenger Bank) 대형은행의 시장지배력에 대응하기 위해 설립된 소규모 특화은행

경제·경영

대형은행의 시장지배력을 축소하고 은행 간 경쟁을 촉진하기 위해 설립된 소규모 특화은행을 일컫는 말이다. 대형은행과 직접 경쟁하는 것이 아니라 특정 시장 내에서의 성공을 목표로 하며, 기능별 업무가 뚜렷하다는 특징이 있다. 영국 금융당국은 2008년 전 세계에 불어닥친 금융위기 이후 로이드, 바클레이스, RBS, HSBC 등 4대 은행의 과점에 대한 비판여론이 높아지자 대형은행의 지배력을 축소하기 위해 중소규모 은행의 신설을 유도해왔다. 여기에 2020년 유럽연합(EU)을 탈퇴하면서 산업 간 경쟁촉진이 필요해짐에 따라 챌린저은행도 확대됐다. 단순한 상품과 저렴한 수수료, 경쟁력 있는 금리 제공이 특징이다.

왜 이슈지?

금융당국이 5개 은행을 중심으로 한 은행산업 구조 개편을 위한 대책을 마련 중인 가운데 대형은행의 과점체제 완화를 위한 방안으로 **챌린저뱅크** 및 인가세분화(스몰 라이선스) 등이 주목을 받고 있다.

스내킹(Snacking) 마치 간식을 먹듯 점심을 빠르게 해결하는 행위를 이르는 말

사회·노동·교육

간단한 식사 또는 간식거리를 뜻하는 'snack'과 접미사 '-ing'가 결합한 단어로 마치 간식을 먹듯 점심식사를 간단하고 빠르게 해결하는 행위를 일컫는 말이다. 젊은 세대 직장인들이 짧은 점심시간을 자기계발시간으로 활용하려는 추세가 확산함에 따라 새로 등장한 식사문화다. 더불어 직장동료들과의 소통 대신 혼자만의 시간을 갖고 싶어하는 이들과 간편식을 선호하는 소비자들이  늘어나고, 물가상승에 따른 식사비용이 증가한 것이 스내킹이 늘고 있는 원인으로 꼽힌다.

왜 이슈지?

최근 MZ세대 직장인 사이에서 **스내킹**이 확산하면서 외식업계에서도 이들을 타깃으로 한 샌드위치나 김밥 등 간편하게 먹을 수 있는 '스내킹 메뉴'를 활발하게 출시하고 있다.

그린딜 산업계획 유럽연합(EU) 집행위원회가 미국의 인플레이션감축법 등에 대응해 발표한 계획

국제·외교

미국의 인플레이션감축법(IRA)과 중국의 시장교란 움직임에 대응해 지난 2월 1일 유럽연합(EU) 집행위원회가 발표한 방안이다. EU 기업에 친환경 보조금 지급을 강화하고 세액공제 혜택을 제공하는 것을 골자로 하며, 한시적 규제 완화, 신속한 자금 조달, 친환경기술 향상, 탄력적 공급망을 위한 개방무역 등을 핵심과제로 제시하고 있다. 앞서 2022년 8월 미국에서 공식 발효된 IRA에는 세제지원 차별조항이 포함돼 논란이 됐는데, 특히 자국의 친환경·에너지 산업에만 보조금을 지급하기로 한 것이 알려지며 유럽연합(EU)을 비롯해 미국과 밀접한 관계를 맺고 있는 국가들의 반발이 이어지고 있다.

왜 이슈지?

유럽연합(EU) 집행위원회가 초안을 공개한 '**그린딜 산업계획**'은 미국의 인플레이션감축법(IRA)은 물론 해외시장에서 영향력을 확대하기 위해 공격적인 보조금 정책을 펼치고 있는 중국의 시장교란 움직임을 막기 위한 종합대책이다.

노 랜딩(No Landing) 경제가 침체나 소강상태에 빠지지 않고 계속해서 호황을 유지할 수 있다는 뜻

'착륙하지 않는다', '무 착륙'이라는 뜻으로 경제가 침체나 둔화에 빠지지 않고 계속해서 호황상태를 유지할 수 있다는 것을 의미한다. 당초 전문가들은 2023년 들어 미국경제가 완만한 둔화(Soft Landing, 연착륙)나 급격한 침체(Hard Landing, 경착륙) 중 하나를 겪을 것이라고 전망했다. 그러나 예상보다 경기침체 가능성이 크지 않고, 실업률이 54년 만에 최저치를 기록하는가 하면, 지난 1월 미국의 비농업부문 고용이 시장의 예상치 3배에 달하는 51만 7,000여 개가 증가한 것으로 나타났다. 이에 경제가 아예 하강하거나 착륙하지 않고 비행하는 상태를 유지할 것이라는 전망에 힘이 실렸다.

왜 이슈지?

미국의 경기침체에 대한 가능성이 크지 않다는 사실이 알려지며 **노 랜딩**에 대한 기대가 커졌지만, 일각에서는 노 랜딩이 현실화하더라도 미국 연방준비제도(Fed)의 추가 긴축을 초래할 수밖에 없어 결국에는 경기하강이 불가피할 것이라는 분석이 제기됐다.

전기차 등급제 전기차의 에너지 소비효율에 따라 기준을 매겨 등급을 표시하도록 한 제도

내연기관처럼 전기차도 에너지소비효율에 따라 기준을 매겨 1등급부터 5등급까지 표시하도록 한 제도를 말한다. 산업통상자원부는 이 같은 내용의 '자동차 에너지효율 및 등급 표시에 관한 규정' 일부개정 고시안을 3월 16일까지 행정예고했다. 이에 따라 복합에너지소비효율(km/kWh, 킬로와트시) 기준으로  전비(내연기관 자동차의 연비에 해당)가 5.9km 이상이면 1등급, 5.1~5.8km면 2등급, 4.3~5.0km면 3등급, 3.5~4.2km면 4등급, 3.4km 이하면 5등급이 부여된다.

왜 이슈지?

오는 6월 1일부터 시행예정인 **전기차 등급제**를 도입하는 것은 전 세계적으로 우리나라가 최초로 산업통상자원부는 전기차 등급제 시행에 맞춰 자동차 에너지소비효율, 등급의 표시라벨 디자인을 개정할 예정이라고 밝혔다.

궈왕 프로젝트 중국정부가 추진 중인 인공위성 프로젝트

중국정부에서 추진하고 있는 인공위성 프로젝트로 508~600km 고도에 통신위성 6,080개, 1,145km 고도에 6,912개를 각각 발사해 총 1만 2,992개의 위성운영을 목표로 한 국가 프로젝트다. 이를 통해 '우주실크로드'를 형성하고 육지면적의 60% 커버 및 세계인구 80%에 서비스를 지원할 수 있는 서비스망을 구축하고자 한다. 2021년 4월 저궤도 위성을 기반으로 한 브로드밴드 구축과 운영을 담당할 중국위성네트워크그룹(CSNG)을 설치하고 프로젝트를 가동 중인 중국은 거대한 인프라를 기반으로 일대일로정책 참여국가들과 함께 저궤도 위성을 공동 구축하고 활용하는 사업을 진행할 예정이다.

왜 이슈지?

미국과 유럽 등지에서 위성통신 사업에 속도를 내고 있는데, 중국에서도 미국의 스페이스X가 추진 중인 스타링크 사업에 맞서 '**궈왕(국가 네트워크) 프로젝트**'를 가동하고 총 1만 3,000여 개의 소형위성을 쏘아 올릴 계획이다.

버추얼 프로덕션(Virtual Production) 가상의 이미지와 실제 촬영이미지를 실시간으로 결합하는 것

문화·미디어

크로마키의 발전된 버전으로 가상의 이미지와 실제 촬영한 이미지를 실시간으로 결합하는 것을 말한다. 촬영하면서 컴퓨터그래픽(CG) 요소를 실시간으로 확인할 수 있어 원하는 장면을 비교적 정확하게 만들어낼 수 있다. 특히 CG 합성절차가 생략된다는 점에서 제작시간 및 비용 절감 효과가 있고 현실감 있는 영상구현이 가능해 배우의 연기몰입도가 상승하는 효과가 있다. 또한 혁신기술을 활용해 수정을 여러 번 거치지 않아도 즉각적이고 창의적인 작업이 가능하다.

왜 이슈지?

코로나19의 확산으로 비대면 공연이 활성화되면서 보다 실감나고 현실성이 느껴지는 콘텐츠들에 대한 수요가 증가함에 따라 가상환경 제작 및 실시간 시각특수효과 구현이 가능한 **버추얼 프로덕션** 스튜디오가 주목을 받고 있다.

윈저 프레임워크 영국과 유럽연합(EU)이 발표한 브렉시트 후속 협의안

국제·외교

영국과 유럽연합(EU)이 합의를 발표한 브렉시트 후속 협의안으로 영국 본토와 북아일랜드 간 교역장벽을 낮추는 내용을 골자로 한다. 2021년 1월 1일 브렉시트가 본격 시행되기 전 영국령이지만 예외적으로 EU 단일시장에 남은 북아일랜드와 영국 본섬 사이에 통관·검역 절차가 만들어졌는데, 이로 인해 국내 이동물품까지 통관·검역의 대상이 돼 절차지연으로 인한 물품공급 차질로 갈등이 이어졌다. 이러한 문제를 해결하기 위해 영국과 EU는 영국에서 북아일랜드로 넘어가는 물품을 '북아일랜드행(녹색선)'과 '아일랜드 등 EU행(적색선)'으로 구분해 녹색선 물품은 검역·통관 절차를 면제하기로 했다.

왜 이슈지?

2월 27일 영국과 유럽연합(EU) 사이에 **윈저 프레임워크**가 합의됨에 따라 그동안 문제가 됐던 검역·통관 절차가 최소화됐고, 영국정부는 북아일랜드에 적용되는 부가가치세, 보조금 등을 정하는 등 주권을 행사할 수 있게 됐다.

징검다리 소비 물건을 구매하기 전 하나 이상의 사전절차를 거치는 소비패턴

경제·경영

물건을 저렴하게 구매하기 위한 소비절약 방법 중 하나로 징검다리를 건너듯 물건을 구매하기 전 하나 이상의 할인절차를 거치는 것을 말한다. 이를 통해 원치 않는 지출을 최소화하고 물건을 최대한 저렴하게 구매할 수 있다. 이는 계속되는 물가상승과 경기침체로 인해 극단적으로 소비를 줄이는 '무지출 챌린지'나 '짠테크' 등 절약문화의 확산과 최근 소비의 주축으로 떠오른 MZ세대의 가치지향적인 소비경향이 영향을 미친 것으로 분석됐다.

왜 이슈지?

최근 물가상승과 경기침체가 이어지면서 지출을 줄이는 방법 중 하나로 **징검다리 소비**가 부상하면서 앱테크 및 포인트 이용, 지역화폐 소비, 알뜰폰 요금제, 명품 중고거래 플랫폼 등이 주목을 받고 있다.

시사상식 기출문제

01 신라시대 승려 혜초가 쓴 여행기의 제목은?

[2023년 연합뉴스TV]

① 대승기신론소
② 화엄경
③ 왕오천축국전
④ 열하일기

해설

〈왕오천축국전〉은 신라시대의 승려 혜초가 8세기 초 인도와 중앙아시아, 아랍 등을 기행하고 쓴 여행기다. 세계에서 가장 오래된 여행기로 알려져 있으며, 세계 4대 여행기로도 꼽히고 있다. 1908년 프랑스인 폴 펠리오가 중국 장쑤성 부근에서 발견하였으며, 현재 프랑스 국립도서관에 보관되어 있다.

02 윤동주의 시 〈참회록〉에서 주제의식을 드러내는 소재로 맞는 것은?

[2023년 연합뉴스TV]

① 거울
② 안경
③ 편지
④ 찻잔

해설

일제강점기 시인 윤동주는 일제에 의해 창씨개명을 하게 된 닷새 전, 나라를 잃은 국민으로서의 부끄러움과 이에 대한 참회와 반성을 주제로 1942년 〈참회록〉을 썼다. 그는 녹슨 청동거울에 자신의 얼굴을 비춰보며 부끄러움을 느끼고, 스스로 거울을 닦으며 성찰하겠다는 마음을 표현했다.

03 조선시대 실학자 정약용의 저서 중 백성을 다스리는 사람의 올바른 마음과 관련 있는 것은?

[2023년 연합뉴스TV]

① 아언각비
② 목민심서
③ 흠흠신서
④ 경세유표

해설

〈목민심서(牧民心書)〉는 1818년 조선시대 실학자 정약용이 강진에서 유배생활을 하던 중에 쓴 책이다. 유배생활 중 궁핍한 백성의 삶을 목격하고, 나라를 다스리는 이는 마땅히 백성을 보살피고 구호해야 한다는 취지에서 썼다. 정약용의 사상을 오롯이 담은 저서로 조선사회의 실태와 백성들의 위태로운 삶, 그리고 정약용이 생각하는 정치의 바른 길에 대해 담고 있다.

04 실업률이 낮으면 임금상승률이 높고 실업률이 높으면 임금상승률이 낮다는 것을 나타낸 곡선은?

[2023년 연합뉴스TV]

① 엥겔 곡선
② 래퍼 곡선
③ 로렌츠 곡선
④ 필립스 곡선

해설

필립스 곡선은 실업률이 낮으면 임금상승률이 높고 실업률이 높으면 임금상승률이 낮다는 관계를 나타낸 곡선이다. 영국 경제학자 필립스가 실제 영국의 사례를 토대로 분석한 결과에서 도출했다. 최근에는 임금상승률과 실업률의 관계보다는 물가상승률과 실업률의 관계를 보는 것이 일반적이다.

05 스페인 출신의 화가 피카소와 같은 시대에 활동하지 않는 화가는?

[2023년 연합뉴스TV]

① 앙리 마티스

② 렘브란트 반 레인

③ 에두아르 마네

④ 폴 세잔

해설

1881년 스페인에서 태어난 화가 파블로 피카소는 입체파의 대표적인 화가로 생전에 프랑스 출신의 화가 폴 세잔(1839년생)과 앙리 마티스(1869년생), 에두아르 마네(1832년생)와 교류하거나 영향을 받았다. 특히 앙리 마티스는 피카소와 함께 20세기 최고의 화가로 손꼽히며, 피카소와 라이벌 관계였던 것으로 알려졌다. 렘브란트 반 레인(1606년생)은 17세기 네덜란드에서 활동한 화가다.

07 철학자 프리드리히 니체가 저서에서 언급한 라틴어구로 '자신의 운명에 대한 사랑'을 뜻하는 말은?

[2023년 연합뉴스TV]

① 코기토 에르고 숨(Cogito, ergo sum)

② 케 세라 세라(Que Sera, Sera)

③ 카르페 디엠(Carpe diem)

④ 아모르 파티(Amor Fati)

해설

'아모르 파티(Amor Fati)'는 '자신의 운명에 대한 사랑'을 뜻하는 라틴어이며, 운명애(運命愛)라고도 할 수 있다. 독일 철학자 프리드리히 니체가 자신의 저서 〈즐거운 학문〉에서 언급한 어구로 지금 이 순간 자신이 가진 것과 자신 그대로의 삶을 받아들이고 사랑하라는 의미를 담고 있다.

06 1981년 9월 부산 지역에서 일어난 최대의 용공 조작사건은?

[2023년 연합뉴스TV]

① 부림 사건

② 인민혁명당 사건

③ YH무역 사건

④ 10 · 26 사건

해설

부림(釜林) 사건은 1981년 9월 제5공화국 군사독재 정권 당시 부산 지역에서 일어난 용공(반공주의 이용) 조작사건으로 민주화운동 세력을 탄압하기 위한 것이었다. 부산 지검의 공안 수사부가 영장 없이 시민들을 잡아들이고 감금해 고문하는 등 무고하게 반국가조직 및 단체로 몰아넣었다. 2013년 개봉한 양우석 감독의 영화 〈변호인〉이 이 사건을 소재로 만들어졌다.

08 유료방송 시청자가 OTT 등 새로운 방송 플랫폼으로 이동하는 현상은?

[2023년 연합뉴스TV]

① 빈지워칭

② 빈지뷰잉

③ 코드커팅

④ 코드제로

해설

코드커팅(Cord-cutting)은 'TV 선 자르기'로, 케이블TV 가입을 해지하고 인터넷TV나 동영상 스트리밍 서비스 등으로 옮겨가는 것을 말한다. 기존 통신 및 방송사가 아닌 새로운 사업자가 인터넷으로 드라마나 영화 등 다양한 미디어 콘텐츠를 제공하는 서비스인 OTT(Over The Top)의 발달에 따른 것이다. TV 선을 자르지 않고 OTT 서비스에 추가로 가입하는 것을 '코드스태킹(Cord-stacking)'이라고 한다.

09 엄청난 결과를 초래할 것을 알면서도 모른 척 해결하지 않는 것을 뜻하는 용어는?

[2023년 전주MBC]

① 검은 코끼리
② 하얀 백조
③ 방 안의 코끼리
④ 검은 백조

해설

'검은 코끼리'는 '검은 백조'와 '방 안의 코끼리'를 합성해 만든 용어다. 도저히 일어날 것 같지 않은 일이 현실화되는 '검은 백조'와 누구나 알고 있지만 언급하게 되면 커다란 위협이 될 것이 두려워 침묵하는 '방 안의 코끼리'의 의미가 합쳐졌다. 따라서 엄청난 결과를 초래할 것을 알면서도 모른 척하며 손을 놓고 있는 양상을 표현한 용어라 할 수 있다.

10 기업이 제품의 가격은 유지하고 수량과 무게 등만 줄이는 전략은?

[2023년 헤럴드경제]

① 런치플레이션
② 애그플레이션
③ 슈링크플레이션
④ 스킴플레이션

해설

슈링크플레이션은 기업들이 자사 제품의 가격은 유지하고, 대신 수량과 무게·용량만 줄여 사실상 가격을 올리는 전략을 말한다. 영국의 경제학자 '피파 맘그렌'이 제시한 용어로 '줄어들다'라는 뜻의 '슈링크(Shrink)'와 '지속적으로 물가가 상승하는 현상'을 나타내는 '인플레이션(Inflation)'의 합성어다.

11 국제박람회기구의 본부가 위치한 도시는?

[2023년 헤럴드경제]

① 호주 멜버른
② 프랑스 파리
③ 영국 런던
④ 캐나다 오타와

해설

국제박람회기구(BIE)는 1928년 프랑스 파리에서 발족했으며, 세계박람회를 유치하는 과정에서 각국 사이에 발생하는 문제점을 조정하는 역할을 하고 있다. 또한 세계박람회를 전반적으로 총괄하며, 주최국을 결정하고 개최 신청국의 현지조사를 하는 역할도 한다.

12 탄소를 포집해 저장하는 기술을 뜻하는 영문 약자는?

[2023년 헤럴드경제]

① CBAM
② PGII
③ BIPV
④ CCS

해설

CCS(Carbon Capture & Storage)는 이산화탄소 포집과 저장 기술을 뜻하는 용어다. 이산화탄소가 배출되기 전에 고농도가 되도록 모은 후, 압축하고 수송해 저장하는 기술 전반을 뜻한다.

13 국가와 국가 혹은 국가와 세계의 경기가 같은 흐름을 띠지 않는 현상을 뜻하는 말은?

[2023년 보훈교육연구원]

① 리커플링
② 디커플링
③ 테이퍼링
④ 양적완화

해설

디커플링(Decoupling)은 일명 탈동조화 현상으로 한 국가의 경제가 주변의 다른 국가나 세계경제와 같은 흐름을 보이지 않고 독자적인 경제로 움직이는 현상을 말한다. 세계경제는 미국이나 유럽 등 선진국에서 발생한 수요 또는 공급 충격에 큰 영향을 받는 동조화(Coupling) 현상, 점차 다른 나라의 경제상황과 성장에 미치는 영향이 약화되는 디커플링 현상, 동조화 재발생(Recoupling) 현상이 반복된다.

14 이산화탄소를 배출량 이상으로 흡수하는 것을 뜻하는 용어는?

[2023년 보훈교육연구원]

① 탄소 네거티브
② 넷제로
③ 탄소중립
④ 탄소발자국

해설

탄소 네거티브는 적극적인 탄소감축·친환경 정책으로 이산화탄소를 배출량 이상으로 흡수해, 실질적인 배출량을 마이너스로 만드는 것을 뜻한다. 배출량 상쇄를 넘어 이미 배출된 이산화탄소를 제거할 수 있어야 달성된다.

15 통신장치를 일정시간 내에 오가는 데이터 전송량을 뜻하는 용어는?

[2023년 보훈교육연구원]

① 핑
② 패킷
③ 트래픽
④ 트랜잭션

해설

트래픽(Traffic)은 서버 등 통신장치를 일정시간 동안 오가는 데이터의 양을 말하는 것으로 통신장치와 시스템에 걸리는 부하를 뜻한다. 트래픽양의 단위는 얼랑(erl)이다. 트래픽 전송량이 많으면 네트워크와 서버에 과부하가 걸려 데이터 송수신 장애를 일으킬 수 있다.

16 다음 중 입헌군주제 국가에 해당하는 나라가 아닌 것은?

[2023년 보훈교육연구원]

① 네덜란드
② 덴마크
③ 태국
④ 네팔

해설

현대의 입헌군주제는 '군림하되 통치하지 않는다'를 기조로 국왕과 왕실은 상징적인 존재로 남고 헌법에 따르며, 실질적인 통치는 주로 내각의 수반인 총리가 맡는 정부 형태를 말한다. 현존하는 입헌군주국에는 네덜란드와 덴마크, 노르웨이, 영국, 스페인, 일본, 태국, 캄보디아 등이 있다. 네팔은 1990년에 입헌군주정을 수립했으며 2008년 다시 절대왕정으로 회귀하려다 왕정을 폐지하고 민주공화국을 수립했다.

🔒 **09** ① **10** ③ **11** ② **12** ④ **13** ② **14** ① **15** ③ **16** ④

17 일제강점기 당시 독립운동가로 1932년 일왕의 생일날 거사를 일으킨 인물은?

[2023년 보훈교육연구원]

① 김원봉
② 이봉창
③ 윤봉길
④ 조소앙

해설

일제강점기 독립운동가인 윤봉길 의사는 임시정부의 김구가 창설한 한인애국단에 가입해, 1932년 중국 상하이 훙커우공원에서 열린 일왕의 생일 기념식에 폭탄을 던져 의거했다. 일왕을 사살하지는 못했으나, 일본군 대장과 일본인 거류민단장이 그 자리에서 사망했다. 현장에서 체포된 윤봉길 의사는 사형선고를 받아 1932년 12월 19일 순국했다.

18 다음 중 스마트폰의 문자메시지를 이용한 휴대폰 해킹을 뜻하는 용어는?

[2023년 보훈교육연구원]

① 메모리피싱
② 스피어피싱
③ 파밍
④ 스미싱

해설

스미싱은 문자메시지(SMS)와 피싱(Phishing)의 합성어로, 인터넷 접속이 가능한 스마트폰의 문자메시지를 이용한 휴대폰 해킹을 뜻한다.

19 하지 말라고 하면 더 하고 싶어지는 심리적 저항현상을 뜻하는 말은?

[2023년 영화진흥위원회]

① 칼리굴라 효과
② 로미오와 줄리엣 효과
③ 칵테일파티 효과
④ 서브리미널 효과

해설

칼리굴라 효과는 하지 말라고 하면 더 하고 싶어지는, 즉 금지된 것에 끌리는 심리현상을 말한다. 1979년 로마 황제였던 폭군 칼리굴라의 일대기를 그린 영화 〈칼리굴라〉가 개봉했는데, 미국 보스턴에서 이 영화의 선정성과 폭력성을 이유로 들어 상영을 금지하자 외려 더 큰 관심을 불러일으킨 데서 유래했다.

20 대상의 한 가지 두드러진 특징이 대상을 평가하는데 지대한 역할을 하는 효과는?

[2023년 영화진흥위원회]

① 초두 효과
② 후광 효과
③ 대비 효과
④ 맥락 효과

해설

후광 효과(Halo effect)는 어떤 한 대상을 평가하고 인상을 남기는 과정 속에서 대상의 두드러진 한 가지 특징이 커다란 영향력을 끼치는 것을 말한다. 그러한 특징은 대상을 생각함에 있어 일반적인 견해가 되거나 좋고 나쁜 평판을 결정하는 데 영향을 준다.

21 독특한 콧수염으로 유명한 초현실주의 화가로 〈기억의 지속〉 등의 작품을 남긴 인물은?

[2023년 화성시환경공단]

① 후안 미로
② 앙드레 브르통
③ 르네 마그리트
④ 살바도르 달리

해설
1904년 스페인에서 태어난 초현실주의 화가 살바도르 달리(Salvador Dali)는 독특한 모양의 콧수염으로 유명하며, 상징주의와 무의식을 탐구했다. 20세기 미술사에 큰 족적을 남긴 달리는 다양한 예술분야에서 활동했고, 1929년에는 초현실주의 영화 〈안달루시아의 개〉 제작에 참여하기도 했다. 시계가 녹아내리는 이미지의 초현실주의 작품 〈기억의 지속〉은 그의 대표작 중 하나다.

22 부동산산업과 빅데이터 분석 등 하이테크 기술을 결합한 서비스는?

[2023년 화성시환경공단]

① 프롭테크
② 핀테크
③ 임베디드 금융
④ 클린빌

해설
프롭테크(Proptech)는 부동산(Property)과 기술(Technology)의 합성어로, 기존 부동산산업과 IT의 결합으로 볼 수 있다. 프롭테크의 산업 분야는 크게 중개 및 임대, 부동산 관리, 프로젝트 개발, 투자 및 자금조달 부분으로 구분할 수 있다. 프롭테크산업 성장을 통해 부동산 자산의 고도화와 신기술 접목으로 편리성이 확대되고, 이로써 삶의 질도 향상되고 있다.

23 환자의 부정적 감정이나 기대가 의학적 치료 효과를 나타나지 않게 하는 현상은?

[2023년 서울시복지재단]

① 스티그마 효과
② 피그말리온 효과
③ 노시보 효과
④ 플라시보 효과

해설
노시보 효과(Nocebo Effect)는 의사의 말이 환자에게 부정적인 감정이나 기대를 유발하여 환자에게 해를 입히는 현상이다. 또는 의사의 올바른 처방에도 환자가 의심을 품어 효과가 나타나지 않는 것을 뜻하기도 한다. '나는 상처를 입을 것이다'라는 뜻을 지닌 라틴어에서 유래한 노시보 효과는 마찬가지로 라틴어에서 기원한 플라시보 효과(Placebo Effect)와 대조적인 개념이다.

24 일정기간이 지나면 법률의 효력이 자동으로 사라지는 제도는? [2023년 서울시복지재단]

① 종료제
② 일몰제
③ 순환제
④ 실효제

해설
일몰제는 시간이 흐르고 해가 지듯이 일정시간이 지나면 법률이나 규제·조항의 효력이 자동으로 종료되는 제도를 말한다. 1976년 미국의 콜로라도주 의회에서 최초로 제정됐으며 해당 법률에 대한 행정부의 감독과 책임의식을 증대하기 위해 시작됐다.

시사상식 예상문제

01 전 미국 연방준비제도 의장이자 현재 미국 재무장관을 역임하고 있는 인물은?

① 앨런 그린스펀
② 벤 버냉키
③ 스티브 므누신
④ 재닛 옐런

해설

재닛 옐런(Janet Louise Yellen)은 제15대 미국 연방준비제도(Fed) 의장을 지낸 인물로 현재 바이든정부의 초대 재무장관으로 재직 중이다. 시장에서 정부의 적극적인 역할을 중요시하는 비둘기(온건)파 성향으로 유명하며, 고용 확대와 정부에 의한 시장안정을 주요기조로 삼고 있는 인물이다.

02 컴퓨터가 인간을 먼저 인지하고 원하는 것을 실행해주는 시스템은?

① 앰비언트 컴퓨팅
② 행동인터넷
③ 유비쿼터스
④ 초연결

해설

앰비언트 컴퓨팅(Ambient Computing)은 사람이 먼저 컴퓨터 프로그램을 파악하고 원하는 것을 실행하기 위해 다루는 것이 아닌, 컴퓨터가 먼저 사람을 인지하고 상호작용하는 것을 뜻한다. 앰비언트란 공기처럼 우리 주위에 존재한다는 의미로, 탑재된 센서를 통해 인간을 먼저 인식하고 상황에 따라 자동으로 요구사항을 충족시키는 시스템이다.

03 휴가지에서의 업무를 정식 근무로 인정하는 형태는?

① 잡 셰어링
② 워케이션
③ 클럽하우스
④ 허브 앤 스포크

해설

워케이션(Worcation)이란 일을 뜻하는 'Work'와 휴가를 뜻하는 'Vacation'의 합성어로, 휴가지에서의 업무를 급여가 발생하는 일로 인정해주는 근무형태를 말한다. 시간과 장소에 구애받지 않고 회사 이외 장소에서 근무하는 텔레워크(Telework) 이후에 새롭게 등장한 근무방식이다. 미국에서 시작됐으며 일본에서 노동력 부족과 장시간 노동을 해결하기 위한 방안으로 점차 확산하고 있다.

04 어려운 경제상황에서 체감물가도 올라가는 상태는?

① 스크루플레이션
② 애그플레이션
③ 디스인플레이션
④ 스태그플레이션

해설

스크루플레이션(Screwflation)은 '돌려 조인다', '쥐어짜다'라는 의미의 스크루(Screw)와 인플레이션(Inflation)의 합성어다. 경제상황도 어려운데 체감물가도 함께 올라가는 상태를 일컫는다. 물가 상승과 실질임금 감소, 주택가격 하락과 임시직의 증가 및 주가 정체 등으로 중산층의 가처분 소득이 줄어들었을 때 발생한다.

05 개헌을 충족하는 요건으로 옳은 것은?

① 개헌의 제안권은 대통령과 국회의원이 가질 수 있다.
② 국회의원이 제안할 경우 대통령의 심의를 거쳐야 한다.
③ 헌법 개정안은 국민에게 30일 이내의 기간 동안 공고해야 한다.
④ 경우에 따라 개정안이 국민투표에 회부될 수도 있다.

해설

헌법을 개정하는 안인 개헌안의 제안권은 대통령과 국회의원이 가진다. 제안자가 대통령이라면 국무회의의 심의를 거쳐야 하고, 국회의원인 경우 재적의원 과반수의 찬성을 받아야 한다. 개정안의 내용을 국민에게 알리기 위해 20일 이상의 기간 동안 공고해야 하며, 공고된 날부터 60일 이내에 국회가 의결한다. 국회의 의결이 끝나면 마지막으로 국민투표에 회부해야 하고, 국민 과반수의 찬성으로 확정된다.

06 조선시대 향촌사회의 자치규약인 향약에 해당하지 않는 것은?

① 과실상규(過失相規)
② 예속상교(禮俗相交)
③ 상부상조(相扶相助)
④ 덕업상권(德業相勸)

해설

향약은 향촌규약(鄕村規約)의 약자로 16세기부터 향촌사회의 향인들이 서로 도우며 살아가자는 의미로 만들어진 자치규약이다. 유교적 예절과 풍속을 향촌사회에 보급해 질서를 세우고 미풍양속을 가꾸는 등 유교적으로 통제하기 위함이었다. 향촌의 네 가지 강목에는 덕업상권(좋은 일은 서로 권한다), 과실상규(잘못은 서로 규제한다), 예속상교(예의로 서로 사귄다), 환난상휼(어려운 일은 서로 돕는다)이 있다.

07 시리즈의 연속성을 버리고 이야기를 처음부터 다시 만드는 것은?

① 리메이크
② 프리퀄
③ 리부트
④ 스핀오프

해설

리부트(Reboot)는 재시동이라는 의미로 영화 등 콘텐츠의 기존 시리즈를 연속해서 이어가는 대신, 새로운 이야기로 다시 시작하는 것이다. 보통 이야기의 전체적인 배경이나 주요 등장인물들만 그대로 이어가고 세부적인 구성은 새롭게 만든다. 리부트의 대표적 사례는 〈배트맨 시리즈〉로 기존 작품이 4편까지 제작됐다가, 2005년에 크리스토퍼 놀란 감독이 시리즈를 리부트한 〈배트맨 비긴즈〉를 선보인 바 있다.

08 세계 특정 국가들의 모임인 G20의 G는 무엇의 약자인가?

① Group
② Global
③ Good
④ Grand

해설

G20은 'Group of Twenty'의 약자로 1999년 창설된 세계 주요 20개국을 뜻한다. 세계경제를 이끄는 가장 큰 그룹인 G7에 12개의 신흥·경제국과 유럽연합(EU) 의장국을 합한 국가모임이다. 세계금융위기를 계기로 2008년부터 정상회의로 격상됐다. 현재의 G20 회원국은 미국, 프랑스, 영국, 독일, 일본, 이탈리아, 캐나다 등 G7과 EU 의장국에 아르헨티나, 호주, 브라질, 중국, 인도, 한국 등 12개 신흥·경제국이다.

🔒 01 ④ 02 ① 03 ② 04 ① 05 ① 06 ③ 07 ③ 08 ①

09 다음 중 사람과 컴퓨터를 가려내기 위한 웹 보안 기술은?

① 포트 포워딩
② 스테가노그래피
③ 튜링 테스트
④ 캡차

> **해설**
> 캡차(CAPTCHA)는 'Completely Automated Public Turing test to tell Computers and Humans Apart'의 약자로 정보이용자가 사람인지 컴퓨터(프로그램)인지 구별해주는 보안기술이다. 일종의 테스트 기술인데 컴퓨터는 인식할 수 없도록 인위적으로 찌그러진 문자를 보여주고 그대로 입력하게 하는 식이다. 악의적 프로그램인 '봇(Bot)'의 접속과 활동을 막도록 개발됐다.

10 다음 중 엑스포가 개최된 적 없는 도시는?

① 브뤼셀
② 오사카
③ 모스크바
④ 상하이

> **해설**
> 엑스포(EXPO)는 세계 각국이 자국의 산업과 문화의 활동·성과 등을 알리기 위한 국제적인 장으로, 산업·문화 올림픽이라고 할 수 있다. 1851년 런던 엑스포를 실질적인 시작으로 본다. 우리나라는 대한제국 시절 1900년 파리 엑스포에 별도의 국가관을 세워 본격적으로 참가하기 시작했고, 1993년 대전, 2012년 여수에서 엑스포를 개최했다. 현재 부산광역시는 2030년 엑스포 개최를 놓고 사우디아라비아 리야드, 이탈리아 로마 등과 경쟁하고 있다.

11 대량의 주식을 보유한 매도자와 매수자 간에 주식거래를 체결하는 것은?

① 윈도드레싱
② 숏커버링
③ 스왑딜
④ 블록딜

> **해설**
> 블록딜(Block Deal)은 대량의 주식을 보유한 매도자와 이를 매수할 수 있는 매수자 간에 거래를 체결시켜 주는 제도를 뜻한다. 주식시장에서 한꺼번에 대량의 주식이 거래될 경우 발생할 수 있는 급격한 가격변동과 물량부담을 줄이기 위한 방안이다. 주로 시장가격에 영향을 미치지 않도록 사전에 매도물량을 인수할 수 있는 매수자를 구한 뒤 장 시작 전이나 마감 후 시간외거래 또는 장외거래를 통해 이루어진다.

12 우리나라의 24절기 중 음력 6월 6일경을 의미하는 것은?

① 망종(芒種)
② 청명(淸明)
③ 소만(小滿)
④ 처서(處暑)

> **해설**
> 망종(芒種)은 우리나라의 24절기 중 여름인 음력 6월 6일경에 해당하며, 보리가 익고 모를 심기 좋은 때라는 의미를 갖고 있다. 청명은 음력 4월 5일경으로 날씨가 맑고 청명함을 뜻하며, 소만은 5월 21일경 만물이 점차 성장하여 가득 찬다는 뜻이다. 처서는 가을의 절기 중 하나로 8월 23일경으로 더위가 물러가는 시기라는 의미를 담고 있다.

13 수입은 많지만 서로 시간이 없어 소비를 못하는 신세대 맞벌이 부부를 이르는 말은?

① 여피족
② 네스팅족
③ 딘트족
④ 욘족

해설

딘트족(DINT族)은 'Double Income, No Time'의 약어로 맞벌이를 해서 수입은 두 배이지만 업무가 바쁘고, 서로 시간이 없어 소비를 못 하는 신세대 맞벌이 부부를 지칭하는 신조어다.

14 우리나라 최초의 방송용 인공위성은?

① 무궁화1호
② 아리랑1호
③ 우리별1호
④ 은하1호

해설

무궁화1호는 우리나라 최초의 상용 방송·통신위성이다. 뉴미디어 시대를 열고, 미래의 우주개발 경쟁에 대비하는 것을 목적으로 추진됐으며 1995년 8월 미국 플로리다주 케이프커내버럴 우주기지에서 발사됐다. 무궁화1호는 KT가 운용한 정지궤도위성으로 2005년 12월, 10년 4개월간의 임무를 끝마쳤다.

15 술이나 마약, 도박 등에 부과되는 세금은?

① 준조세
② 죄악세
③ 역진세
④ 피구세

해설

죄악세는 악행세라고도 하며 술이나 담배, 도박, 경마나 마약 등과 같이 사회에 부정적인 영향을 끼칠 수 있는 요소에 부과하는 세금을 말한다. 수입이나 소득에 관계없이 부과되는 일종의 간접세라고 할 수 있다. 음주와 흡연, 마약, 도박 등으로 인한 사회적 손실비용을 충당하고 국민의 복지와 건강을 보전하기 위한 목적으로 부과된다.

16 인도 역사상 최초의 통일제국이자 가장 넓은 영토를 누렸던 제국은?

① 굽타 제국
② 마우리아 제국
③ 쿠샨 제국
④ 무굴 제국

해설

마우리아 제국(왕조)은 기원전 322년에서 기원전 180년까지 존속한 제국이며, 인도 역사상 최초의 고대 통일제국을 이룩했다. 시조는 찬드라굽타 마우리아로 그는 인더스강 상류에서 군사를 일으켜 난다 왕조를 무너뜨리고 왕의 자리에 올랐다. 이후 인도의 북서부 지역과 인더스강 서쪽, 중부 인도와 남인도를 차례로 제패하며 인도 최초로 고대 통일제국을 이뤘다.

17 사고영역을 7개의 키워드로 나누어 최적의 아이디어를 도출하는 브레인스토밍 기법은?

① 컬러배스 발상법
② 스캠퍼
③ 마인드맵
④ 클러스터

해설

스캠퍼(Scamper)는 미국의 교육행정가 밥 에벌이 1971년 개발한 브레인스토밍 기법이다. 사고의 영역을 '대체하기, 결합하기, 조절하기, 변형·확대·축소하기, 용도 바꾸기, 제거하기, 역발상·재정리하기' 등 7가지 영역으로 나누고 여기에 여러 아이디어를 대입해 최적의 아이디어를 도출해낸다. 신상품이나 새로운 서비스와 프로세스를 고안해내는 창의적 도구라 할 수 있다.

18 다음 우리나라의 문화재 중 천문관측과 관련이 없는 것은?

① 혼천의(渾天儀)
② 간의대(簡儀臺)
③ 자격루(自擊漏)
④ 칠정산(七政算)

해설

혼천의는 천체의 운행과 위치를 측정하는 기구로 고대 중국의 혼천설을 기초로 한다. 우리나라는 조선 세종 때 최초의 제작기록이 드러났다. 간의대는 조선 세종 때 경복궁에 설치한 천문관측시설로서 관측기기인 간의에 관원을 배치해 천체의 위치를 측정하도록 했다. 칠정산은 우리 실정에 맞는 각종 역법이론을 두 편의 책으로 정리한 것이다. 자격루는 장영실이 시보장치를 탑재하여 제작한 물시계다.

19 성공을 거둔 특정 상품을 내세워 전체 브랜드의 이익을 극대화하는 매장은?

① 플래그십 스토어
② 앵커 스토어
③ 키 스토어
④ 팝업 스토어

해설

플래그십 스토어(Flagship Store)는 어떤 브랜드의 가장 성공적인 상품을 필두로 다른 상품들의 이미지와 나아가 브랜드 전체의 이미지까지 극대화하는 매장을 일컫는다. 플래그십은 해군의 가장 큰 기함을 말하는데, 기업이 자사의 가장 뛰어나고 상품성 있는 품목에 초점을 맞춰 긍정적인 이미지를 구축하는 매장 운영방식이다.

20 다음 중 우리나라의 노동이사제에 대한 설명으로 옳은 것은?

① 공기업과 민간기업에 모두 적용된다.
② 노동자 대표가 기업의 이사회에 참여하는 제도다.
③ 비상임 이사 3인을 선임한다.
④ 임기는 5년이며 1년 단위로 연임이 가능하다.

해설

노동이사제는 2022년 하반기부터 시작된 제도로 노동자의 경영참여를 보장하기 위해 노동자 대표가 기업의 이사회에 참여하는 것을 말한다. 공기업과 준정부기관에서 시행되며 노동자 대표로 추천 또는 동의를 받은 비상임 이사 1인을 선임한다. 3년 이상 근무한 근로자로 선임하며 임기는 2년이고 1년 단위로 연임할 수 있다.

21 문제임을 알고 있지만 이를 논할 경우 닥칠 위험 탓에 말하지 못하는 것을 뜻하는 말은?

① 하얀 코끼리
② 검은 백조
③ 샐리의 법칙
④ 방 안의 코끼리

해설
방 안의 코끼리란 누구나 인식하고 있지만, 이를 지적하거나 이야기했을 때 초래될 위험이 두려워 아무도 선뜻 먼저 이야기를 꺼내지 못하는 큰 문제를 비유적으로 이르는 말이다. 방 안에 코끼리가 있는 상황처럼 누구나 알 수 있고 위험한 상황에서도 모르는 척하며 문제삼지 않는 것이다.

22 회전하는 물체가 유체 속에서 특정 방향으로 날아갈 때 경로가 휘어지는 현상은?

① 카르만의 소용돌이
② 마그누스 효과
③ 마태 효과
④ 도플러 효과

해설
마그누스 효과(Magnus Effect)는 일정한 방향으로 회전하는 물체가 기체나 액체 등 유체를 통과할 때 압력이 높은 쪽에서 낮은 쪽으로 휘어지며 경로도 그에 따라 달라지는 현상이다. 이는 물체를 둘러싼 유체의 압력 차이 때문에 발생하는 현상으로 야구의 변화구나 축구의 바나나킥을 설명하는 원리가 된다.

23 우리나라 환경부와 금융위원회가 제정한 한국형 녹색금융 분류체계는?

① K에코파이낸싱
② K그린파이낸싱
③ K택소노미
④ K리터러시

해설
K택소노미(K-Taxonomy)는 특정 금융경제활동이 탄소중립·환경개선 목표에 부합하는지 판단할 수 있는 가이드라인이다. 환경부와 금융위원회가 공동으로 제정한 녹색금융 분류체계인데, 특정한 기술이나 산업에서의 활동이 환경문제 개선에 도움이 될 수 있는지 혹은 문제를 일으킬 소지가 없는지 판단하는 기준이 된다. K택소노미에 부합하지 못하면 사업을 위한 자금을 유치하는 데에도 지장을 받을 수 있다.

24 직위와 연공을 인정받는 조직에서 무능력한 상급자가 대다수를 차지하는 현상은?

① 과두제의 철칙
② 파킨슨 법칙
③ 딜버트의 법칙
④ 피터의 법칙

해설
피터의 법칙(Peter's Principle)은 미국 콜롬비아대 로렌스 피터 교수가 1969년 발표한 이론이다. 조직의 상위에 있는 직급일수록 성과가 낮고 무능력한 상급자가 차지하게 된다는 것인데, 처음에는 유능했던 사람도 연공을 인정받아 승진하다 보면 일의 능률이 떨어지고 성과가 저하된다는 이론이다. 무능력한 상급자들은 직위가 보장되어 계속 조직의 윗자리에 머무르게 된다. 관료제의 병폐를 지적한 것이라 볼 수 있다.

01 다음 보기를 보고 공통적으로 연상되는 것은?　[장학퀴즈]

> 큐피드, 나폴레옹, 림스키 코르사코프, 육각형

정답

벌은 꽃가루받이를 통해 식물의 수정을 담당하고 있어 '생태계의 큐피드'로 불리며, 나폴레옹의 대관식 때 노트르담의 장식으로 동으로 제작된 벌이 사용된 바 있다. 림스키 코르사코프는 〈왕벌의 비행〉을 작곡했으며, 벌집의 모양은 육각형이다.

02 이것을 이용해 만든 전지는 작고 가벼우면서도 에너지 밀도가 높아 휴대전화 배터리의 핵심재료로 사용된다. 이것은 무엇인가?　[장학퀴즈]

정답

리튬은 수소, 헬륨 다음으로 가벼운 원소로 빅뱅 직후 초기 우주에서 생성된 세 가지 원소 중 하나다. 2022년 9월 세계적인 미국의 전기차 업체 테슬라가 전기차 배터리의 핵심인 리튬 정제 산업에 뛰어들겠다고 밝혀 화제가 된 바 있다.

03 최근 6070세대 사이에서 유행하는 브이로그로 정보공유와 스트레스 해소를 목적으로 만들어진 이것은?

[옥탑방의 문제아들]

정답

황혼육아 브이로그는 손자, 손녀를 돌보는 조부모들이 정보를 공유하고 댓글로 소통하며 스트레스를 해소하기 위해 만들어진 것이다. 구매력이 높은 조부모가 최근 소비시장의 큰손으로 떠올랐다는 뜻의 '할류열풍'과 일맥상통하기도 한다.

04 김장은 1960년대까지 국가적 행사였는데, 도시로 김장감을 공급하기 위해 이것도 존재했다. 이것은 무엇인가?

[옥탑방의 문제아들]

정답

당대에는 대부분의 사람들이 비슷한 시기에 김장을 했는데 농촌을 떠나 도시로 향한 사람들이 많아 물류이동에 문제가 생길 수밖에 없었다. 이에 교통부는 1961년 가을 김장철을 맞아 호남-서울을 오가는 김장 열차를 하루 한 차례 운행했다.

05 '놀랍다'의 뜻풀이에 포함되어 있지 않은 단어는?　[우리말 겨루기]

① 굉장하다
② 괴이하다
③ 총명하다
④ 두렵다

정답

'놀랍다'는 '감동을 일으킬 만큼 훌륭하거나 굉장하다' 또는 '갑작스러워 두렵거나 흥분 상태에 있다', '어처구니없을 만큼 괴이하다'라는 의미가 있다.

06 '맛있는 □□□무침'에 들어갈 말로 옳은 것은?　[우리말 겨루기]

① 돗나물
② 돌나물

정답

돌나물은 돌나물과의 여러해살이풀로 어린잎과 줄기는 나물로 먹고 잎사귀의 즙은 벌레에 물린 데나 불에 덴 곳에 바르는 약으로 사용한다.

07 그리스 신화에 나오는 이 인물은 올림포스 12신 중 한 명으로 태양, 음악, 예언, 궁술을 주관했다. 머리에 월계관을 쓰고 손에는 리라를 든 이 인물은?

[유퀴즈 온 더 블럭]

정답

아폴론은 그리스 신화의 최고 신 제우스의 아들이자 아르테미스의 쌍둥이 남매로 태양, 음악, 예언, 의술, 궁술을 관장하는 신이다.

08 불교에서 열반의 경지에 이르기 위한 여섯 가지 덕목 중 하나로, 오늘날에는 목표를 이루기 위해 쉬지 않고 부지런히 나아가는 상태를 가리키는 말은?

[유퀴즈 온 더 블럭]

정답

정진(精進)은 원래 불교에서 몸과 마음을 깨끗하게 가다듬어 도를 닦는 수행법을 뜻하는 말이었지만, 지금은 주로 '힘써 나아가다'라는 의미로 '학문에 정진하다' 등의 표현으로 사용된다.

09 원래 투수가 마운드에 올라 경기에 출전한다는 뜻의 야구용어였으나 오늘날 어떤 분야에서 인물이나 현상이 새롭게 나타날 때 사용하는 이 말은?

[유퀴즈 온 더 블럭]

정답

등판은 원래 야구에서 투수가 마운드에 서는 일을 뜻하던 말로 오늘날에는 그 의미가 확대돼 일상생활 속에서 이전에 없던 새로운 인물이나 현상 등이 나타날 때 '등장하다'라는 의미로 사용하기도 한다.

10 다음 빈칸에 올 알파벳은 무엇인가?

[문제적 남자]

N W H O I ( )

정답

창의적인 사고가 필요한 문제다. 제시된 알파벳들의 규칙을 찾아보면 영어로 1(ONE), 2(TWO), 3(THREE), 4(FOUR), 5(FIVE), 6(SIX)의 두 번째 스펠링을 의미한다는 것을 알 수 있다. 따라서 마지막 빈칸에 들어갈 알파벳은 'T'이다.

11 다음 그림의 규칙에 따를 경우 마지막에 들어갈 그림은?

[문제적 남자]

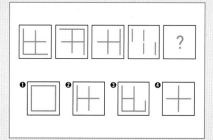

정답

창의적 사고가 필요한 문제로 제시된 그림에서 일정한 규칙을 찾아야 한다. 먼저 4개의 그림을 모두 조합해 보면 원래 형태는 '밭 전(田)'인 것을 알 수 있다. 기본형태인 田에서 제시된 그림의 형태가 되려면 'ㄱ', 'ㄴ', 'ㄷ', 'ㄹ'의 순서대로 선이 삭제된 것을 알 수 있다. 따라서 마지막에 들어갈 그림은 'ㅁ'이 삭제된 ❹번이 된다.

취업!
실전문제

최종합격 기출면접

금융감독원의 면접전형은 2차 필기전형 합격자들을 대상으로 1차 면접전형과 2차 면접전형으로 나누어 이루어진다. 1차 면접전형은 개별면접과 집단토론의 방식으로 진행되며, 직무수행능력을 중심으로 평가하되 인성 및 조직적응력 등도 포함하여 평가한다. 2차 면접전형은 개별면접으로 진행되고 인성 등을 종합적으로 평가한다.

1 개별면접

개별면접은 다대일 면접방식으로 자기소개서를 기반으로 한 인성과 관련된 질문이 주를 이룬다. 또 지원자의 문제해결능력 및 전문성, 조직적응력 등을 파악하기 위한 질문을 하기도 한다. 따라서 자기소개서를 바탕으로 나올 수 있는 예상질문에 대한 답변을 미리 준비하는 것이 좋다.

기출문제

- 금융감독원의 주요 사업에 대해 말해 보시오.
- 본인의 업무 외에 다른 업무가 주어진다면 어떻게 할 것인지 말해 보시오.
- 상사가 부당한 지시를 내린다면 어떻게 대처할 것인지 말해 보시오.
- 본인만의 스트레스 관리 방법에 대해 말해 보시오.
- 1분 안에 자기소개를 간단히 해 보시오.
- 본인이 생각하는 금융이란 무엇인가?
- 약속을 잘 지킨다고 했는데, 못 지키는 경우는 없었는가?
- 금융감독원 직원으로서의 소명은 무엇이라고 생각하는가?
- 상사와 의견이 다를 경우 어떻게 할 것인가? 또한 그 의견이 틀렸다는 것을 알았을 때는 어떻게 할 것인가?
- 금융감독원이 어떤 일을 하는 곳인지 알고 있는가?
- 회사 업무와 회사 교육이 겹쳐 둘 중 하나를 선택해야 한다면 어떻게 하겠는가?
- 금융감독원의 비전이나 미션에 대해 알고 있는가?
- 금융감독원에 입사하게 된다면 어떤 일을 하고 싶은가?
- 갈등상황에 놓였던 경험을 말해 보시오.
- 살면서 힘들었던 경험에 대해 말해 보시오.
- 서민금융상품을 접해 본 경험이 있는가? 경험이 있다면 어떤 생각이 들었는가?
- 왜 금융감독원에 지원하게 되었는가?
- 금융감독원의 사회공헌활동 중 가장 기억에 남는 것은 무엇인가? 그 이유는 무엇인가?
- "악법도 법이다"라는 명제에 대해 본인의 의견을 말해 보시오.

2 **집단토론**

토론면접은 다수의 지원자가 조를 편성하여 주어진 주제에 대한 토론(토의)을 통해 결론을 도출하는 면접으로 제한된 시간 내에 토론을 진행해야 하기 때문에 적극적인 자세로 자신있게 토론에 임하고 본인의 의견을 개진하는 것이 중요하다.

> **기출문제**

- 회사 내 소통 활성화 방안에 대해 토론하시오.
- 공공성 강화를 위한 방안에 대해 토론하시오.
- 직장생활을 오래 하다 보면 번아웃 증후군과 같은 현상을 경험하게 된다. 이 상황에서 어떻게 대처할 것인지 토론하시오.
- 핀테크 시대에 금융감독원이 나아갈 올바른 길에 대해 토론하시오.
- 1박 2일 동안 금융 관련 캠프를 기획하여 타임테이블을 짜고, 이에 대해 토론하시오.
- 페미니즘에 대해 토론하시오.
- 보호무역주의와 자유무역주의에 대해 토론하시오.
- 동물실험에 대한 찬반 여부를 토론하시오.
- 사내소통방안에 대해 토론하시오.
- 마감기한이 정해져 있는 일을 처리하는 자세에 대해 토론하시오.

3 **임원면접**

임원면접은 자기소개서를 바탕으로 한 심층질문들이 주어지며, 임원들이 지원동기와 태도 및 인성 등을 종합적으로 평가한다. 회사와 관련된 질문도 있으므로 면접 전 금융감독원과 관련된 이슈나 기사, 정보 등을 미리 알아보고 면접에 임하는 것이 좋다.

> **기출문제**

- 금융감독원의 홈페이지에서 개선해야 할 점이 무엇인지 말해 보시오.
- 4차 산업혁명에 맞춰 금융감독원이 나아가야 할 방향에 대해 말해 보시오.
- Z세대를 유입하기 위해 필요한 금융감독원의 운영방법에 대해 말해 보시오.
- 본인은 안정을 더 선호하는지, 변화를 더 선호하는지 말해 보시오.
- 금융감독원에 지원하게 된 이유가 무엇인가?
- 금융감독원에서 본인이 기여할 수 있는 점이 무엇인가?
- 단기적 혹은 장기적인 목표에 대해 말해 보시오.
- 금융감독원에서 비윤리적 요소가 있는 프로젝트를 진행하게 된다면 어떻게 할 것인가?
- 만약 원하지 않는 직무로 배치된다면 어떻게 할 것인가?
- 금융감독원에서 가장 가고 싶은 쪽은 어디이며, 그 이유는 무엇인가?
- 팀 프로젝트를 진행하게 된다면 가장 신경 써야 하는 부분이 무엇이라고 생각하는가? 또 그 이유는 무엇인가?
- 금융감독원이 무슨 일을 하는지 알고 있다면 이에 대해 자세하게 설명해 보시오.
- PC에서 DMZ서버 구간 그리고 DMZ서버에서 내부 서버까지의 보안이 어떻게 이루어지는지 설명해 보시오.
- 영어 감수자가 없어도 될 만큼 스스로의 영어 실력에 자신하고 있는가?

S-OIL은 '회사 비전 실현에 동참할 진취적인 사람, 국제적 감각과 자질을 가진 사람, 자율과 팀워크를 중시하는 사람, 건전한 가치관과 윤리의식을 가진 사람'을 인재상으로 하고 있다. 회사가 원하는 인재를 발굴하기 위해 S-OIL은 면접을 통해 지원자의 인성 및 태도, 조직적합도, 자질 및 전공지식, 실무능력 등을 종합적으로 평가한다. S-OIL 면접은 1차 면접과 2차 면접으로 진행되는데, 1차 면접은 역량/인성 면접과 PT면접을 보고, 2차 면접은 임원면접을 시행한다.

1

역량/인성 면접

역량/인성 면접은 다대일 면접방식으로 진행되며, 약 30분간 지원자가 회사의 인재상과 역량에 부합하는지를 평가한다. 주로 회사와 전공에 대한 내용을 물어보고, 자기소개서 위주의 질문을 한다.

기출문제

- S-OIL에 지원하게 된 동기를 말해 보시오.
- 자기소개를 해 보시오.
- 대학원에 가지 않은 이유가 있는가?
- 본인의 장점 및 단점을 3가지 말해 보시오.
- 학점이 좋지 않은데, 성실하지 않은 것인가?
- 살면서 가장 어려웠던 일과 그것을 극복했던 방법에 대해 말해 보시오.
- 본인이 S-OIL에 기여할 수 있는 점은 무엇이라고 생각하는가?
- 프로젝트를 하는 데 있어 중요한 건 무엇이라고 생각하는가?
- 인생에서 가장 중요하다고 생각하는 것과 그 이유에 대해서 말해 보시오.
- S-OIL에 대해 아는 것이 있다면 말해 보시오.
- 인생에서 가장 큰 성취감을 느낀 적이 있는가? 있다면 말해 보시오.
- 본인의 전공이 지원한 직무에 적합한가?
- 베어링에 대해서 설명하시오.
- 저항, 전압, 전류의 관계를 설명하시오.
- 다이오드 시퀀스에 대해서 설명하시오.
- 휴대전화 배터리를 직렬/병렬로 연결했을 때의 차이점은 무엇인가?
- 위험물 4류에 대해서 설명하시오.
- 학교생활 중 다른 사람들과 마찰을 겪었던 경험을 말해 보시오.
- 상압증류와 감압증류의 차이에 대해 설명해 보시오.
- 따로 준비해 온 것이 있다면 해 보시오.
- 조직에서 사람들 간 마찰이 생길 때 어떻게 해결하는가?
- 평행기어에 대해 설명해 보시오.
- 모멘트가 무엇인지 설명해 보시오.
- 석유 제조과정과 원유 유통과정을 설명해 보시오.
- 탄성과 소성에 대해 설명해 보시오.
- 디젤과 가솔린의 차이에 대해 알고 있는가?
- 범용 기계에 대해 설명해 보시오.

2 PT면접

PT면접은 다대일 면접방식으로 진행되며, 5~10분 내외의 짧은 시간 동안 발표력과 논리성을 평가한다. PT면접은 시간이 짧은 만큼 어려운 주제가 아닌 전공과 관련된 간단한 주제 3개 중 본인이 자유롭게 선택할 수 있다.

기출문제

- 석유제품의 국내/해외시장의 상황에 따라 판매의 비중을 조절하는 방법에 대해 발표하시오.
- 해당 제품의 판매전략에 대해 발표하시오.
- 정유4사의 추세는 무엇인가?
- 변압기의 원리와 결선방식에 대해 설명해 보시오.
- PID제어에 대해 설명해 보시오.
- 아레니우스 식을 설명해 보시오.
- 증류탑에서 환류비가 증가했을 때 효과에 대해 말해 보시오.

3 임원면접

임원면접은 다대다 면접방식으로 30~40분간 진행된다. 자기소개서를 바탕으로 한 질문이 주어지며, 주로 인성을 평가한다. 이밖에 이슈가 됐던 사회문제, S-OIL에 얼마나 관심이 있는지를 본다.

기출문제

- 자기소개를 해 보시오.
- 지원동기를 말해 보시오.
- S-OIL하면 떠오르는 이미지는?
- 10년 후, 20년 후 S-OIL에서의 자신의 모습은?
- 타 전공인데 지원 분야에 어떻게 적용할 수 있겠는가?
- 자신의 인생에서 가장 큰 영향을 준 사람과 그 이유를 말해 보시오.
- 상사가 부당한 지시를 내린다면 어떻게 대응할 것인가?
- 취미가 무엇인가?
- 10년 뒤 S-OIL은 무엇을 하고 있겠는가?
- S-OIL에 반드시 입사해야 하는 이유를 말해 보시오.
- 영업 혹은 마케팅이 무엇이라고 생각하는가?
- 전공에 관련된 기업이 아닌 우리 기업에 지원한 이유는 무엇인가?
- 내가 기대했던 직무와 다른 직무를 맡게 된다면 어떻게 할 것인가?
- 우리 기업 외에도 지원한 다른 기업은 어디인가?
- 우리 기업으로 이직하려는 이유는 무엇인가?
- 마지막으로 할 말이 있다면 말해 보시오.

대기업 최신기출문제

1. 자동차 · 기계이해능력

01 유압식 브레이크는 어떤 원리를 이용한 것인가?

① 뉴턴의 원리

② 파스칼의 원리

③ 베르누이의 원리

④ 애커먼 장토의 원리

> **해설** 파스칼의 원리란 밀폐된 용기 속에 담겨 있는 액체의 특정 부분에 압력이 주어지면 압력이 각 면에 수직으로 작용하여 액체의 각 부분에 골고루 전달되는 것을 말한다.

02 다음 중 전자제어 현가장치의 제어 기능에 해당하는 것이 아닌 것은?

① 미끄럼 방지 기능

② 공기압축기 제어 기능

③ 조향핸들감도 제어 기능

④ 차 높이 조절 기능

> **해설** 전자제어 현가장치의 제어 기능으로는 자세 제어 기능, 감쇠력 제어 기능, 차 높이 조절 기능, 공기압축기 제어 기능, 조향핸들감도 제어 기능, ECS 지시등 제어 기능, 자기진단 기능이 있다.

03 다음 중 터보차저의 장점으로 옳지 않은 것은?

① 엔진의 소형 경량화가 가능하다.

② 내구성이 높다.

③ 착화지연 시간이 짧다.

④ 연료소비율을 감소시킨다.

해설 터보차저는 열에 취약하여 내구성이 낮은 점이 단점으로 꼽힌다.

04 윤활유를 점검했더니 백색이었다. 이 윤활유의 상태는?

① 심하게 오염됐다.

② 냉각수가 침투됐다.

③ 휘발유가 침투됐다.

④ 4에틸납이 침투됐다.

해설 ① 심하게 오염된 경우의 오일은 흑색이다.
③ 휘발유가 침투된 경우의 오일은 적색이다.
④ 4에틸납이 침투된 경우의 오일은 회색이다.

05 다음 중 디젤기관의 연소실 구비조건에 대한 설명으로 옳지 않은 것은?

① 디젤 노크가 적고 연소상태가 좋을 것

② 연소시간을 짧게 할 수 있는 구조일 것

③ 평균 유효압력이 높을 것

④ 기동이 어렵고 시동정지가 쉬울 것

해설 디젤기관의 연소실은 기동이 쉬워야 한다.

디젤 연소실의 구비조건
• 기동이 쉬울 것
• 연소시간이 짧을 것
• 평균 유효압력이 높을 것
• 열 효율이 높을 것
• 디젤 노크가 적고 연소상태가 좋을 것

🔒 01 ② 02 ① 03 ② 04 ② 05 ④

06 다음 중 RV차량에 속하지 않는 것은?

① 세단
② SUV
③ 미니밴
④ 왜건

> **해설** RV(Recreational Vehicle)는 여가활동을 위한 차를 말하는데, 실내공간 효율이 높아 인원 및 화물 수용성이 뛰어나기 때문에 출퇴근뿐만 아니라 다목적으로 사용할 수 있는 것이 특징이다. 세단(Sedan)은 프랑스의 지명인 '스당(Sedan)'에서 비롯된 말로 지붕이 있고 독립된 네 개의 도어가 있는 일반적인 승용차 형식을 뜻한다.
> ② SUV(Sport Utility Vehicle) : 넓은 의미에서 RV차량에 속하며 보다 스포츠에 초점을 둔 다목적 차량이다. 악천후에서 쉽게 달릴 수 있도록 사륜구동을 사용하는 것이 특징이다.
> ③ 미니밴 : RV차량 중 하나로 실내공간이 넓고, 3열 시트를 갖춰 많은 인원을 태울 수 있는 것이 특징이다.
> ④ 왜건 : RV차량 중 하나로 세단의 실내를 뒤로 늘려 8인승으로 하거나 좌석을 들어내어 트렁크 대신 쓰는 승용차를 뜻한다. 뒤 차체와 트렁크가 길게 늘어진 모양이 특징으로 업무용이나 레저용으로도 널리 이용된다.

07 다음 중 DOHC엔진의 특징이 아닌 것은?

① 흡기밸브와 배기밸브에 캠축이 2개 있다.
② 동급의 일반 엔진에 비해 흡 · 배기 효율이 좋다.
③ 배기량에 따른 연료소비량이 많으며 소음이 크다.
④ 회전수에 따라 흡기밸브를 여닫는 타이밍과 양에 변화를 준다.

> **해설** ④ VVT엔진(Variable Valve Timing engine)에 대한 설명이다. VVT엔진은 가변밸브 타이밍 엔진이라고도 하며 저속회전과 고속회전에 맞추어 엔진을 구동하기 때문에 연비와 출력을 동시에 증가시킬 수 있는 것이 특징이다.

08 다음 중 디젤기관 연료의 구비조건으로 옳은 것은?

① 점도가 높을 것
② 황의 함유량이 적을 것
③ 착화성이 낮을 것
④ 발열량이 작을 것

> **해설** 경유(디젤)에 함유된 황(S)은 공기 중으로 황산화물을 배출시키는 문제점이 있다. 황산화물은 황의 산소화합물을 통틀어 이르는 말로 대기오염이나 산성비의 원인이 되며 호흡기관 질환의 원인으로 지목받는다.
> ① 점도가 높으면 기화가 잘 일어나지 않게 된다.
> ③ 연료에 불이 쉽게 붙기 위해서는 착화성이 좋아야 한다.
> ④ 발열량은 연료가 완전연소할 때에 생기는 열량으로, 발열량이 크다는 것은 같은 무게라도 에너지가 높다는 것을 의미한다.

09 무선 랜이 장착되어 인터넷 접속이 가능함은 물론 자동 충돌 알림, 과속 및 안전경보 알림 등 추가적인 기술이 장착된 차량을 뜻하는 단어는 무엇인가?

① 와이어리스 카 ② 와이파이 카
③ 커넥티드 카 ④ 일렉트릭 카

해설 커넥티드 카(Connected Car)는 네트워크에 연결된 자동차가 다양한 서비스를 제공하는 것을 의미하는 신조어다. 커넥티드 카는 V2X(Vehicle to X) 기술들을 기반으로 차량과 차량, 차량과 사물과 통신하는 것은 물론 안전한 자율주행 또는 주행보조 기능을 제공하거나 차량과 교통흐름 정보를 주고받을 수 있다.

10 방향지시등 조작 없이 차량이 차로를 이탈하려 할 경우 클러스터에 경고하고, 차로 이탈을 방지하도록 스티어링 휠을 보조하는 주행보조 시스템은?

① LKA ② SCC
③ DAW ④ BCA

해설 차로 이탈방지 보조(LKA ; Lane Keeping Assist) 시스템에 대한 설명이다.
② 스마트 크루즈 컨트롤(SCC ; Smart Cruise Control)은 도로에서 앞 차량과의 거리를 감지, 운전자가 설정한 속도를 기준으로 자동으로 주행속도를 조절하여 편리하고 안전한 주행을 지원하는 기능이다.
③ 운전자 주의 경고(DAW ; Driver Attention Warning)는 운전자의 피로 및 부주의 운전 패턴이 감지되면 휴식을 권하는 팝업메시지와 경고음을 발생시켜 주의환기 및 운전자의 휴식을 유도하는 시스템이다.
④ 후측방 충돌방지 보조(BCA ; Blind-Spot Collision Avoidance-Assist)는 후측방 경보 중 차선 변경으로 충돌이 예상될 때 반대편 앞바퀴의 미세 제동을 통해 충돌 회피를 지원하는 시스템이다

11 다음 중 고속 디젤기관의 사이클로 올바른 것은?

① 오토사이클 ② 디젤사이클
③ 카르노사이클 ④ 사바테사이클

해설 복합사이클(사바테사이클) : 작동 유체가 일정한 압력 및 체적 하에서 연소하는 사이클로 무기분사식 고속 디젤엔진에 사용한다.
① 정적사이클(오토사이클) : 작동 유체가 일정한 체적 하에서 연소하는 사이클로 가솔린엔진 및 가스엔진에 사용한다.
② 정압사이클(디젤사이클) : 작동 유체가 일정한 압력 하에서 연소하는 사이클로 유기분사식 저속 디젤엔진에 사용한다.
③ 카르노사이클 : 높고 낮은 두 열원의 온도가 결정된 때, 그 사이에서 움직이는 사이클 중 가장 높은 열 효율을 나타내는 사이클이다. 이론적으로 최대의 열 효율을 가지는 기관인 카르노기관 내부의 열 순환과정을 뜻한다.

12 다음 사건과 관련 있는 인물은?

> 그는 뜻한 바를 기어이 성공하려고 4월 27일에 식장인 홍커우공원으로 가서 모든 것을 세밀하게 점검한 후, 시라카와 대장의 사진을 얻고 일본 국기 한 장을 사서 가슴속에 품고 있다가, 29일 새벽이 되자 양복을 입고 어깨에 군용 물병을 메고 손에는 도시락을 들고 공원으로 달음질쳐 간 것이다.
>
> 김구, 『도왜실기』

① 안중근   ② 윤봉길

③ 안창호   ④ 이봉창

해설 제시된 사건은 홍커우공원 사건으로, 1932년 4월 중국 상하이 홍커우공원에서 윤봉길이 독립을 위해 일본 제국의 주요 인사들에게 폭탄을 투척한 사건이다.
① 안중근 : 대한제국의 항일의병장 겸 정치사상가로 1909년 10월 하얼빈역에 잠입하여 역전에서 이토 히로부미를 사살했다.
③ 안창호 : 대한제국의 교육개혁운동가이자 애국계몽운동가, 일제강점기의 독립운동가로 1897년에는 독립협회에 가입, 1907년에는 비밀결사 조직 신민회 결성, 1909년에는 청년 학우회, 1912년 대한인 국민회, 1913년 흥사단, 1928년 한국독립단 조직을 비롯한 다양한 독립활동에 매진했다.
④ 이봉창 : 일제강점기의 독립운동가로 1932년 일본에 건너가 도쿄의 경시청 사쿠라다 문 앞에서 일왕을 폭탄으로 저격하려 했으나 실패했다.

13 다음 중 자존감 부족으로 인해 발생하는 현상과 거리가 먼 것은?

① 번아웃 증후군   ② 가면 증후군

③ 살리에리 증후군   ④ 리셋 증후군

해설 리셋 증후군은 리셋 버튼만 누르면 처음부터 다시 시작할 수 있는 것처럼 착각하는 현상을 가리킨다. 이처럼 생각하는 일부 청소년층이 극단적인 범죄를 일으켜 물의를 빚기도 한다.
① 번아웃 증후군은 극심한 육체적 · 정신적 피로감으로 인해 직무에서 오는 열정과 성취감을 잃어버린 현상이다.
② 가면 증후군은 높은 성취의 증거에도 불구하고 자신이 무능하다고 믿으며, 자신이 남들을 기만하고 있다고 생각하는 현상이다.
③ 살리에리 증후군은 탁월하게 뛰어난 사람을 보며 열등감이나 무기력함을 느끼는 현상이다.

14 다음 중 통상임금에 포함되는 것은?

① 상여금   ② 휴일근무 수당

③ 시간 외 수당   ④ 명절 떡값

해설 대법원은 연말 떡값 · 명절 제사비 · 교통비는 회사가 격려 차원에서 주는 시혜성 보너스의 개념이 아니기 때문에 통상임금에 포함된다고 판결을 내렸다. 통상임금이란 근로자에게 일률적 · 정기적으로 소정 근로 또는 총 근로에 대하여 지급하기로 정해진 시간급 · 일급 · 주급 · 월급 금액 또는 도급금액을 말한다.

15 다음 중 레임덕(Lame Duck)에 대한 설명으로 적절하지 않은 것은?

① 제2차 세계대전 때부터 사용된 말이다.

② 임기만료를 앞둔 공직자를 '절름발이 오리'에 비유한 말이다.

③ 대통령을 배출한 집권당이 중간선거에서 다수의석을 확보하지 못하여 대통령의 정책이 의회에서 순탄히 관철되지 않는 경우에 사용되는 말이기도 하다.

④ 채무불이행 상태에 놓인 증권거래인을 가리키는 경제용어로도 쓰였다.

해설 레임덕(Lame Duck)은 1861~1865년 일어난 미국 남북전쟁 때부터 사용된 단어이다.

16 지평선 가까이 있는 보름달이 커 보이는 이유는 무엇인가?

① 착시   ② 산란

③ 분산   ④ 굴절

해설 사람이 달을 볼 때, 지평선 근처의 달이 하늘 높이 떠 있는 달보다 더 멀리 있다고 인식하기 때문에 '멀리 있는 것은 작아보인다'라는 상식을 보완하려는 작용으로 지평선 근처의 달을 더 크게 인식한다. 이는 끝이 점점 좁아지는 철로 그림의 가까운 곳과 먼 곳에 길이가 같은 선을 그을 때 먼 곳에 그린 선이 더 길어보이는 '폰조 원근착시(Ponzo Perspective Illusion)'와 비슷한 현상이다.

17 다음 속담과 같은 의미의 사자성어는?

숭어가 뛰니까 망둥이도 뛴다.

① 설상가상(雪上加霜)   ② 상전벽해(桑田碧海)

③ 적반하장(賊反荷杖)   ④ 부화뇌동(附和雷同)

해설 부화뇌동(附和雷同)은 우레 소리에 맞춰 함께한다는 뜻으로, 자신의 뚜렷한 소신 없이 그저 남이 하는 대로 따르는 것을 뜻한다. '숭어가 뛰니까 망둥이도 뛴다'는 남이 한다고 하니까 분별없이 덩달아 나섬을 비유적으로 이르는 속담이다.
① 설상가상(雪上加霜)은 눈 위에 서리가 덮인다는 뜻으로, 이와 유사한 속담으로는 '엎친 데 덮친 격'이 있다.
② 상전벽해(桑田碧海)는 뽕나무밭이 변하여 푸른 바다가 된다는 뜻으로, 이와 유사한 속담으로는 '십 년이면 강산도 변한다'가 있다.
③ 적반하장(賊反荷杖)은 도적이 도리어 몽둥이를 든다는 뜻으로, 이와 유사한 속담으로는 '방귀 뀐 놈이 성낸다'가 있다.

🔒 12 ②   13 ④   14 ④   15 ①   16 ①   17 ④

18 다음 대화에서 밑줄 친 말의 의도로 가장 적절한 것은?

A : Hello, John.

B : Hey, Ann. Will you do me a favor?

A : Sure. What is it?

B : Can I borrow your badminton racket? I need it for my class for tomorrow.

A : <u>No problem.</u>

---

① 위로   ② 거절

③ 승낙   ④ 감사

> **해설** 「A : 안녕, John.
> B : 저기, Ann. 부탁 하나 들어줄래?
> A : 그럼. 뭔데?
> B : 네 배드민턴 라켓을 빌릴 수 있을까? 내일 수업에 필요하거든.
> A : 문제 없어(좋아).」

19 다음 대화에서 A와 B의 관계로 가장 적절한 것은?

A : You look pale. What's the matter?

B : I have a terrible stomachache. The pain is too much. I think I'm going to throw up.

A : When did your stomach start hurting?

B : After breakfast.

A : Do you have any idea why?

B : It must have been something I ate.

A : Let me see. Oh, you have a fever, too. You'd better go to see the school nurse right now.

---

① Teacher - Student   ② Doctor - Patient

③ Pharmacist - Customer   ④ Mom - Son

> **해설** 「A : 얼굴이 창백해 보여. 무슨 일이니?
> B : 복통이 심해요. 너무 아프네요. 토할 것 같아요.
> A : 언제부터 아프기 시작했니?
> B : 아침식사 후부터요.
> A : 왜 그러는지 알겠니?
> B : 제가 먹은 무언가 때문인 게 틀림없어요.
> A : 어디 보자. 오, 너 열도 있구나. 학교 간호사에게 즉시 가보는 게 좋겠다.」
> ① 교사 - 학생, ② 의사 - 환자, ③ 약사 - 고객, ④ 엄마 - 아들

20 다음 대화에서 빈칸에 들어갈 말로 알맞은 것을 고르면?

A : Honey, you said you have a day off this Friday, right?

B : Yeah, it's my company's foundation day. How about going on a family outing to the zoo?

A : That sounds great. Jane wants to go to the zoo these days.

B : _____

---

① Visitors should not feed the animals.

② All right. I'll see if I can take a day off for her.

③ Sure. I'll take her to the foundation day party.

④ Yes. She likes to see lots of different animals.

해설 「A : 여보, 이번 주 금요일에 휴가라고 말했었는데, 맞나요?
B : 네, 회사 창립기념일이에요. 동물원으로 가족 나들이를 가는 게 어떨까요?
A : 좋아요. Jane은 요즘에 동물원에 가고 싶어 했어요.
B : 그래요. 그 애는 여러 가지 많은 동물을 보는 것을 좋아하죠.」

① 방문객들은 동물에게 먹이를 줘서는 안 돼요.
② 좋아요. 그녀를 위해 휴가를 낼 수 있는지 알아볼게요.
③ 당연하죠. 나는 창립기념일 파티에 그녀를 데려갈 거예요.

21 다음 빈칸에 들어갈 말로 알맞은 것은?

According to some physicists, approximately 1 million years after the big bang, the universe cooled to about 3,000℃, and protons and electrons _____ to make hydrogen atoms.

---

① combined   ② combining

③ combine   ④ to combine

해설 「몇몇 물리학자들에 따르면, 빅뱅 이후 대략 백만년이 지나 우주가 약 3,000℃까지 식었고, 양자와 전자들이 결합해서 수소 원자들을 만들었다.」

등위접속사 and 뒤의 'protons and electrons'가 주어이므로 빈칸에는 앞 문장의 동사 cooled와 동일한 형태인 과거형 동사가 와야 한다.
• cool : 식다, 차가워지다
• proton : 양자
• electron : 전자
• hydrogen : 수소
• atom : 원자

1. 언어이해

01 다음 글을 통해서 알 수 있는 사실로 적절하지 않은 것은?

> 베토벤의 '교향곡 5번'은 흔히 '운명 교향곡'으로 널리 알려졌다. '운명'이라는 이름은 그의 비서였던 안톤 쉰들러가 1악장 서두에 대해 물었을 때 베토벤이 '운명은 이처럼 문을 두드린다!'라고 말했다는 사실을 베토벤 사후에 밝힌 것에서 시작되었다. 그러나 운명 교향곡이라는 별칭은 서양에서는 널리 쓰이지 않고, 일본과 우리나라를 포함한 동양 일부에서만 그렇게 부르고 있다.
>
> 베토벤은 이 곡을 3번 교향곡 '영웅'을 완성한 뒤인 1804년부터 작곡을 시작했는데, 다른 곡들 때문에 작업이 늦어지다가 1807~1808년에 집중적으로 작곡하여 완성시켰다. 이 곡을 작업할 당시 그는 6번 교향곡인 '전원'의 작곡도 병행하고 있었다. 때문에 5번 교향곡의 초연이 있던 1808년 12월 22일에 6번 교향곡의 초연이 같이 이루어졌는데, 6번 교향곡이 먼저 연주되어 세상에 공개된 것은 5번 교향곡이 6번 교향곡보다 나중이라는 것도 흥미로운 사실이다.
>
> 이 곡을 작곡할 당시 베토벤은 30대 중반으로 귀의 상태는 점점 나빠지고 있었으며, 나폴레옹이 빈을 점령하는 등 그가 살고 있는 세상도 혼란스러웠던 시기였다. 그런 점에서 이 교향곡이 운명을 극복하는 인간의 의지와 환희를 그렸다고 해석하는 것도 그럴 듯하다. 곡을 들으면 1악장에서는 시련과 고뇌가, 2악장에서는 다시 찾은 평온함이 느껴지고, 3악장에서는 쉼 없는 열정이, 4악장에서는 운명을 극복한 자의 환희가 느껴진다.
>
> 이 곡은 초연 직후 큰 인기를 얻게 되었고 많은 사랑을 받아 클래식을 상징하는 곡이 됐다. 특히 서두의 부분이 제2차 세계 대전 당시 영국의 BBC 뉴스의 시그널로 쓰이면서 더욱 유명해졌는데, BBC가 시그널로 사용한 이유는 서두의 리듬이 모스 부호의 'V', 즉 승리를 표현하기 때문이었다. 전쟁 시에 적국의 작곡가의 음악을 연주하는 것은 꺼리기 마련임에도, 독일과 적이었던 영국 국영 방송의 뉴스 시그널로 쓰였다는 것은 이 곡이 인간 사이의 갈등이나 전쟁 따위는 뛰어넘는 명곡이라는 것을 인정했기 때문이 아니었을까?

① 베토벤의 5번 교향곡은 1804년에 작곡이 시작됐다.

② 영국의 BBC 뉴스는 적국 작곡가의 음악을 시그널로 사용했다.

③ 베토벤의 5번 교향곡 1악장에서는 시련과 고뇌가 느껴진다.

④ 베토벤이 5번 교향곡을 작곡할 당시 제2차 세계 대전이 발발했다.

해설 영국의 BBC에서 뉴스 시그널로 베토벤의 5번 교향곡을 사용한 것은 제2차 세계 대전 때이고, 작곡은 그 전에 이루어졌다.

02 다음 중 글의 제목으로 적절한 것은?

1894년, 화성에 고도로 진화한 지적 생명체가 존재한다는 주장이 언론의 주목을 받았다. 이러한 주장은 당시 화성의 지도들에 나타난 '운하'라고 불리던 복잡하게 엉킨 선들에 근거를 두고 있었다. 화성의 운하는 1878년에 처음 보고된 뒤 거의 30년간 여러 화성 지도에 계속해서 나타났다. 존재하지도 않는 화성의 운하들이 어떻게 그렇게 오랫동안 천문학자들에게 받아들여질 수 있었을까?

19세기 후반에 망원경 관측을 바탕으로 한 화성의 지도가 많이 제작됐다. 특히 1877년 9월은 지구가 화성과 태양에 동시에 가까워지는 시기여서 화성의 표면이 그 어느 때보다도 밝게 보였다. 영국의 아마추어 천문학자 그린은 대기가 청명한 포르투갈의 마데이라섬으로 가서 13인치 반사망원경을 사용해서 화성을 보이는 대로 직접 스케치했다. 그린은 화성 관측 경험이 많았으므로 이전부터 이루어진 자신의 관측 결과를 참고하고, 다른 천문학자들의 관측 결과까지 반영하여 당시로써는 가장 정교한 화성 지도를 제작했다.

그런데 이듬해 이탈리아의 천문학자인 스키아파렐리의 화성 지도가 등장하면서 이 지도의 정확성을 의심하게 됐다. 그린과 같은 시기에 수행한 관측을 토대로 제작한 스키아파렐리의 지도에는 그린의 지도에서 흐릿하게 표현된 지역에 평행한 선들이 그물 모양으로 교차하는 지형이 나타나 있었기 때문이었다. 스키아파렐리는 이것을 '카날리(Canali)'라고 불렀는데, 이것은 '해협'이나 '운하'로 번역될 수 있는 용어였다.

절차적 측면에서 보면 그린이 스키아파렐리보다 우위를 점하고 있었다. 우선 스키아파렐리는 전문 천문학자였지만 화성 관측은 이때가 처음이었다. 게다가 그는 마데이라섬보다 대기의 청명도가 떨어지는 자신의 천문대에서 관측을 했고, 배율이 상대적으로 낮은 8인치 반사망원경을 사용했다. 또한 그는 짧은 시간에 특징만을 스케치하고 나중에 기억에 의존해 그것을 정교화했으며, 자신만의 관측을 토대로 지도를 제작했던 것이다.

그런데도 승리는 스키아파렐리에게 돌아갔다. 그가 천문학계에서 널리 알려진 존경받는 천문학자였던 것이 결정적이었다. 대다수의 천문학자는 그들이 존경하는 천문학자가 눈에 보이지도 않는 지형을 지도에 그려 넣었으리라고는 생각하기 어려웠다. 게다가 스키아파렐리의 지도는 지리학의 채색법을 그대로 사용하여 그린의 지도보다 호소력이 강했다. 그 후 스키아파렐리가 몇 번 더 운하의 관측을 보고하자 다른 천문학자들도 운하의 존재를 보고하기 시작했고, 이후 더 많은 운하들이 화성 지도에 나타나게 됐다.

일단 권위자가 무엇인가를 발견했다고 알려지면 그것이 존재하지 않는다는 것을 입증하기란 쉽지 않다. 더구나 관측의 신뢰도를 결정하는 척도로 망원경의 성능보다 다른 조건들이 더 중시되던 당시 분위기에서는 이러한 오류가 수정되기 어려웠다. 성능이 더 좋아진 대형 망원경으로는 종종 운하가 보이지 않았는데, 놀랍게도 운하 가설 옹호자들은 이것에 대해 대형 망원경이 높은 배율 때문에 어떤 대기 상태에서는 오히려 왜곡이 심해서 소형 망원경보다 해상도가 떨어질 수 있다고 해명하곤 했던 것이다.

① 과학의 방법 : 경험과 관찰

② 과학사의 그늘 : 화성의 운하

③ 과학의 신화 : 화성 생명체 가설

④ 설명과 해명 : 그린과 스키아파렐리

해설 제시문은 화성의 운하를 사례로 들어 과학적 진실이란 무엇인지를 설명하고 있다. 존재하지 않는 화성의 운하 사례를 들어 사회적인 영향 때문에 오류를 사실로 착각해 진실을 왜곡하는 경우가 있음을 소개함으로써 사실을 추구해야 하는 과학자들에게는 객관적인 증거와 연구태도가 필요함을 강조하였다.

03 다음은 15~24세의 청년을 대상으로 가장 선호하는 직장에 대한 자료이다. 이에 대한 설명으로 적절하지 않은 것은?

15~24세가 가장 선호하는 직장

(단위 : %)

구분		국가기관	공기업	대기업	벤처기업	외국계기업	전문직	중소기업	해외취업	자영업	기타
성별	남성	32.2	11.1	19.5	5	2.8	11.9	2.9	1.8	11.9	0.9
	여성	34.7	10.9	14.8	1.8	4.5	18.5	2	3.7	7.9	1.2
연령	청소년(15~18세)	35.9	8.1	18.4	4.1	3.1	17.2	2.2	2.7	7.1	1.2
	청소년(19~24세)	31.7	13.2	16	2.7	4.2	14	2.6	2.8	11.9	0.9
학력	중학교 재학	35.3	10.3	17.6	3.5	3.9	16.5	2	3.1	6.7	1.1
	고등학교 재학	35.9	7.8	18.5	4.3	3	17.5	2.1	2.8	6.8	1.3
	대학교 재학	34.3	14.4	15.9	2.3	5.4	14.6	1.9	3.8	6.5	0.9
	기타	30.4	12.1	16.1	3	3.3	13.5	3.1	2.3	15.3	0.9
가구소득	100만원 미만	31.9	9.5	18.5	3.9	2.8	15	3	2.5	11.3	1.6
	100~200만원 미만	32.6	10.4	19.1	3.5	3.1	14.2	2.6	2.2	11.4	0.9
	200~300만원 미만	34.7	11.2	15.9	3.1	3.1	16.1	2.5	2.5	9.8	1.1
	300~400만원 미만	36.5	12	15.3	3.6	4	14.5	2.1	3	8.2	0.8
	400~600만원 미만	31.9	12	17	2.4	6.4	16.5	1.9	4.6	6.5	0.8
	600만원 이상	29.1	11.1	15.5	2.8	6.1	18	1.7	3.5	10.5	1.7

① 가구소득이 많을수록 중소기업을 선호하는 비율은 줄어들고 있다.

② 연령을 기준으로 3번째로 선호하는 직장은 15~18세의 경우와 19~24세의 경우가 같다.

③ 국가기관은 모든 기준에서 가장 선호하는 직장임을 알 수 있다.

④ 남성과 여성 모두 국가기관에 대한 선호 비율은 공기업에 대한 선호 비율의 3배 이상이다.

해설 남성과 여성의 국기기관에 대한 선호 비율과 공기업 선호 비율의 3배를 각각 비교하면 아래와 같다.
- 남성 : $11.1 \times 3 = 33.33 > 32.2$
- 여성 : $10.9 \times 3 = 32.7 < 34.7$

따라서 남성의 경우 국가기관에 대한 선호 비율이 공기업 선호 비율의 3배보다 작다는 것을 알 수 있다.

① 3%, 2.6%, 2.5%, 2.1%, 1.9%, 1.7%로 가구소득이 많을수록 중소기업을 선호하는 비율이 줄어들고 있다.

② 연령을 기준으로 3번째로 선호하는 직장은 모두 전문직임을 알 수 있다.

③ 성별, 연령, 학력, 가구소득 등 모든 기준에서 가장 선호하는 직장은 국가기관임을 알 수 있다.

04 다음은 연도별 뺑소니 교통사고 통계현황에 대한 자료이다. 이에 대한 설명으로 적절한 것을 〈보기〉에서 모두 고르면?

연도별 뺑소니 교통사고 통계현황

(단위 : 건, 명)

구분	2017년	2018년	2019년	2020년	2021년
사고건수	15,500	15,280	14,800	15,800	16,400
검거 수	12,493	12,606	12,728	13,667	14,350
사망자 수	1,240	1,528	1,850	1,817	1,558
부상자 수	9,920	9,932	11,840	12,956	13,940

- $[검거율(\%)] = \dfrac{(검거 수)}{(사고건수)} \times 100$
- $[사망률(\%)] = \dfrac{(사망자 수)}{(사고건수)} \times 100$
- $[부상률(\%)] = \dfrac{(부상자 수)}{(사고건수)} \times 100$

● **보기** ●

㉠ 사고건수는 매년 감소하지만 검거 수는 매년 증가한다.
㉡ 2019년의 사망률과 부상률이 2020년의 사망률과 부상률보다 모두 높다.
㉢ 2019~2021년에 사망자 수와 부상자 수의 증감추이는 반대이다.
㉣ 2018~2021년 검거율은 매년 높아지고 있다.

① ㉠, ㉡　　　　　　　　　　　　　② ㉡, ㉢
③ ㉢, ㉣　　　　　　　　　　　　　④ ㉠, ㉡, ㉢

해설 ㉢ 2019~2021년에 사망자 수는 1,850명 → 1,817명 → 1,558명으로 감소하고 있고, 부상자 수는 11,840명 → 12,956명 → 13,940명으로 증가하고 있다.
㉣ 각 연도의 검거율을 구하면 다음과 같다.
- 2018년 : $\dfrac{12,606}{15,280} \times 100 = 82.5\%$　　　　 • 2019년 : $\dfrac{12,728}{14,800} \times 100 = 86\%$
- 2020년 : $\dfrac{13,667}{15,800} \times 100 = 86.5\%$　　　　 • 2021년 : $\dfrac{14,350}{16,400} \times 100 = 87.5\%$
　따라서 검거율은 매년 높아지고 있다.
㉠ 사고건수는 2019년까지 감소하다가 2020년부터 증가하고 있고, 검거 수는 매년 증가하고 있다.
㉡ 2019년과 2020년의 사망률 및 부상률은 다음과 같다.
- 2019년 사망률 : $\dfrac{1,850}{14,800} \times 100 = 12.5\%$, 부상률 : $\dfrac{11,840}{14,800} \times 100 = 80\%$
- 2020년 사망률 : $\dfrac{1,817}{15,800} \times 100 = 11.5\%$, 부상률 : $\dfrac{12,956}{15,800} \times 100 = 82\%$
　따라서 사망률은 2019년이 더 높지만 부상률은 2020년이 더 높다.

1. 어휘력

※ 다음 중 밑줄 친 단어와 같은 뜻으로 쓰인 것을 고르시오. [01~02]

01

이번 기회에 꼭 합격하기로 마음을 <u>먹었다</u>.

① 상대의 반칙에 앙금을 먹고 복수했다.

② 실수로 연탄가스를 먹었다.

③ 상대방의 공격에 겁을 먹어 몸을 움직일 수가 없었다.

④ 주어진 시험에서 1등을 먹었다.

⑤ 강력한 슈팅에 한 골 먹었다.

> **해설** 밑줄 친 '먹었다'는 '어떤 마음이나 감정을 품다'라는 뜻으로 사용됐다. 이와 같은 뜻으로 사용된 것은 ①이다.
> ② 연기나 가스 따위를 들이마시다.
> ③ 겁, 충격 따위를 느끼게 되다.
> ④ 어떤 등급을 차지하거나 점수를 따다.
> ⑤ 구기 경기에서 점수를 잃다.

02

구석에 숨을 곳을 찾아 그곳에서 일어나는 상황을 <u>엿볼</u> 수 있었다.

① 너무 궁금해서 쥐구멍을 통해 엿보았다.

② 좁은 문틈으로 무엇을 하고 있는지 엿보았다.

③ 골목 뒤에서 기회를 엿보다가 친구를 놀래켜 주었다.

④ 이번에 고백할 여인의 마음을 엿보고 싶다.

⑤ 라이벌의 생각을 엿보고 반격할 기회를 살피고 있다.

> **해설** 밑줄 친 '엿보다'는 '남이 보이지 아니하는 곳에 숨거나 남이 알아차리지 못하게 하여 대상을 살펴보다'라는 뜻으로 이와 같은 뜻으로 쓰인 것은 ③이다.
> ① · ② 잘 보이지 아니하는 대상을 좁은 틈 따위로 바라보다.
> ④ · ⑤ 잘 드러나지 아니하는 마음이나 생각을 알아내려고 살피다.

03 다음 글의 내용으로 적절한 것은?

> 우리 몸에 이상이 생기면 약물을 투여함으로써 이상부위를 치료하게 된다. 약물을 투여하는 일반적인 방법으로는 약물을 바르거나 복용하거나 주사하는 것 등이 있는데, 이것들은 약물의 방출량이나 시간 등을 능동적으로 조절하기 어려운 '단순 약물방출'의 형태이다. 단순 약물방출의 경우에는 약물이 정상조직에 작용하여 부작용을 일으키기도 하는데, 특히 항암제나 호르몬제와 같은 약물은 정상조직에 작용할 경우 심각한 부작용을 초래할 수도 있다. 따라서 치료가 필요한 국부적인 부위에만 약물을 투여할 수 있도록 하는 방안의 필요성이 대두되고 있다.
>
> 이에 최근에는 약물의 방출량이나 시간 등을 능동적으로 조절할 수 있는 '능동적 약물방출'의 연구가 활발하게 이루어지고 있다. 그중 대표적인 것으로 전도성 고분자를 활용하는 연구가 진행 중인데, 특히 '폴리피롤'이라는 전도성 고분자의 활용이 유력시되고 있다. 폴리피롤은 생체적합성이 우수하고 안정성이 뛰어날 뿐만 아니라 전압에 의해 이온들의 출입이 가능한 특징이 있기 때문이다.
>
> 폴리피롤에 전압을 가하면 부피가 변하게 된다. 폴리피롤에는 이온 형태의 도판트*가 들어 있는데, 이 도판트의 크기에 따라 부피 변화 양상은 달라지게 된다. 예를 들어 도판트의 크기가 작을 경우, 폴리피롤에 음의 전압을 가하면 폴리피롤 내에 음전자가 늘어나는 환원반응이 일어나게 되고, 전기적 중성을 유지하기 위해 크기가 작은 도판트 음이온이 밖으로 빠져나오게 된다. 이에 따라 폴리피롤의 부피는 줄어든다. 반면 도판트의 크기가 큰 경우에는 환원반응이 일어나더라도 도판트가 밖으로 나가지 못한다. 대신 폴리피롤 외부에 있는 양이온이 전기적 중성을 맞추기 위하여 폴리피롤 내부로 들어오게 되어 폴리피롤의 부피는 커지게 된다.
>
> 이처럼 폴리피롤에서 도판트가 방출되는 원리를 이용하면, 도판트를 이온상태의 약물로 대체할 경우 전압에 의해 방출량이 제어되는 능동적 약물방출 시스템으로의 응용도 가능해진다. 이 시스템은 크게 두 가지로 구분된다. 우선, 폴리피롤 합성 과정에서 약물을 직접 도판트로 사용하는 경우이다. 이 경우는 약물의 방출량은 많지만 도판트로 합성이 가능한 약물의 종류에는 제한이 있다. 다른 방법으로는 약물이 이온 형태로 존재하는 전해질 내에서 도판트와 약물을 치환하는 경우이다. 이 경우는 치환되는 전해질 내의 약물 이온의 밀도가 높아야 다양한 약물을 폴리피롤 내에 넣는 것이 가능하다. 그러나 도판트 전부가 치환되지는 않기 때문에 첫 번째 방법보다 약물의 방출량은 적어지고, 제조 공정이 다소 복잡하다.
>
> *도판트 : 전기 전도도를 변화시키기 위해 의도적으로 넣어주는 불순물

① 폴리피롤을 사용하려는 이유는 생체적합성이 우수하고 안정성이 뛰어나기 때문이다.

② 능동적 약물방출의 대표적인 방법이 적용된 사례는 연고나 주사제 등이 있다.

③ 약물은 정상조직에 작용하더라도 문제가 발생되지 않게 만들어진다.

④ 단순 약물방출은 원하는 때에 필요한 만큼의 약물을 투여할 수 있다.

⑤ 도판트의 크기가 커도 환원반응이 일어나면 밖으로 나갈 수 있다.

해설 ① 두 번째 문단에서 폴리피롤의 사용이 유력시되는 이유가 우수한 생체적합성과 안전성, 자유로운 이온 출입에 있음을 확인할 수 있다.

04 다음은 국민연금 가입자 금액별 급여지급 현황에 대한 자료이다. 이에 대한 설명으로 적절하지 않은 것은?(단, 모든 계산은 소수 둘째 자리에서 반올림한다)

국민연금 가입자 금액별 급여지급 현황

(단위 : 건)

구분	노령연금	장애연금	유족연금
0~20만원 미만	890,880	54	180,191
20~40만원 미만	1,535,213	31,701	455,228
40~60만원 미만	620,433	29,125	73,200
60~80만원 미만	289,370	6,988	18,192
80~100만원 미만	181,717	1,796	1,627
100만원 이상	197,980	673	4

① 각 연금에서 20~40만원 미만의 급여를 받은 건수가 가장 많다.

② 80~100만원 미만의 급여를 받은 건수 중 노령연금의 비율은 90% 미만이다.

③ 40~60만원 미만의 급여를 받은 건수 중 노령연금을 받은 건수가 유족연금을 받은 건수의 약 8.5배이다.

④ 60~80만원 미만의 급여를 받은 건수 중 유족연금을 받은 건수는 장애연금을 받은 건수의 3배 미만이다.

⑤ 0~20만원 미만의 급여를 받은 건수 중 노령연금과 유족연금 건수의 차이는 70만건이 넘는다.

> **해설** 80~100만원 미만의 급여를 받은 건수 중 노령연금의 비율을 구하면
>
> $$\frac{181,717}{181,717+1,796+1,627} \times 100 = \frac{181,717}{185,140} \times 100 ≒ 98.2\%이다.$$
>
> ① 노령연금, 장애연금, 유족연금 모두 20~40만원 미만의 금액을 지급받은 건수가 가장 많으므로 적절하다.
>
> ③ 40~60만원 미만의 급여를 받은 건수 중 노령연금을 받은 건수가 유족연금을 받은 건수의 $\frac{620,433}{73,200} ≒ 8.5$배이다.
>
> ④ 60~80만원 미만의 급여를 받은 건수 중 유족연금을 받은 건수는 장애연금을 받은 건수의 $\frac{18,192}{6,988} ≒ 2.6$배이다.
>
> ⑤ 0~20만원 미만의 급여를 받은 건수 중 노령연금과 유족연금 건수의 차이는 890,880−180,191=710,689건이다.

05 G사는 모든 직원을 대상으로 자사의 내부 개선에 필요한 사항에 대해 설문조사를 실시했다. 설문조사 결과가 다음과 같을 때, 이에 대한 설명으로 적절한 것은?

내부 개선 사항에 대한 설문조사 결과

(단위 : %)

개선 사항 \ 근속연수	5년 미만	5년 이상 20년 미만	20년 이상
근무형태 유연화	19	23	15
육아휴직 활성화	11	19	27
연차 사용 보장	27	10	23
임금 인상	11	24	5
사내문화 개선	28	18	15
기타	4	6	15

※ 모든 직원은 6개의 항목 중 개선 필요성이 가장 높은 1개의 항목을 선택했다.

① 직원을 근속연수로 구분했을 때, 근속연수별로 가장 높은 응답률을 보인 항목은 동일하다.

② 연차 사용 보장이 필요하다고 응답한 직원 중 근속연수가 5년 미만인 직원 수가 제일 많다.

③ 근속연수가 20년 이상인 직원들은 육아휴직 활성화 항목을 가장 많이 선택했다.

④ 근속연수가 길수록 사내문화 개선의 필요성을 높게 인식한다.

⑤ 근속연수가 20년 이상인 직원들의 경우 임금 인상에 대해 부정적이다.

해설 근속연수가 20년 이상인 직원들의 경우 육아휴직 활성화에 대한 응답률(27%)이 가장 높다.
① 근속연수별 가장 높은 응답률을 보인 항목은 5년 미만의 경우 사내문화 개선, 5년 이상 20년 미만의 경우 임금 인상, 20년 이상의 경우 육아휴직 활성화이므로 서로 동일하지 않다.
② 연차 사용 보장 항목을 선택한 근속연수별 직원의 비율은 서로 비교 가능하지만, 근속연수별 직원의 수는 알 수 없으므로 서로 비교할 수 없다.
④ 근속연수가 길수록 사내문화 개선에 대한 응답률이 낮다.
⑤ 임금 인상 항목에 대한 응답률이 가장 낮으나, 이는 개선 필요성을 고려한 것일 뿐 부정적인 판단으로 볼 수 없다.

공기업 최신기출문제

01 / 근로복지공단

1. 의사소통능력

01 다음 글의 빈칸에 들어갈 내용으로 가장 적절한 것은?

> A국 정부는 유전 관리 부서 업무에 적합한 전문가를 한 명 이상 임용하려고 한다. 그런데 지원자들 중 갑은 경쟁국인 B국에 여러 번 드나든 기록이 있다. 그래서 정보 당국은 갑의 신원을 조사했다. 조사 결과 갑이 부적격 판정을 받는다면, 그는 임용되지 못할 것이다. 한편, A국 정부는 임용 심사에서 지역과 성별을 고려한 기준도 적용한다. 동일 지역 출신은 두 사람 이상을 임용하지 않는다. 그리고 적어도 여성 한 명을 임용해야 한다. 이번 임용 시험에 응시한 여성은 갑과 을 둘밖에 없다. 또한 지원자들 중에서 병과 을이 동일 지역 출신이므로, 만약 병이 임용된다면 을은 임용될 수 없다. 그런데 _____ 따라서 병은 임용되지 못할 것이다.

① 갑이 임용될 것이다.

② 을이 임용되지 못할 것이다.

③ 갑은 조사 결과 부적격 판정을 받을 것이다.

④ 병이 임용된다면, 갑도 임용될 것이다.

⑤ 갑이 조사 결과 적격 판정을 받는다면, 갑이 임용될 것이다.

해설 주어진 전제를 기호화하면 다음과 같다.
　 ⅰ) 갑○ ∨ 을○
　 ⅱ) 병○ → 을×
　 ⅲ) 을○ → 병×(병과 을은 동시에 임용될 수 없으므로)
　　 ∴ 병×
따라서 병이 임용되지 못한다는 결론을 위해서는 선택지에서 을이 임용된다는 전제를 끌어낼 수 있으면 된다. 그런데 첫 번째 전제에서 갑과 을 둘 중 적어도 한 명은 임용되어야 함을 알 수 있으므로 ③이 추가적인 전제로 주어진다면 병이 임용되지 못한다는 결론을 얻을 수 있다.

02 다음 글에서 글쓴이가 설명하는 핵심 내용으로 가장 적절한 것은?

> 지구상에서는 매년 약 10만명 중 한 명이 목에 걸린 음식물 때문에 질식사하고 있다. 이러한 현상은 인간의 호흡 기관(기도)과 소화 기관(식도)이 목구멍 부위에서 교차하는 구조로 되어 있기 때문에 발생한다. 인간과 달리, 곤충이나 연체동물 같은 무척추동물은 교차 구조가 아니어서 음식물로 인한 질식의 위험이 없다. 인간의 호흡 기관이 이렇게 불합리한 구조를 갖게 된 원인은 무엇일까?
>
> 바다 속에 서식했던 척추동물의 조상형 동물들은 체와 같은 구조를 이용하여 물속의 미생물을 걸러 먹었다. 이들은 몸집이 아주 작아서 물 속에 녹아 있는 산소가 몸 깊숙한 곳까지 자유로이 넘나들 수 있었기 때문에 별도의 호흡계가 필요하지 않았다. 그런데 몸집이 커지면서 먹이를 거르던 체와 같은 구조가 호흡 기능까지 갖게 되어 마침내 아가미 형태로 변형되었다. 즉, 소화계의 일부가 호흡 기능을 담당하게 된 것이다. 그 후 호흡계의 일부가 변형되어 허파로 발달하고, 그 허파는 위장으로 이어지는 식도 아래쪽으로 뻗어 나갔다. 한편, 공기가 드나드는 통로는 콧구멍에서 입천장을 뚫고 들어가 입과 아가미 사이에 자리 잡게 되었다. 이러한 진화 과정을 보여주는 것이 폐어(肺魚) 단계의 호흡계 구조이다.
>
> 이후 진화 과정이 거듭되면서 호흡계와 소화계가 접하는 지점이 콧구멍 바로 아래로부터 목 깊숙한 곳으로 이동하였다. 그 결과 머리와 목구멍의 구조가 변형되지 않는 범위 내에서 호흡계와 소화계가 점차 분리되었다. 즉, 처음에는 길게 이어져 있던 호흡계와 소화계의 겹친 부위가 점차 짧아졌고, 마침내 하나의 교차점으로만 남게 된 것이다.
>
> 이것이 인간을 포함한 고등 척추동물에서 볼 수 있는 호흡계의 기본 구조이다. 따라서 음식물로 인한 인간의 질식 현상은 척추동물 조상형 단계를 지나 자리 잡게 된 허파의 위치(당시에는 최선의 선택이었을) 때문에 생겨난 진화의 결과라 할 수 있다.
>
> 이처럼 진화는 반드시 이상적이고 완벽한 구조를 창출해 내는 방향으로만 이루어지는 것은 아니다. 진화 과정에서는 새로운 환경에 적응하기 위한 최선의 구조가 선택되지만, 그 구조는 기존의 구조를 허물고 처음부터 다시 만들어 낸 최상의 구조와는 차이가 있다. 그래서 진화는 불가피하게 타협적인 구조를 선택하는 방향으로 이루어지며, 순간순간의 필요에 대응한 결과가 축적되는 과정이라고 할 수 있다. 질식의 원인이 되는 교차된 기도와 식도의 경우처럼, 진화의 산물이 우리가 보기에는 납득할 수 없는 불합리한 구조를 지니게 되는 이유가 바로 여기에 있다.

① 인간이 진화 과정을 통하여 얻은 이익과 손해는 무엇인가?

② 무척추동물과 척추동물의 호흡계 구조에는 어떤 차이가 있는가?

③ 인간의 호흡계와 소화계가 지니고 있는 근본적인 결함은 무엇인가?

④ 질식사에 대한 인간의 불안감을 해소시킬 방안에는 어떤 것이 있는가?

⑤ 진화 과정에서 인간의 호흡계와 같은 불합리한 구조가 발생하는 이유는 무엇인가?

> **해설** 제시문은 인간의 호흡기에 질식사 가능성이라는 불합리한 점이 있게 된 원인에 대해 진화론적으로 규명하고 있다. 몸집이 커지면서 호흡기가 생긴 후 다시 허파가 생기다 보니 이상적인 구조(질식사 가능성 차단)와는 거리가 멀어졌다. 즉, 환경에 적응하려는 각각의 변화 단계에서 '당시에는 최선의 선택'이었으나, 결과적으로는 이상적인 구조가 아니게 된 것이다.

※ 다음은 A~D사원의 7월 근태 현황 중 일부를 나타낸 자료이다. 이어지는 질문에 답하시오. [03~04]

7월 근태 현황

(단위 : 회)

구분	A사원	B사원	C사원	D사원
지각	1			1
결근				
야근				2
근태 총 점수(점)	0	-4	-2	0

7월 근태 정보

- 근태는 지각(-1), 결근(-1), 야근(+1)으로 이루어져 있다.
- A, B, C, D사원의 근태 총 점수는 각각 0점, -4점, -2점이다.
- A, B, C사원은 지각, 결근, 야근을 각각 최소 1회, 최대 3회 하였고 각 근태 횟수는 모두 달랐다.
- A사원은 지각을 1회 하였다.
- 근태 중 야근은 A사원이 가장 많이 했다.
- 지각은 B사원이 C사원보다 적게 했다.

03 다음 중 항상 옳은 것은?

① 지각을 제일 많이 한 사람은 C사원이다.

② B사원은 결근을 2회 했다.

③ C사원은 야근을 1회 했다.

④ A사원은 결근을 3회 했다.

⑤ 야근을 가장 적게 한 사람은 A사원이다.

해설 세 번째와 다섯 번째 정보로부터 A사원은 야근을 3회, 결근을 2회 했고, 네 번째와 여섯 번째 정보로부터 B사원은 지각을 2회, C사원은 지각을 3회 했다. C사원의 경우 지각을 3회 했으므로 결근과 야근을 각각 1회 또는 2회 했는데, 근태 총 점수가 -2점이므로 지각에서 -3점, 결근에서 -1점, 야근에서 +2점을 얻어야 한다. 마지막으로 B사원은 결근을 3회, 야근을 1회 하여 근태 총 점수가 -4점이 된다. 이를 표로 정리하면 다음과 같다.

(단위 : 회)

구분	A	B	C	D
지각	1	2	3	1
결근	2	3	1	1
야근	3	1	2	2
근태 총 점수(점)	0	-4	-2	0

따라서 C사원이 지각을 가장 많이 하였다.

04 다음 중 지각보다 결근을 많이 한 사람은?

① A사원, B사원

② A사원, C사원

③ B사원, C사원

④ B사원, D사원

⑤ C사원, D사원

해설 3번 문제의 결과로부터 A사원과 B사원이 지각보다 결근을 많이 하였음을 알 수 있다.

05 다음은 C대리가 부산 출장을 갔다 올 때 선택할 수 있는 교통편에 대한 자료이다. C대리가 모바일로 교통편 하나를 선택하여 왕복티켓으로 예매하려고 할 때, 가장 저렴한 교통편은 무엇인가?

출장 시 이용가능한 교통편 현황

교통편	종류	비용	기타
버스	일반버스	24,000원	–
	우등버스	32,000원	모바일 예매 1% 할인
기차	무궁화호	28,000원	왕복 예매 시 15% 할인
	새마을호	36,000원	왕복 예매 시 20% 할인
	KTX	58,000원	1+1 이벤트(편도 금액으로 왕복 예매 가능)

① 일반버스

② 우등버스

③ 무궁화호

④ 새마을호

⑤ KTX

해설 C대리가 각 교통편 종류를 택할 시 왕복 교통비용을 구하면 다음과 같다.

· 일반버스 : $24,000 \times 2 = 48,000$원
· 우등버스 : $32,000 \times 2 \times 0.99 = 63,360$원
· 무궁화호 : $28,000 \times 2 \times 0.85 = 47,600$원
· 새마을호 : $36,000 \times 2 \times 0.8 = 57,600$원
· KTX : $58,000 \times 2 \times \frac{1}{2} = 58,000$원

따라서 무궁화호가 47,600원으로 가장 저렴하다.

1. 수리능력

01 다음은 5월 20일을 기준으로 하여 5월 15일부터 5월 20일까지 수박 1개의 판매가를 정리한 자료이다. 자료를 이해한 내용으로 옳지 않은 것은?

5월 15일~5월 20일 수박 판매가 (단위 : 원/개)							
구분		5월 15일	5월 16일	5월 17일	5월 18일	5월 19일	5월 20일
평균		18,200	17,400	16,800	17,000	17,200	17,400
최곳값		20,000	20,000	20,000	20,000	20,000	18,000
최젓값		16,000	15,000	15,000	15,000	16,000	16,000
등락률		-4.4	0.0	3.6	2.4	1.2	-
지역별	서울	16,000	15,000	15,000	15,000	17,000	18,000
	부산	18,000	17,000	16,000	16,000	16,000	16,000
	대구	19,000	19,000	18,000	18,000	18,000	18,000
	광주	18,000	16,000	15,000	16,000	17,000	18,000

① 대구의 경우 16일까지는 19,000원으로 가격 변동이 없었지만, 3일 전인 17일에 감소하였다.

② 18일부터 전체 수박의 평균 가격은 200원씩 일정하게 증가하고 있다.

③ 16일부터 증가한 서울의 수박 가격은 최근 높아진 기온의 영향을 받은 것이다.

④ 15일부터 19일까지 서울의 수박 평균 가격은 동기간 부산의 수박 평균 가격보다 낮다.

⑤ 16일부터 19일까지 나흘간 광주의 수박 평균 가격은 16,000원이다.

해설 ③ 서울의 수박 가격은 16일에 감소했다가 19일부터 다시 증가하고 있으며, 수박 가격 증가의 원인이 높은 기온 때문인지는 주어진 조건만으로는 알 수 없다.

02 다음은 국가별 연도별 이산화탄소 배출량에 대한 자료이다. 〈조건〉에 따라 빈칸 ㉠~㉣에 해당하는 국가 명을 순서대로 나열한 것은?

구분	1995년	2005년	2015년	2020년	2021년
일본	1,041	1,141	1,112	1,230	1,189
미국	4,803	5,642	5,347	5,103	5,176
㉠	232	432	551	572	568
㉡	171	312	498	535	556
㉢	151	235	419	471	507
독일	940	812	759	764	723
인도	530	890	1,594	1,853	2,020
㉣	420	516	526	550	555
중국	2,076	3,086	7,707	8,980	9,087
러시아	2,163	1,474	1,529	1,535	1,468

국가별 연도별 이산화탄소 배출량 (단위 : 백만 CO_2톤)

● 조건 ●

• 한국과 캐나다는 제시된 5개 연도의 이산화탄소 배출량 순위에서 8위를 두 번 했다.
• 사우디의 2020년 대비 2021년의 이산화탄소 배출량 증가율은 5% 이상이다.
• 이란과 한국의 이산화탄소 배출량의 합은 2015년부터 이란과 캐나다의 배출량의 합보다 많아진다.

① 캐나다, 이란, 사우디, 한국
② 한국, 사우디, 이란, 캐나다
③ 한국, 이란, 캐나다, 사우디
④ 이란, 한국, 사우디, 캐나다
⑤ 한국, 이란, 사우디, 캐나다

해설 조건을 분석하면 다음과 같다.
• 첫 번째 조건에 의해 ㉠~㉣ 국가 중 연도별로 8위를 두 번 한 나라는 ㉠과 ㉣이므로 둘 중 한 곳이 한국, 나머지 한 곳이 캐나 다임을 알 수 있다.
• 두 번째 조건에 의해 2020년 대비 2021년의 이산화탄소 배출량 증가율은 ㉡과 ㉢이 각각 $\frac{556-535}{535} \times 100 ≒ 3.93\%$와 $\frac{507-471}{471} \times 100 ≒ 7.64\%$이므로 ㉢은 사우디가 되며, 따라서 ㉡은 이란이 된다.
• 세 번째 조건에 의해 이란의 수치는 고정값으로 놓고 2015년을 기점으로 ㉠이 ㉣보다 배출량이 커지고 있으므로 ㉠이 한국, ㉣이 캐나다임을 알 수 있다.
따라서 ㉠~㉣은 순서대로 한국, 이란, 사우디, 캐나다이다.

※ 다음은 재료비 상승에 따른 분기별 국내 철강사 수익 변동을 조사하기 위해 수집한 자료이다. 이어지는 질문에 답하시오. [03~04]

제품가격과 재료비에 따른 분기별 수익

(단위 : 천원/톤)

구분	2021년	2022년			
	4분기	1분기	2분기	3분기	4분기
제품가격	627	597	687	578	559
재료비	178	177	191	190	268
수익	449	420	496	388	291

※ 제품가격은 재료비와 수익의 합으로 책정된다.

제품 1톤당 소요되는 재료

(단위 : 톤)

철광석	원료탄	철 스크랩
1.6	0.5	0.15

03 다음 중 자료에 대한 설명으로 옳은 것은?

① 수익은 지속해서 증가하고 있다.

② 모든 금액에서 2022년 4분기가 2021년 4분기보다 높다.

③ 재료비의 변화량과 수익의 변화량은 밀접한 관계가 있다.

④ 조사 기간에 수익이 가장 높은 때는 재료비가 가장 낮은 때이다.

⑤ 2022년 3분기에 이전 분기 대비 수익 변화량이 가장 큰 것으로 나타난다.

해설 ⑤ 2022년 3분기의 이전 분기 대비 수익 변화량은 −108로 가장 크다.

04 2023년 1분기에 재료당 단위가격이 철광석 70,000원, 원료탄 250,000원, 철 스크랩 200,000원으로 예상된다는 보고를 받았다. 2023년 1분기의 수익을 2022년 4분기와 같게 유지하기 위해 책정해야 할 제품가격은 얼마인가?

① 558,000원

② 559,000원

③ 560,000원

④ 578,000원

⑤ 597,000원

해설 2023년 1분기의 재료비는 $(1.6 \times 70,000) + (0.5 \times 250,000) + (0.15 \times 200,000) = 267,000$원이다. 2023년 1분기의 제품가격은 '2023년 1분기의 수익 + 2023년 1분기의 재료비'이며 2023년 1분기의 수익은 2022년 4분기와 같게 유지된다고 하였으므로 291,000원이다. 따라서 $291,000 + 267,000 = 558,000$원이므로 책정해야 할 제품가격은 558,000원이다.

05 회사의 업무상 중국 베이징에서 회의에 참석한 A는 회사에서 급한 연락을 받았다. 자사 공장이 있는 다렌에도 시찰을 다녀오라는 것이었다. A가 선택할 수 있는 교통수단이 다음과 같을 때, 어떤 교통편을 선택하겠는가?(단, A의 기준에 따라 계산한 금액이 가장 낮은 수단을 선택한다)

교통편명	교통수단	시간(h)	요금(원)
CZ3650	비행기	2	500,000
MU2744	비행기	3	200,000
G820	고속열차	5	120,000
D42	고속열차	8	70,000

※ A의 기준 = [시간(h)]×1,000,000×0.6 + [요금(원)]×0.8

① CZ3650

② MU2744

③ G820

④ D42

⑤ MU2744, D42

해설 각 교통편에 대해 A의 기준에 따라 계산하면 다음과 같다.
· CZ3650 : $(2 \times 1,000,000 \times 0.6) + (500,000 \times 0.8) = 1,600,000$원
· MU2744 : $(3 \times 1,000,000 \times 0.6) + (200,000 \times 0.8) = 1,960,000$원
· G820 : $(5 \times 1,000,000 \times 0.6) + (120,000 \times 0.8) = 3,096,000$원
· D42 : $(8 \times 1,000,000 \times 0.6) + (70,000 \times 0.8) = 4,856,000$원
따라서 A가 선택하는 교통편은 CZ3650이다.

1. 수리능력

01 S씨는 뒷산에 등산을 갔다. 오르막길 A는 1.5km/h로 이동하였고, 내리막길 B는 4km/h로 이동하였다. A로 올라가 정상에서 쉬고, B로 내려오는 데 총 6시간 30분이 걸렸고, 정상에서 30분 동안 휴식을 하였다. 오르막길과 내리막길이 총 14km일 때, A의 거리는?

① 2km

② 4km

③ 6km

④ 8km

해설 총 6시간 30분 중 30분은 정상에서 휴식을 취했으므로, 오르막길과 내리막길의 실제 이동시간은 6시간이다.
총 14km의 길이 중 a는 오르막길에서 걸린 시간, b는 내리막길에서 걸린 시간이라 하면, 다음과 같은 식으로 나타낼 수 있다.
- $a+b=6$
- $1.5a+4b=14$
두 식을 연립하면 a는 4시간, b는 2시간이 소요된다.
따라서 오르막길 A의 거리는 1.5km×4=6km이다.

02 미주는 집에서 백화점에 가기 위해 시속 8km의 속력으로 집에서 출발했다. 미주가 집에서 출발한 지 12분 후에 지갑을 두고 간 것을 발견한 동생이 시속 20km의 속력으로 미주를 만나러 출발했다. 미주와 동생은 몇 분 후에 만나게 되는가?(단, 미주와 동생은 쉬지 않고 일정한 속력으로 움직인다)

① 11분

② 14분

③ 17분

④ 20분

해설 미주가 집에서 출발해서 동생을 만나기 전까지 이동한 시간을 x시간이라고 하자. 미주가 이동한 거리는 $8x$km이고, 동생이 미주가 출발한 후 12분 뒤에 지갑을 들고 이동했으므로 이동한 거리는 $20\left(x-\dfrac{1}{5}\right)$km이므로 다음과 같은 식으로 나타낼 수 있다.
$$8x=20\left(x-\frac{1}{5}\right) \rightarrow 12x=4 \rightarrow x=\frac{1}{3}$$
따라서 미주와 동생은 $\dfrac{1}{3}$시간=20분 후에 만나게 된다.

03 다음은 민간부문의 공사완료 후 미분양된 면적별 주택 현황이다. 자료에 대한 〈보기〉의 설명으로 옳은 것을 모두 고르면?

구분	면적별 주택유형			계
	60m² 미만	60~85m²	85m² 초과	
전국	3,453	11,316	1,869	16,638
서울	-	16	4	20
부산	83	179	133	395
대구	-	112	1	113
인천	5	164	340	509
광주	16	27	-	43
대전	148	125	-	273
울산	38	56	14	108
세종	-	-	-	-
경기	232	604	1,129	1,965
기타	2,931	10,033	248	13,212

공사완료 후 미분양된 면적별 민간부문 주택 현황

(단위 : 가구)

● 보기 ●

ㄱ. 면적이 넓은 유형의 주택일수록 공사완료 후 미분양된 민간부문 주택이 많은 지역은 두 곳 뿐이다.

ㄴ. 부산의 공사완료 후 미분양된 민간부문 주택 중 면적이 60~85m²에 해당하는 주택이 차지하는 비중은 면적이 85m²를 초과하는 주택이 차지하는 비중보다 10%p 이상 높다.

ㄷ. 면적이 60m² 미만인 공사완료 후 미분양된 민간부문 주택 수 대비 면적이 60~85m²에 해당하는 공사완료 후 미분양된 민간부문 주택 수의 비율은 광주가 울산보다 높다.

① ㄱ, ㄴ ② ㄱ, ㄷ
③ ㄴ, ㄷ ④ ㄱ, ㄴ, ㄷ

해설 ㄱ. 면적이 넓은 유형의 주택일수록 공사완료 후 미분양된 민간부문 주택이 많은 지역은 인천, 경기 두 곳 뿐이므로 옳은 설명이다.

ㄴ. 부산의 공사완료 후 미분양된 민간부문 주택 중 면적이 60~85m²에 해당하는 주택이 차지하는 비중은 $\frac{179}{395} \times 100 \fallingdotseq$ 45.3%로, 면적이 85m²를 초과하는 주택이 차지하는 비중인 $\frac{133}{395} \times 100 \fallingdotseq 33.7\%$보다 10%p 이상 더 높으므로 옳은 설명이다.

ㄷ. 면적이 60m² 미만인 공사완료 후 미분양된 민간부문 주택 수 대비 면적이 60~85m²에 해당하는 공사완료 후 미분양된 민간부문 주택 수의 비율은 광주가 $\frac{27}{16} \times 100 \fallingdotseq 168.8\%$이고, 울산이 $\frac{56}{38} \times 100 \fallingdotseq 147.4\%$이므로 광주가 더 높다.

※ 다음 글을 읽고 이어지는 질문에 답하시오. [04~05]

생물학에서 반사란 '특정 자극에 대해 기계적으로 일어난 국소적인 반응'을 의미한다. 파블로프는 '벨과 먹이' 실험을 통해 동물의 행동에는 두 종류의 반사 행동, 즉 무조건 반사와 조건 반사가 존재한다는 결론을 내렸다. 뜨거운 것에 닿으면 손을 빼내는 것이나, 고깃덩이를 씹는 순간 침이 흘러나오는 것은 무조건 자극에 의한 반사이다. 하지만 모든 자극이 반사 행동을 일으키는 것은 아니다. 생명체에게 있어 반사 행동을 유발하지 않는 자극들을 중립 자극이라고 한다.

중립 자극도 무조건 자극과 짝지어지게 되면 생명체에게 반사 행동을 일으키는 조건 자극이 될 수 있다. 그것이 바로 조건 반사인 것이다. 예를 들어 벨 소리는 개에게 있어 중립 자극이기 때문에 처음에 개는 벨 소리에 반응하지 않는다. 개는 오직 벨 소리 뒤에 주어지는 먹이를 보며 침을 흘릴 뿐이다. 하지만 벨 소리 뒤에 먹이를 주는 행동을 반복하다 보면 벨 소리는 먹이가 나온다는 신호로 인식되며 이에 대한 반응을 일으키는 조건 자극이 되는 것이다. 이처럼 중립 자극을 무조건 자극과 연결시켜 조건 반사를 일으키는 과정을 '고전적 조건 형성'이라 한다.

그렇다면 이러한 조건 형성 반응은 왜 생겨나는 것일까? 이는 대뇌 피질이 '학습'을 할 수 있기 때문이다. 어떠한 의미 없는 자극이라 할지라도 그것이 의미 있는 자극과 결합되어 제시되면 대뇌 피질은 둘 사이에 연관성이 있다는 것을 파악하고 이를 기억하여 반응을 일으킨다. 하지만 대뇌 피질은 한번 연결되었다고 항상 유지되지는 않는다. 예를 들어 '벨 소리-먹이' 조건 반사가 수립된 개에게 벨 소리만 들려주고 먹이를 주지 않는 실험을 계속하다 보면 개는 벨 소리에 더 이상 반응하지 않게 되는 조건 반사의 '소거' 현상이 일어난다.

소거는 조건 자극이 무조건 자극 없이 충분히 자주 제시될 경우 조건 반사가 사라지는 현상을 말한다. 때문에 소거는 바람직하지 않은 조건 반사를 수정하는 방법으로 사용된다. 하지만 조건 반사는 통제할 수 있는 것이 아니기 때문에, 제거 역시 자연스럽게 이루어지지 않는다. 또한 소거가 일어나는 속도가 예측 불가능하고, 소거되었을 때조차도 자발적 회복을 통해 조건 반사가 다시 나타날 수 있다는 점에서 소거는 조건 반사를 제거하기 위한 수단으로 한계가 있다.

이때 바람직하지 않은 조건 반사를 수정하는 또 다른 방법으로 사용되는 것이 '역조건 형성'이다. 이는 기존의 조건 반사와 양립할 수 없는 새로운 반응을 유발하여 이전 조건 형성의 원치 않는 효과를 제거하는 것으로 자발적 회복이 잘 일어나지 않는다. 예를 들어, 토끼를 무서워하는 아이가 사탕을 먹을 때 처음에는 토끼가 아이로부터 멀리 위치하게 한다. 아이는 사탕을 먹는 즐거움 때문에 토끼에 대한 공포를 덜 느끼게 된다. 다음날에도 마찬가지로 아이에게 사탕을 먹게 한 후 토끼가 전날보다 좀 더 가까이 오게 한다. 이러한 절차를 여러 번 반복하면 토끼가 아주 가까이에 있어도 아이는 더 이상 토끼를 무서워하지 않게 되는 것이다.

04 다음 중 글의 내용으로 적절하지 않은 것은?

① 소거를 위해서는 반복된 행위가 필요하다.

② 조건 반사가 소거되는 현상도 발생할 수 있다.

③ 중립 자극이 무조건 자극으로 바뀐 것을 조건 반사라 한다.

④ 역조건 형성은 자발적 회복이 잘 일어나지 않는다.

해설 ③ 두 번째 문단의 내용에 따르면, '조건 반사'는 중립 자극이 무조건 자극과 짝지어져 생명체에서 반사 행동을 일으키는 조건 자극이 되는 것을 의미한다.

05 다음 중 글의 설명 방식으로 가장 적절한 것은?

① 대상이 지닌 구성 요소들을 분석한 뒤 종합하고 있다.

② 정의와 예시를 통해 이론의 핵심 개념을 소개하고 있다.

③ 이론의 핵심 개념을 정의하고 그것이 갖는 장점을 논증하고 있다.

④ 현상의 원인을 밝히고 그에 대한 관점을 비판하고 필자의 견해를 주장하고 있다.

> **해설** ② 제시문은 반사와 같은 용어의 정의와 벨과 먹이 실험 예시를 통해 이론의 핵심 개념을 설명하고 있다.

06 산촌에 사는 B씨가 5월을 맞아 할 일이 아닌 것은?

> 산촌의 5월은 계절의 여왕이 선사하는 풍요로움과 분주함을 동시에 느낄 수 있는 시기다. 숲을 만드는 '조림' 작업은 5월이 적기다. 초목이 자라나는 시기를 활용해 숲을 가꾸어 놓아야 풍성한 가을을 맞이할 수 있기 때문이다. 쉬는 땅에 나무를 심는 일부터 나무 사이의 간격을 조정하고 잡목을 제거하기 위한 간벌사업까지 모두 5월에 이루어진다. 자연재해를 대비하는 것도 5월에 해야 할 일 중 하나다. 물이 모여 있는 골짜기나 산을 깎은 절개지 등 산사태 위험지역은 돌망태와 그물을 설치해 여름철 집중 호우 및 태풍에 대비해야 한다. 한편 5월은 산나물의 계절이기도 하다. 제철 맞은 곰취를 비롯해 곤드레, 고사리 등 향긋하고 맛깔 나는 산채는 5월부터 1차 수확에 들어간다. 산나물을 채취할 때는, 한 포기에 달려있는 잎을 모두 뜯으면 포기 전체가 죽을 수 있으므로 여러 포기에서 조금씩 뜯는 것이 좋다.

① 쉬는 땅에 나무를 심는다.

② 나무 사이의 간격을 조정하고 잡목을 제거한다.

③ 산사태 방지를 위해 돌망태와 그물을 설치한다.

④ 집중호우와 태풍에 대비해 골짜기를 깎는다.

> **해설** ④ 자연재해를 대비하는 것도 5월에 해야 할 일 중 하나인데, 물이 모여 있는 골짜기나 산을 깎은 절개지 등 산사태 위험 지역은 돌망태와 그물을 설치해 여름철 집중호우 및 태풍에 대비해야 한다.

1. 문제해결능력

01 S사원은 유아용품 판매직영점을 추가로 개장하기 위하여 팀장으로부터 다음과 같은 자료를 받았다. 팀장은 직영점을 정할 때에는 영유아 인구가 많은 곳이어야 하며, 향후 5년간 수요가 지속적으로 증가하는 지역으로 선정해야 한다고 설명하였다. 자료를 참고할 때, 유아용품 판매직영점이 설치될 최적의 지역을 선정하라는 팀장의 요청에 가장 적절한 답변은?

구분	총 인구수(명)	영유아 비중	향후 5년간 영유아 변동률				
			1년 차	2년 차	3년 차	4년 차	5년 차
A	3,460,000	3%	-0.5%	1.0%	-2.2%	2.0%	4.0%
B	2,470,000	5%	0.5%	0.1%	-2.0%	-3.0%	-5.0%
C	2,710,000	4%	0.5%	0.7%	1.0%	1.3%	1.5%
D	1,090,000	11%	1.0%	1.2%	1.0%	1.5%	1.7%

① 총 인구수가 많은 A-C-B-D 지역 순으로 직영점을 개장하면 충분한 수요로 인하여 영업이 원활할 것 같습니다.

② 현재 시점에서 영유아 비율이 가장 높은 D-B-C-A 지역 순으로 직영점을 설치하는 계획을 수립하는 것이 적절할 것 같습니다.

③ 현재 각 지역에서 영유아 수가 가장 많은 B지역을 우선적으로 개장하는 것이 좋을 것 같습니다.

④ 향후 5년간 영유아 변동률을 참고하였을 때, 영유아 인구 증가율이 가장 높은 A지역이 유력합니다.

⑤ D지역은 현재 영유아 인구수가 두 번째이나, 향후 5년간 지속적인 인구 성장이 기대되는 지역으로 예상되므로 D지역이 가장 적절하다고 판단합니다.

해설 팀장의 요구조건은 영유아 인구가 많은 곳과 향후 5년간 지속적인 수요발생 두 가지이며, 두 조건을 모두 충족하는 지역을 선정하면 된다.

ⅰ) 주어진 표에서 영유아 인구수를 구하면 다음과 같다.
(영유아 인구 수)=(총 인구수)×(영유아 비중)
· A지역 : 3,460,000명×3%=103,800명
· B지역 : 2,470,000명×5%=123,500명
· C지역 : 2,710,000명×4%=108,400명
· D지역 : 1,090,000명×11%=119,900명
따라서 B - D - C - A 순으로 영유아 인구수가 많은 것을 알 수 있다.

ⅱ) 향후 5년간 영유아 변동률을 보았을 때 A지역은 1년 차와 3년 차에 감소하였고, B지역은 3년 차~5년 차 동안 감소하는 것을 확인할 수 있다. 따라서 지속적으로 수요가 증가하는 지역은 C지역, D지역이다. 이 중 C지역의 5년간 성장률은 5%이며, D지역의 5년간 성장률은 6.4%이므로 D지역이 상대적으로 우선한다.

따라서 위 ⅰ), ⅱ) 조건을 모두 고려하였을 때, D지역이 유아용품 판매직영점을 설치하는 데 가장 적절한 지역이 된다.

02 다음 설명을 참고할 때, 제시된 분석 결과에 가장 적절한 전략은?

> SWOT는 Strength(강점), Weakness(약점), Opportunity(기회), Threat(위협)의 머리글자를 따서 만든 단어로 경영 전략을 세우는 방법론이다. SWOT으로 도출된 조직의 내·외부 환경을 분석하고, 이 결과를 통해 대응 전략을 구상하는 분석방법론이다.
> 'SO(강점-기회)전략'은 기회를 활용하기 위해 강점을 사용하는 전략이고, 'WO(약점-기회)전략'은 약점을 보완 또는 극복하여 시장의 기회를 활용하는 전략이다. 'ST(강점-위협)전략'은 위협을 피하기 위해 강점을 활용하는 방법이며 'WT(약점-위협)전략'은 위협요인을 피하기 위해 약점을 보완하는 전략이다.

내부 외부	강점(Strength)	약점(Weakness)
기회(Opportunity)	SO(강점-기회)전략	WO(약점-기회)전략
위협(Threat)	ST(강점-위협)전략	WT(약점-위협)전략

유기농 수제버거 전문점 S사 환경 분석 결과

SWOT	환경 분석
강점(Strength)	• 주변 외식업 상권 내 독창적 아이템 • 커스터마이징 고객 주문 서비스 • 주문 즉시 조리 시작
약점(Weakness)	• 높은 재료 단가로 인한 비싼 상품 가격 • 대기업 버거 회사에 비해 긴 조리 과정
기회(Opportunity)	• 웰빙을 추구하는 소비 행태 확산 • 치즈 제품을 선호하는 여성들의 니즈 반영
위협(Threat)	제품 특성상 테이크아웃 및 배달 서비스 불가

① SO전략 : 주변 상권의 프랜차이즈 샌드위치 전문업체의 제품을 벤치마킹해 샌드위치도 함께 판매한다.

② WO전략 : 유기농 채소와 유기농이 아닌 채소를 함께 사용하여 단가를 낮추고 가격을 내린다.

③ ST전략 : 테이크아웃이 가능하도록 버거의 사이즈를 줄이고 사이드 메뉴를 서비스로 제공한다.

④ WT전략 : 조리과정을 단축시키기 위해 커스터마이징 형식의 고객 주문 서비스 방식을 없애고, 미리 조리해놓은 버거를 배달 제품으로 판매한다.

⑤ ST전략 : 치즈의 종류를 다양하게 구성해 커스터마이징 주문 시 선택할 수 있도록 한다.

해설 ③ 제품 특성상 테이크아웃이 불가능했던 위협 요소를 피하기 위해 버거의 사이즈를 줄이는 대신 무료로 사이드 메뉴를 제공하는 것은 독창적인 아이템을 활용하면서도 위협 요소를 보완하는 전략으로 적절하다.

03 다음 중 통합환경관리제도에 대한 내용으로 적절한 것은?

효율적으로 환경오염을 막는 방법

올해 1월부터 시행 중인 「통합환경관리제도」는 최신 과학기술에 기반을 둔 스마트한 대책으로 평가받고 있다. 대기, 수질, 토양 등 개별적으로 이루어지던 관리 방식을 하나로 통합해, 환경오염물질이 다른 분야로 전이되는 것을 막는 것이다. 유럽연합을 비롯해 세계 각국에서 운영하는 효율적인 환경수단을 우리나라의 현실과 특성에 맞게 설계한 점도 특징이다.

관리방식의 통합이 가져온 변화는 크다. 먼저 대기배출시설, 수질오염배출시설 등 총 10종에 이르던 인허가는 통합허가 1종으로 줄었고, 관련 서류도 통합환경허가시스템(ieps.nier.go.kr)을 통해 온라인으로 간편하게 제출할 수 있다. 사업장별로 지역 맞춤형 허가기준을 부여해 5~8년마다 주기적으로 검토하며 단속과 적발 위주였던 사후관리가 정밀점검과 기술 진단 방식으로 전환됐다. 또한, 통합환경관리 운영을 위한 참고문서인 최적가용기법(BREF)을 보급해 사업장이 자발적으로 환경관리와 관련 허가에 사용할 수 있도록 돕는다.

한국환경공단은 환경전문심사원으로 지정돼 통합환경 계획서 검토, 통합관리사업장 현장 확인 및 오염물질 배출 여부 확인 등 제도가 원활하게 시행되도록 지원할 계획이다. 「통합환경관리제도」와 통합환경허가시스템에 관한 문의가 있다면 통합허가 지원센터에서 상담받을 수 있다. 환경을 종합적으로 관리하면서 환경개선 효과 및 자원을 효율적으로 이용할 수 있는 「통합환경관리제도」는 더욱 간편하고 유익해진 제도로, 많은 기업이 자발적으로 참여함으로써 환경과 산업의 상생이 실현되고 있다.

---

① 통합환경관리제도는 개별적으로 이루어지던 관리 방식을 대기, 수질, 토양으로 분리해 환경오염물질이 다른 분야로 전이되는 것을 막기 위해 만들어졌다.

② 관리방식의 통합은 총 10종에 이르는 인허가를 3종으로 줄였다.

③ 통합허가 관련 서류는 온라인으로도 제출할 수 있다.

④ 사업장별로 업종 맞춤형 허가기준을 부여해 10년마다 주기적으로 검토한다.

⑤ 사업장에 최적가용기법을 보급해 사업장이 공공기관을 통해 환경관리 교육을 받을 수 있도록 한다.

해설　③ 통합허가 관련 서류는 통합환경허가시스템을 통해 온라인으로도 제출할 수 있다.

04 다음 내용과 〈보기〉에 근거해 판단할 때, 다음 중 적절한 것은?

제○○조 환경오염 및 예방 대책의 추진
환경부장관 및 시장 · 군수 · 구청장 등은 국가산업단지의 주변지역에 대한 환경기초조사를 정기적으로 실시하여야 하며 이를 기초로 하여 환경오염 및 예방대책을 수립 · 시행하여야 한다.

제○○조 환경기초조사의 방법 · 시기 등
전조(前條)에 따른 환경기초조사의 방법과 시기 등은 다음 각 호와 같다.
1. 환경기초조사의 범위는 지하수 및 지표수의 수질, 대기, 토양 등에 대한 계획 · 조사 및 치유대책을 포함한다.
2. 환경기초조사는 당해 기초지방자치단체장이 1단계 조사를 하고 환경부장관이 2단계 조사를 한다. 다만 1단계 조사결과에 의하여 정상지역으로 판정된 때는 2단계 조사를 하지 아니한다.
3. 제2호에 따른 1단계 조사는 그 조사 시행일 기준으로 매 3년마다 실시하고, 2단계 조사는 1단계 조사 판정일 이후 1개월 이내에 실시하여야 한다.

● **보기** ●

· A시에는 갑, 을, 병 세 곳의 국가산업단지가 있다.
· A시 시장은 다음과 같이 세 개 단지의 주변지역에 대한 1단계 환경기초조사를 하였다. 2021년 1월 1일 기준, 기록되어 있는 시행일, 판정일 및 판정 결과는 다음과 같다.

구분	1단계 조사 시행일	1단계 조사 판정일	결과
갑단지 주변지역	2020년 7월 1일	2020년 11월 30일	오염지역
을단지 주변지역	2018년 3월 1일	2018년 9월 1일	오염지역
병단지 주변지역	2019년 10월 1일	2020년 7월 1일	정상지역

① 갑단지 주변지역에 대하여 2021년에 환경부장관은 2단계 조사를 해야 한다.
② 을단지 주변지역에 대하여 2021년에 A시 시장은 1단계 조사를 해야 한다.
③ 을단지 주변지역에 대하여 A시 시장은 2018년 9월 중에 2단계 조사를 하였다.
④ 병단지 주변지역에 대하여 환경부장관은 2020년 7월 중에 2단계 조사를 하였다.
⑤ 갑단지 주변지역에 대한 1단계 조사는 환경부장관이 실시해야 한다.

해설 ② 1단계 조사는 그 조사 실시일을 기준으로 3년마다 실시해야 하므로 2021년 3월 1일에 실시해야 한다.

한국사능력검정시험

01 다음 전시회에서 볼 수 있는 문화유산으로 옳은 것은? [2점]

특별 기획전

초대의 글

우리 박물관에서는 신선사상이 반영된 백제 문화유산을 관람할 수 있는 기회를 마련했습니다. 당시 사람들이 표현한 도교적 이상 세계를 만나보는 시간이 되기를 바랍니다.

- 기간: 2021년 ○○월 ○○일~○○일
- 장소: □□박물관 기획 전시관

①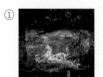
천마도

②
청자 상감운학문
매병

③
산수무늬 벽돌

④
강서대묘 현무도

**기출
태그** #백제의 문화유산 #산수무늬 벽돌
#외리 문양전 일괄 #도교 신선사상

해설
부여 외리 문양전 일괄(산수무늬 벽돌)은 충남 부여군 규암면 외리에 있는 옛 절터에서 출토됐다. 건축물의 바닥이나 벽면 등을 장식하는 데 사용했던 것으로 추정되며, 도교의 신선사상을 바탕으로 한 산수화가 새겨져 있다.

02 (가)에 들어갈 문화유산으로 옳은 것은? [3점]

경주 남산 일대 탐방 지도

이 지역에는 신라의 불교 문화유산이 많이 남아 있구나!

사람들이 자주 와서 불공을 드렸을 것 같아.

①
배동 석조여래
삼존입상

②
관촉사 석조
미륵보살입상

③
미륵사지석탑

④
월정사 팔각구층석탑

**기출
태그** #신라의 불교 문화유산 #7세기 초 불상
#경주 배동 석조여래 삼존입상

해설
경주 배동 석조여래 삼존입상은 신라의 7세기 초 불상으로 추정되며, 경주 남산 기슭에 흩어져 있던 불상들을 모아 1923년 지금의 자리에 세웠다. 중앙의 본존불과 양쪽의 보살상은 짧은 체구와 투박한 형태 등으로 보아 중국 수의 영향을 받은 추상 표현주의적 양식이 나타난다.

03 밑줄 그은 '국가'에 대한 설명으로 옳은 것은? [1점]

이 치미와 용머리상을 남긴 국가에 대해 알려줘.

대조영이 세운 국가로 고구려 계승을 표방했어.

① 수의 침략을 물리쳤다.
② 기인제도를 실시했다.
③ 독서삼품과를 시행했다.
④ 해동성국이라고도 불렸다.

04 교사의 질문에 대한 학생의 답변으로 옳지 않은 것은? [1점]

고려의 사회 모습에 대해 말해 볼까요?

① 의창이 운영됐습니다.
② 팔관회가 개최됐습니다.
③ 골품제가 실시됐습니다.
④ 여성이 호주가 될 수 있었습니다.

해설

고구려의 장군 출신인 대조영은 유민들을 이끌고 지린성 동모산에서 발해를 건국했다. 대표적인 유물인 발해 치미는 건물 지붕의 양 끝에 올리던 장식기와인데 궁전지, 관청지, 사찰터에서 출토되는 것으로 보아 위용 있는 건물의 장식에 주로 사용됐던 것으로 추정된다. 발해 용머리상은 궁궐 건축에 조각품으로 사용된 것으로 보이며 오랜 기간 수도였던 상경 용천부 이외의 도시에서도 출토됐다.
④ 발해 선왕 때 영토를 크게 확장해 전성기를 누리면서 주변 국가들로부터 해동성국이라 불렸다.

해설

③ 신라는 중앙집권국가로 성장하면서 골품제라는 신분 제도를 통해 각 지역 부족장들의 신분을 규정했다.

🔒 01 ③ 02 ① 03 ④ 04 ③

05 (가) 왕의 업적으로 옳은 것은? [2점]

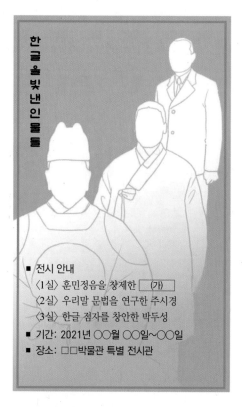

한 글 을 빛 낸 인 물 들

- 전시 안내
  〈1실〉 훈민정음을 창제한 [(가)]
  〈2실〉 우리말 문법을 연구한 주시경
  〈3실〉 한글 점자를 창안한 박두성
- 기간: 2021년 ○○월 ○○일~○○일
- 장소: □□박물관 특별 전시관

① 만권당을 세웠다.
② 농사직설을 간행했다.
③ 대전회통을 편찬했다.
④ 초계문신제를 시행했다.

해설

세종은 말과 문자가 달라 일반 백성들이 자기의 뜻을 제대로 전달하지 못하는 상황을 안타까워했다. 이에 집현전 학자들로 하여금 우리나라의 독창적인 문자인 훈민정음을 창제하고 이를 반포했다.
② 조선 세종은 정초, 변효문 등을 시켜 우리 풍토에 맞는 농법을 기술한 〈농사직설〉을 간행했다.

---

06 밑줄 그은 '이 그림'이 그려진 시기에 볼 수 있는 모습으로 적절하지 않은 것은? [2점]

이 그림은 서당의 모습을 그린 김홍도의 풍속화입니다. 훈장 앞에서 훌쩍이는 학생과 이를 바라보는 다른 학생들의 모습이 생생하게 표현돼 있습니다.

① 한글소설을 읽는 여인
② 청화백자를 만드는 도공
③ 판소리 공연을 하는 소리꾼
④ 초조대장경을 제작하는 장인

해설

조선 후기에는 서민들의 일상생활 모습을 생동감 있게 표현한 풍속화가 유행했다. 대표적 풍속화가인 김홍도는 도화서 화원 출신으로 〈서당〉, 〈자리짜기〉, 〈씨름도〉 등의 작품을 남겼다.
④ 고려 현종 때 거란의 침입을 부처님의 힘으로 물리치고자 초조대장경을 제작했다.

07 (가) 사건에 대한 설명으로 옳은 것은? [2점]

이 책은 개화정책에 반발해 구식군인들이 일으킨 (가) 당시 일본공사가 쓴 보고서를 정리한 것입니다. 책에는 (가) (으)로 인한 일본 측의 피해 등이 기록돼 있습니다.

전보 조선사건

① 청군의 개입으로 진압됐다.
② 조선책략이 유입되는 결과를 가져왔다.
③ 우금치에서 일본군과의 전투가 벌어졌다.
④ 우정총국 개국축하연에서 정변이 일어났다.

08 (가)~(다)를 일어난 순서대로 바르게 나열한 것은? [3점]

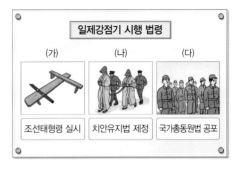

일제강점기 시행 법령

(가)	(나)	(다)
조선태형령 실시	치안유지법 제정	국가총동원법 공포

① (가) - (나) - (다)
② (가) - (다) - (나)
③ (나) - (가) - (다)
④ (다) - (나) - (가)

기출 태그 #임오군란 #개화정책 반발 #구식군대 차별
#일본공사관 습격 #제물포조약

해설

신식군대인 별기군과 차별대우를 받던 구식군대가 선혜청을 습격하면서 임오군란이 발생했다(1882). 구식군인들은 흥선대원군을 찾아가 지지를 요청했고, 정부 고관들의 집과 일본공사관을 습격했다. 〈전보 조선사건〉은 일본공사 하나부사 요시모토가 당시 상황과 일본 측의 피해 등에 대한 보고서를 정리한 책이다. 임오군란 직후 일본은 군란으로 인한 일본공사관의 피해와 일본인 교관 피살에 대해 사과 사절단 파견, 주모자 처벌, 배상금 지불, 공사관 경비병의 주둔 등을 요구하며 조선과 제물포조약을 체결했다.
① 임오군란 때 민씨 일파의 요청으로 청군이 개입해 군란을 진압했고 이때 재집권한 흥선대원군은 청으로 압송됐다.

기출 태그 #조선태형령 #무단통치기 #치안유지법
#국가총동원법 #한반도의 병참기지화

해설

(가) 조선태형령(1912): 1910년대 무단통치기에 일제는 조선태형령을 제정해 곳곳에 배치된 헌병경찰들이 조선인들에게 태형을 통한 형벌을 가하도록 했다.
(나) 치안유지법(1925): 1920년대 중반 사회주의가 확산되자 일제는 치안유지법을 시행해 일제에 저항하는 민족해방운동과 사회주의 독립운동을 탄압했다.
(다) 국가총동원법(1938): 1930년대 이후 일제는 대륙 침략을 위해 한반도를 병참기지화했다. 이에 따라 국가총동원법을 공포해 전쟁수행을 위해 한국의 인적·물적 자원을 통제하고 동원할 수 있게 했다.

09 다음 가상 뉴스의 (가)에 들어갈 단체로 옳은 것은? [2점]

이상재 선생의 장례가 사회장으로 거행됐습니다. 선생은 '일체의 기회주의를 부인함' 등을 강령으로 내세운 (가) 의 초대회장으로 민족유일당 운동에 앞장섰습니다. 마지막까지 민족운동에 헌신했던 선생의 죽음을 많은 사람이 애도했습니다.

이상재 선생 사회장 거행

① 보안회
② 신간회
③ 진단학회
④ 조선형평사

기출 태그
#신간회 #좌우합작 #민족유일당 #이상재
#일제강점기 최대규모 사회단체

해설

1920년대 중반 사회주의 세력과 민족주의 세력이 연대해 민족유일당을 결성할 수 있다는 공감대가 형성됐다. 이에 따라 국내의 민족해방운동 진영은 정우회 선언을 계기로 1927년 좌우합작조직인 신간회를 결성하고, 민족지도자 이상재를 초대회장으로 추대했다. 이 해에 이상재가 사망하자 10만여 명의 추모객이 모인 사회장이 거행됐다. 이후 신간회는 기회주의를 부인하고, 정치적·경제적·사회적 각성을 촉진하며, 단결을 공고히 한다는 3대 강령을 내걸고 활동했고 일제강점기 최대 규모의 사회단체로 성장하게 됐다.
② 신간회는 1920년대 중반 사회주의 세력과 민족주의 세력이 연대해 민족유일당 운동의 일환으로 결성된 좌우합작단체이다.

10 (가)에 들어갈 문화유산으로 옳은 것은? [2점]

문화유산카드

(가)

■ 종목
국가무형문화재

■ 소개
조선의 역대 왕과 왕비 및 추존된 왕과 왕비의 신위를 모신 사당에서 지냈던 의례이다. 일제강점기에는 축소됐고 해방 이후에는 한때 시행되지 않았으나, 1969년부터 다시 거행됐다.

① 연등회
② 승전무
③ 석전대제
④ 종묘제례

기출 태그
#종묘제례 #조선 왕·왕비의 제사
#중요무형문화재 #세계인류무형유산

해설

종묘제례는 조선시대 역대 왕과 왕비의 신위를 모셔 놓은 사당인 종묘에서 지내는 제사를 말한다. 정시제와 임시제로 나뉘어 정시제는 4계절의 첫 번째 달인 1, 4, 7, 10월에, 임시제는 나라에 좋은 일이나 나쁜 일이 있을 때 지냈다. 일제강점기 때 축소됐고 해방 후에는 전쟁 등으로 중단됐다가 1969년부터 다시 거행됐다. 중요무형문화재 제56호로 지정됐으며, 종묘제례악과 함께 유네스코 세계인류무형유산으로도 등재됐다.

01 (가) 시대의 생활모습으로 옳은 것은? [1점]

▲ 유물출토상태

주먹도끼, 찍개 등 (가) 시대의 대표적 유물이 한반도 남부에서 최초로 출토된 곳이다. 또한 집자리 유적도 발굴돼 (가) 시대에 사람들이 이곳에서 생활했음을 알 수 있다.

① 명도전, 반량전 등의 화폐가 유통됐다.
② 반달돌칼을 이용해 곡식을 수확했다.
③ 거푸집을 이용해 세형동검을 만들었다.
④ 주로 동굴이나 강가의 막집에 거주했다.
⑤ 빗살무늬토기를 만들어 식량을 저장했다.

기출 태그 #구석기시대 #공주 석장리유적 #집자리
#주먹도끼·찍개 #막집·이동생활

해설

공주석장리 유적은 국내 최초의 구석기시대 유적지로, 1964년부터 1974년까지 10차례에 걸쳐 발굴조사가 실시됐다. 이 과정에서 5개의 기둥자리와 불을 뗀 흔적이 남아 있는 집자리가 발견됐고, 주먹도끼·찍개 등의 유물이 출토됐다.
④ 구석기시대에는 동굴이나 강가에 막집을 짓고 거주하며 계절에 따라 이동생활을 했다.

02 (가) 인물에 대한 설명으로 옳은 것은? [1점]

다큐멘터리 공모 신청서

공모 분야	역사-인물 탐사 다큐멘터리
작품명	(가) 의 저서, 위대한 역사기록이 되다
기획 의도	8세기 인도와 중앙아시아의 실상을 전해주는 중요한 기록을 남긴 신라 승려가 있다. 글로벌 시대를 맞아 (가) 의 기록이 우리에게 남긴 의미를 재조명한다.
차별화 전략	기존에 간과해 왔던 이슬람 세계와 비잔틴 제국에 대한 기록까지도 현지답사를 통해 고증하고자 한다.
주요 촬영국	중국, 인도, 이란, 아프가니스탄, 우즈베키스탄 등

① 향가 모음집인 삼대목을 편찬했다.
② 화랑도의 규범인 세속5계를 제시했다.
③ 무애가를 지어 불교대중화에 기여했다.
④ 구법 순례기인 왕오천축국전을 저술했다.
⑤ 화엄일승법계도를 지어 화엄사상을 정리했다.

기출 태그 #혜초 #통일신라 승려 #중앙아시아 순례
#왕오천축국전 #고대 인도 여행기

해설

④ 통일신라 성덕왕 때 중국으로 유학을 간 승려 혜초는 불법을 연구하기 위해 부처의 나라인 인도로 순례를 떠났다. 인도를 비롯해 현재의 카슈미르 지역, 파키스탄, 아프가니스탄 등 중앙아시아 지역을 답사한 뒤 순례기인 〈왕오천축국전〉을 지었다. 이는 1908년 중국 간쑤 성에서 프랑스의 동양학자 펠리오에 의해 발견됐으며, 마르코폴로의 〈동방견문록〉보다 500여 년이나 앞선 고대 인도 여행기임이 밝혀졌다.

03 다음 대화에서 밑줄 그은 '이 시기'에 있었던 사실로 옳은 것은? [3점]

이곳은 명주군왕(溟州郡王) 김주원의 묘야. 그의 아들 김헌창은 아버지가 왕위에 오르지 못한 것에 불만을 품고 반란을 일으켰어.

김주원과 김헌창의 삶을 통해 혜공왕 피살 이후 왕위쟁탈전이 거듭된 <u>이 시기</u>의 상황을 잘 알 수 있어.

① 왕의 장인인 김흠돌이 난을 일으켰다.

② 거칠부가 왕명에 의해 국사를 편찬했다.

③ 김춘추가 진골 출신 최초로 왕위에 올랐다.

④ 자장의 건의로 황룡사 9층목탑이 건립됐다.

⑤ 체징이 9산 선문 중 하나인 가지산문을 개창했다.

기출 태그 #통일신라 말 사회 #혜공왕 #왕위쟁탈전 #헌덕왕 #김주원·김헌창 #체징

해설

통일신라 말 혜공왕은 어린 나이로 즉위해 수많은 진골귀족의 반란을 겪었으며 이찬 김지정의 반란군에 의해 피살됐다. 이후 왕권이 크게 약화돼 왕위쟁탈전이 심화됐고, 헌덕왕 때에는 김주원이 왕위쟁탈전에서 패배하자 아들인 웅천주(충남 공주) 도독 김헌창이 반란을 일으켰다가 관군에 진압됐다(822).

⑤ 왕위 혼란이 계속되자 지방세력이 성장했고, 지방호족 세력의 지원을 바탕으로 선종불교가 성행했다. 9세기 중반에는 특정사찰을 중심으로 한 선종 집단인 9산 선문이 형성됐고, 그중 하나로 당에서 귀국한 승려 체징이 전남 장흥군 가지산의 보림사에서 국사 도의를 종조로 삼아 가지산문을 개창했다.

04 다음 상황 이후에 전개된 사실로 옳은 것은? [2점]

왕이 이분희 등에게 변발을 하지 않았다고 책망했더니 그들이 대답하기를 "신 등이 변발하는 것을 싫어해서가 아니라 오직 뭇 사람들이 그렇게 해 상례(常例)가 되기를 기다렸을 뿐입니다"라고 했다. …… 왕은 입조(入朝)했을 때에 이미 변발했지만, 나라 사람들이 아직 하지 않았기 때문에 이를 책망한 것이다.

① 만적이 개경에서 반란을 모의했다.

② 왕실의 외척인 이자겸이 권력을 독점했다.

③ 유인우, 이인임 등이 쌍성총관부를 수복했다.

④ 최충이 9재 학당을 설립해 유학을 교육했다.

⑤ 국정총괄 기구로 교정도감이 설치됐다.

기출 태그 #고려의 원 간섭기 #몽골 풍습 유행 #충렬왕 #공민왕의 반원자주정책

해설

고려 원 간섭기에는 고려 세자가 왕위를 계승할 때까지 원에 머무는 것이 상례가 됐으며, 지배층을 중심으로 몽골의 풍습인 변발과 호복 등이 유행했다. 충렬왕은 세자 시절 스스로 변발과 호복을 입고 고려로 귀국했으며, 즉위 후에는 호복을 입고 관을 쓰도록 명을 내렸다.

③ 고려 공민왕은 반원자주정책을 실시해 유인우, 이자춘, 이인임 등으로 하여금 동계지역의 쌍성총관부를 공격해 원에 빼앗긴 철령 이북의 땅을 수복했다(1356).

05 (가) 기구에 대한 설명으로 옳은 것은? [2점]

이달의 책

내각일력은 (가) 에서 있었던 일과 업무를 기록한 책이다. (가) 은/는 정조의 명에 의해 설치된 왕실서관이자 학술연구 및 정책자문기관으로, 이 책은 어제(御製)의 봉안, 검서 등의 소관업무뿐만 아니라 일반 정사나 왕의 동정, 소속 관원의 근무상황까지 수록하고 있다.

① 을묘왜변을 계기로 상설화됐다.
② 은대(銀臺), 후원(喉院)이라고도 불렸다.
③ 5품 이하 관리 임명에 서경권을 행사했다.
④ 대사성을 중심으로 좨주, 직강 등의 관직을 두었다.
⑤ 유능한 인재를 양성하기 위한 초계문신제를 주관했다.

기출 태그 #내각일력 #조선 정조 #규장각 업무 기록
#초계문신제 #정조의 인재양성

해설
〈내각일력〉은 정조가 창덕궁 후원에 설치한 왕실서관인 규장각의 업무에 관해 1779년부터 1883년(고종 20)까지 기록한 책이다. 초기 규장각은 어제(국왕의 글이나 글씨)를 보관하고 각종 서적을 수집·편찬하는 작업을 수행했으며, 점차 학술 및 정책을 연구하는 기관으로서의 기능도 담당하게 됐다. 정조는 탕평정치와 고른 인재등용을 위해 관직 진출이 막혀 있던 서얼 출신을 규장각 검서관으로 등용하기도 했다.

⑤ 정조는 인재양성을 위해 새롭게 관직에 오르거나 기존 관리들 중 능력 있는 문신들을 규장각에서 재교육시키는 초계문신제를 실시했다.

---

06 다음 기사에 보도된 전투 이후의 사실로 옳지 않은 것은? [3점]

역사 신문

제△△호 ○○○○년 ○○월 ○○일

신립, 탄금대에서 패배

삼도순변사 신립이 이끄는 관군이 탄금대에서 적군에 패배, 충주 방어에 실패했다. 신립은 탄금대에 배수진을 쳤으나, 고니시 유키나가가 이끄는 적군에게 둘러싸여 위태로운 상황에 놓였다. 신립은 종사관 김여물과 최후의 돌격을 감행했으나 실패하자 전장에서 순절했다.

① 김시민이 진주성에서 항쟁했다.
② 조명 연합군이 평양성을 탈환했다.
③ 이순신이 한산도에서 대승을 거두었다.
④ 송상현이 동래성 전투에서 항전했다.
⑤ 권율이 행주산성에서 적군을 격퇴했다.

기출 태그 #임진왜란 #신립 #충주 탄금대 #김여물
#동래성 전투 #송상현

해설
임진왜란이 발발하고 왜군이 부산을 함락시킨 이후 북상하자 조정에서는 신립을 삼도순변사로 임명하고 이를 막게 했다. 신립은 충주 탄금대에서 배수의 진을 치고 맞서 싸웠으나 고니시 유키나가가 이끄는 왜군에 크게 패하자 종사관 김여물 등과 함께 강물에 몸을 던져 자결했다 (1592.4.28.).

④ 선조 때 왜군이 침입해 임진왜란이 발발했고, 곧바로 부산진성을 함락시킨 왜군은 동래성을 침공했다. 이때 동래부사 송상현은 왜적과 맞서 싸웠으나 패배해 동래성이 함락되고 송상현은 전사했다(동래성 전투, 1592.4.15.).

07 다음 상소가 올려 진 이후에 전개된 사실로 옳은 것은? [3점]

일본이 러시아에 선전 포고한 이후 우리의 독립과 영토를 보전한다고 몇 번이나 말했지만, 그것은 우리나라의 이익을 빼앗아 차지하려는 것이었습니다. …… 지금 저들이 황실을 보전하겠다는 말을 폐하께서는 과연 믿으십니까? 지금까지 군주의 지위가 아직 바뀌지 않았고 백성도 아직 죽지 않았으며 각국 공사도 아직 돌아가지 않았습니다. 그리고 조약서가 다행히 폐하의 인준과 참정의 인가를 받은 것이 아니라, 저들이 가지고 있는 것은 역적들이 억지로 만든 헛된 조약에 불과합니다.

① 제1차 영일동맹이 체결됐다.
② 일본이 경인선 부설권을 인수했다.
③ 묄렌도르프가 외교 고문으로 파견됐다.
④ 통감부가 설치되고 초대통감이 부임했다.
⑤ 러시아가 용암포와 압록강 하구를 점령하고 조차를 요구했다.

기출 태그 #러일전쟁 #을사늑약 #외교권 박탈
#통감부 설치 #이토 히로부미

해설
러일전쟁에서 승리한 일본이 사실상 열강들로부터 한국에 대한 지배를 인정받자 일본은 을사늑약을 체결해 대한제국의 외교권을 박탈하고 한국을 식민지로 만들려는 계획을 진행했다(1905).
④ 을사늑약 체결 이듬해 서울에 통감부가 설치됐고, 이토 히로부미가 초대통감으로 부임해 외교뿐만 아니라 내정에도 간섭했다.

08 (가) 단체에 대한 설명으로 옳은 것은? [2점]

이것은 (가) 이/가 1933년에 만든 한글맞춤법 통일안의 총론입니다. (가) 은/는 기관지 〈한글〉을 간행하고 외래어 표기법 통일안을 마련하는 등 우리말을 지키기 위해 노력했습니다. 그러나 일제가 1942년에 치안유지법 위반 명목으로 회원들을 구속하면서 활동이 중단됐습니다.

총론
1. 한글 맞춤법(綴字法)은 표준말을 그 소리대로 적되, 어법에 맞도록 함으로써 원칙을 삼는다.
2. 표준말은 대체로 현재 중류사회에서 쓰는 서울말로 한다.
3. 문장의 각 단어는 띄어 쓰되, 토는 그 웃말에 붙여 쓴다.

① 우리말 큰사전 편찬을 시도했다.
② 한글신문인 제국신문을 간행했다.
③ 최초로 한글에 띄어쓰기를 도입했다.
④ 우리말 음운연구서인 언문지를 저술했다.
⑤ 한글연구를 목적으로 학부 아래에 설립됐다.

기출 태그 #조선어학회 #한글맞춤법·외국어 표기법 통일
#국어학 학술지 〈한글〉 #〈조선말 큰사전〉

해설
① 조선어학회는 한글맞춤법 통일안과 외국어 표기법 통일안을 제정하고 우리말의 체계화를 위해 노력했으며, 우리나라 최초의 국어학 학술지인 〈한글〉을 발행했다. 이후 〈조선말 큰사전(우리말 큰사전)〉의 편찬을 시작했으나 일제는 조선어학회를 독립운동단체로 간주해 관련 인사를 체포한 후 학회를 강제해산시켰고(조선어학회 사건, 1942), 중단된 〈조선말 큰사전〉의 편찬은 해방 이후 완성됐다.

09 다음 자료를 활용한 탐구활동으로 가장 적절한 것은? [2점]

- 내지(內地)는 심각한 식량부족을 보여 매년 300만석에서 500만석의 외국 쌀을 수입했다. …… 내지에서는 쌀의 증산에 많은 기대를 걸 수 없었다. 반면 조선은 관개설비가 잘 갖춰지지 않아서 대부분의 논이 빗물에 의존하는 상태였기에, 토지개량사업을 시작한다면 천혜의 쌀 생산지가 될 수 있었다.

- 대개 조선인들이 생산한 쌀을 내지로 반출할 때, 결코 자신들이 충분히 소비하고 남은 것을 수출하는 것이 아니다. 생계가 곤란해 먹을 것을 먹지 못하고 파는 것이다. …… 만주산 잡곡의 수입이 증가한다는 사실은 조선인의 생활난이 점점 심각해지고 있음을 실증하는 것이다.

① 산미증식계획의 실상을 파악한다.
② 화폐정리사업의 결과를 분석한다.
③ 보안회의 경제적 구국운동을 조사한다.
④ 방곡령이 선포된 지역의 분포를 알아본다.
⑤ 동양척식주식회사의 설립과정을 살펴본다.

기출태그 #산미증식계획 #일제의 쌀 수탈
#조선농민의 경제상황 악화

해설
① 1920년대 일본 본토에서는 자본주의가 발전하면서 인구가 급증하고 도시화가 진행돼 쌀값이 폭등하는 등 식량부족문제가 발생하자 일제는 부족한 쌀을 조선에서 수탈하기 위해 산미증식계획을 실시했다(1920). 이를 위해 품종개량, 수리시설구축, 개간 등을 통해 쌀 생산을 대폭 늘리려 했으나 증산량은 계획에 미치지 못했다. 그럼에도 불구하고 증산량보다 많은 양의 쌀을 일본으로 보내면서 조선농민들의 경제상황은 더욱 악화됐다.

10 다음 자료에 나타난 민주화운동에 대한 설명으로 옳은 것은? [1점]

껍데기 정부와 계엄당국을 규탄한다

과도정부와 계엄당국은 민주의 피맺힌 소리를 들으라! …… 모든 시민과 학생들은 처음부터 평화적이고 질서정연한 투쟁을 전개하려고 노력해 왔다. 그러나 계엄당국이 진지하고도 순수한 데모 대열에 무차별한 사격을 가해 남녀노소를 불문하고 수많은 사상자가 발생했고, 부상자 및 연행자는 추계가 불가능한 실정이다. …… 계엄당국과 정부는 광주시민과 전 국민의 민주 염원을 묵살함은 물론 민주투사들을 난동자·폭도로 몰아 무력으로 진압하려고 하고 있다.

① 호헌철폐와 독재타도 등의 구호를 내세웠다.
② 야당총재의 국회의원직 제명으로 촉발됐다.
③ 시위과정에서 시민군이 자발적으로 조직됐다.
④ 경무대로 향하던 시위대가 경찰의 총격을 받았다.
⑤ 박종철 고문치사사건의 진상규명을 요구했다.

기출태그 #5·18 민주화운동 #전두환 군부세력
#12·12 쿠데타 #광주시민 무력제압

해설
③ 전두환을 비롯한 신군부세력의 12·12 쿠데타에 저항해 '서울의 봄'이라는 대규모 민주화운동이 일어나자 5월 17일 신군부는 비상계엄조치를 전국적으로 확대했다. 5월 18일, 비상계엄해제와 신군부 퇴진, 김대중 석방 등을 요구하는 광주시민들의 항거가 이어지자 신군부는 공수부대를 동원한 무력진압을 강행했고, 학생과 시민들이 자발적으로 시민군을 조직해 이에 대항하면서 시위가 격화됐다(1980).

발췌 ▶ 2021 한국사능력검정시험 기출이 답이다 심화(1·2·3급)·기본(4·5·6급)

면접위원이 찾고 싶은
직무적합성이란?

과거 경력직 직원에게 요구하던 '직무전문성'이라는 개념이 최근 많은 기업에서 '직무적합성'이라는 관점에서 신입직 지원자들에 대한 평가요소로 적용되고 있습니다. 기업에서 필요한 인재를 선발하는 목표를 말할 때 간단하게 'Not Best Person, But Right Person'이라고 표현합니다. 즉 지원자 중에서 어떤 일정한 점수나 기준으로 서열화하여 기계적인 기준으로 최고의 인재를 선발하겠다는 것이 아니라, 기업이 필요로 하는 직무와 관련해 그 직무에 가장 적합한 인재를 채용하겠다는 의지를 말합니다. 이는 흔히 직무역량 또는 직무전문성이라 표현하기도 하며, 현재 많은 기업에서 면접 시 '직무적합성'이란 평가요소로 적용하고 있습니다. 이번 칼럼에서는 '직무적합성'과 관련된 내용을 살펴보겠습니다.

집무적합성이란 개인이 보유한 전문적인 지식과 기술이 지원직무에 필요한 행동역량과 얼마나 잘 부합하는지를 나타내는 것을 말합니다. 이것을 다시 말하면 직무와 관련한 지식과 기술, 그리고 그것을 행동화시킬 수 있는 개인의 능력으로 지원한 직무에 대한 포괄적인 전문성을 의미합니다.

이를 잘 나타낸 한 신문기사가 있었는데, 그 내용을 요약하면 직원을 채용할 때 서류단계에서는 직무와 관련된 경험을 판단하고, 면접단계에서는 직무수행능력을 판단한다는 것입니다. 즉, 서류는 지원자의 과거 업적을 평가하는 것이고, 면접은 그것을 기반으로 입사 후 직무를 얼마나 잘 수행할 수 있는지 미래 예측적인 행동요소를 평가하는 것이라고 볼 수 있습니다. 물론 직무적합성이 반드시 면접에만 중요하게 적용되는 것은 아니지만, 면접단계에서 가장 중요하게 여기는 평가요소 중 하나임을 잊지 말아야 합니다.

간단한 질문을 예시로 들어보겠습니다.

> **Q. 귀하가 지원하신 직무와 관련하여 귀하의 강점을 말씀해 주십시오.**

질문을 간단히 한 문장으로 구성을 했습니다만, 사실 이 물음에 성실하게 답변하기 위해서는 사전에 많은 고민과 준비가 필요합니다. 만약 위 질문에 대한 여러분의 대답이 아래와 같다면, 면접위원에게 특별한 가점을 받기는 어려울 수 있습니다.

> **지원자 A**
>
> 저의 강점은 의사소통능력이 뛰어나다는 것입니다. 주변 사람들의 이야기를 잘 경청하고, 상대방과 의견이 다르더라도 언제나 설득할 수 있는 능력을 가지고 있습니다. 이런 저의 모습에 대해 주위 동료들이 많이 칭찬을 하곤 했습니다.

지원자A가 답변한 내용을 살펴보면 크게 모난 부분 없이 보편적이고 납득할만한 답변으로 보일 수도 있습니다. 그러나 면접에 합격하기 위해서는 다른 경쟁자보다 상대적으로 더 나은 강점이 있어야 하는

데, 그런 관점에서 본다면 해당 답변에서는 특별히 강점에 해당하는 부분도 없기 때문에 가점을 받는 것 역시 어렵다고 볼 수 있습니다. 다른 답변을 예시로 살펴보겠습니다.

지원자 B

저의 강점은 매사 꼼꼼하고 확인을 하는 습관을 가진 것입니다. 그래서 많은 수치 데이터가 들어가는 작업을 할 때 다른 사람들보다 빠르고 정확하게 처리해 주위 사람들에게 칭찬을 받곤 했습니다. 제가 지원하는 OO직무는 평소 자료를 처리하고 분석하는 업무가 많다고 들었습니다. 저는 이러한 업무를 수행하는 데 강점을 갖고 있다고 확신합니다.

지원자B의 답변을 살펴보면 지원자A보다 업무에 대한 파악이 상대적으로 더 뛰어나며, 업무에 필요한 문서작업능력을 구체적으로 제시하고 있다는 사실을 알 수 있습니다. 따라서 두 지원자 중에서는 지원자B의 답변에 가점요소가 있다고 판단이 됩니다.

다른 예시를 살펴보겠습니다. 어학능력이 요구되는 직무가 있다고 가정했을 때 면접위원이 아래와 같은 질문을 한다면 어떻게 답변하시겠습니까?

> Q. 우리 회사는 전사적으로 해외비즈니스에 집중하는 기업입니다. 귀하는 이와 관련해 어떤 능력을 보유하고 있습니까? 또는 어떤 노력을 지속적으로 해오셨습니까?

위 질문 역시 겉보기에는 단순하게 보일 수도 있지만 많은 고민과 분석이 필요한 질문입니다. 우선 해당 회사의 해외비즈니스가 어떤 형태인지, 직원들에게는 어떤 능력이 필요한지, 어떤 종류와 수준의 어학능력이 필요한지 사전에 파악하고 있어야 원활하게 답변할 수 있습니다. 대부분의 채용공고에서는 직무에 대한 설명이 짧게 기재돼 있어 직무를 면밀

하게 파악하기는 어렵습니다. 따라서 지원기업에 대한 신문기사를 찾아보거나 홈페이지를 방문해 관련 정보를 파악해 두는 것이 필요합니다.

지원자 C

저는 전공이 어문계열이라 OO직무에 필요한 언어를 전공했고, 최근에는 TOEIC에서 OOO점을 취득하여 어떤 종류의 해외비즈니스라도 능동적으로 잘 수행할 자신이 있습니다. 더욱이 대학시절에 해외여행을 자주 다니면서 평소에도 외국에 대해 관심을 가져 왔고, 글로벌한 마인드를 가지고 있어 해외비즈니스는 가장 관심이 많은 분야이기도 합니다.

지원자C의 답변도 겉보기에는 무난한 답변처럼 느껴집니다. 그러나 위와 같은 답변은 엄격히 말해 어떤 부분이 잘못됐다기보다는 특별히 가점을 부여할 만한 임팩트가 없다고 할 수 있습니다. 앞서 설명한 직무적합성의 관점으로 볼 때 해당 답변에서는 기업이 요구하는 일반적인 지식수준(TOEIC 점수)은 평가할 수 있을지 몰라도 그것을 활용한 경험, 즉 기술에 대해서는 평가할 수 없습니다. 특히 지원기업에 대한 기초적인 분석이 있었다면 조금 더 구체적으로 답변할 수 있었을 텐데 하는 아쉬움이 남습니다. 이와 비교해 아래의 답변을 살펴보겠습니다.

지원자 D

저는 귀사에서 전사적으로 추진하고 있는 사업이 기존의 북미시장에 이어 남미시장으로까지 확장하고 있다는 것을 알고 있습니다. 저는 해당 사업에 필요한 실무적인 어학능력을 갖고 있습니다. 외국계 점포에서 3달 정도 아르바이트를 했는데, 슈퍼바이저와 업무상 간단한 대화를 나눴으며 영문으로 된 매뉴얼과 각종 영문서류를 처리한 경험이 있습니다. 또 현재 귀사의 핵심영역인 OO산업 분야와 관련된 해외 OO포럼에 가입해 활동하고 있습니다. 이러한 저의 경험이 귀사에서 필요한 능력과 합치한다고 자부합니다.

제한된 분량상 경험과 관련된 모든 내용을 담지는 못했지만, 지원자D의 답변은 면접위원에게 단순히 어학능력을 어필하는 것을 넘어 이를 기반으로 실무능력 및 업무와 유사한 경험을 갖고 있다는 것을 말해주고 있습니다. 따라서 면접위원이 직무적합성 관점에서 지원자D의 답변을 판단한다고 했을 때 지원자C의 답변보다 상대적으로 더 많은 가점요소가 있을 것으로 예상됩니다. 또 다른 예시를 살펴보겠습니다.

> Q. 귀하는 학창시절에 가장 기억에 남는 경험이 무엇입니까? 그 경험이 귀하가 지원하는 직무에 어떤 영감이나 도움이 될 수 있을지 소개해 주십시오.

위 질문은 표면적으로는 일상적인 경험을 묻는 것으로 보일 수도 있지만, 질문 하단의 내용을 봤을 때 그러한 경험이 지원직무에 어떤 긍정적인 영향이 있을지를 묻는 것이라고 볼 수 있습니다. 따라서 위 질문에 대한 답변으로 제시할 경험은 되도록 직무와 관련된 경험이어야 합니다.

지원자 E

저는 대학시절에 교수님의 지시로 과업을 수행한 적이 있는데, 공공 관련 프로젝트였기 때문에 수많은 문서를 작성해야 했습니다. 처음에는 많이 힘들었지만, 하나하나 물어가며 제가 맡은 부분을 성공적으로 마무리해 교수님께서 저를 높이 평가해주신 적이 있습니다. 이는 업무에 필요한 전문적인 문서작성능력을 크게 향상시킬 수 있는 경험이었습니다. 저는 이 경험을 제가 지원하는 직무와 관련해 실무적인 능력을 증명할 수 있는 저만의 강점이라고 말씀드리겠습니다.

지원자E는 행정직무에 대한 기본적인 인식이 있으며, 실질적으로 필요한 문서작성과 관련된 경험을 제시했습니다. 따라서 위의 답변은 직무적합성 측면에서 면접위원의 의도를 정확하게 읽은 답변이라고

할 수 있습니다. 또 다른 직무인 기술직에 대한 예시도 살펴보겠습니다.

지원자 F

저는 방학 때마다 아르바이트를 했었는데, 제 전공이 ○○기술과 관련이 있어서 거리가 멀더라도 해당 기술과 관련된 아르바이트를 했습니다. 현재 귀사에서도 운용 중인 ○○설비나 ○○장치와 관련해 전문가 수준은 아니지만 아르바이트를 하면서 실제로 운용하는 것을 보조한 경험이 있으며, 틈틈이 그와 관련한 매뉴얼 등을 공부하고 활용하기도 했습니다. 비록 규모나 분야의 차이는 있지만, 유사한 설비나 장치에 대한 지식과 경험이 있기 때문에 귀사의 ○○기술 직무에 준비된 사람이라고 자부합니다.

지원자F의 예시에서는 구체적인 기술을 명시하지는 않았지만 실제 기술직무에 지원하는 경우 유사한 경험이 있다면 이를 적극적으로 답변하는 것이 중요합니다. 견학이라든가 일회적인 경험 등 일정기간 이상 지속한 것이 아니더라도 업무와 유사한 형식의 경험을 제시함으로써 본인의 직무적합성을 면접위원에게 어필하는 것이 매우 중요합니다.

만약 업무와 유사한 형태의 경험이 없는 경우에는 관련 경험을 미리 쌓아두는 것이 좋습니다. 꼭 아르바이트처럼 업무수행에 따른 보상을 받는 경험뿐만 아니라 관련된 봉사활동 등도 좋은 경험입니다. 또 직무와 관련된 경험이 있다면 그 경험을 어떻게 효과적으로 표현할 수 있을지 세심하게 고민해야 하며, 어필할 수 있는 부분이 약하다면 지금이라도 관련된 경험을 쌓는 적극적인 노력이 필요합니다.

이제 다른 유형의 질문을 살펴보겠습니다. 지금까지 예시로 드린 질문의 반대 측면을 묻는 유형의 질문입니다.

먼저 위 질문에 대해 잠시 분석해 보도록 하겠습니다. 첫 번째로 지원자 자신이 생각하기에 부족한 점을 말하라고 한 것은 단점이나 약점을 말해 보라는 의미입니다. 또 '○○직무를 지원하신'이라는 전제조건이 있으니 지원자 개인의 단점이나 약점이 아니라 지원직무와 관련된 것을 제시하라는 뜻입니다. 이러한 질문에 효과적으로 답변하기 위해서는 지원직무의 특성에 대해 어느 정도 파악을 해두어야 하며, 면접위원이 용인할 수 있을 만한 단점 또는 약점을 제시해야 합니다. 또 그 단점이나 약점을 적극적으로 극복하려는 과정과 결과도 함께 제시해야 합니다. 마지막으로 솔직하게 말해달라는 것은 반드시 그 의미가 크고 대단한 내용을 기대한다는 것이 아니라 지원직무와 관련해 사소한 내용이라 하더라도 진솔하게 말하라는 의미입니다. 즉, 추상적이거나 두리뭉실한 답변을 하지 말라는 요구인 셈입니다. 이해를 돕기 위해 몇 가지 예시답변을 살펴보겠습니다.

지원자 G

과거에 저는 평소 일을 빨리 하려는 습관이 있다 보니 때로는 정밀한 데이터 작업을 할 때 실수가 있곤 했습니다. 그래서 어떤 일을 할 때 엑셀이나 파워포인트로 계획서를 미리 작성하고, 다이어리에 기록하는 습관을 들이고 이를 위해 노력했습니다. 그러한 노력 끝에 현재에는 그런 단점이 많이 개선돼 주위 동료들로부터 꼼꼼하고 실수가 없다는 칭찬을 받기도 합니다.

지원자G의 답변을 살펴보면 '과거'에 지니고 있던 단점을 적극적인 노력을 통해 '현재'에는 극복했다는 내용을 어필하고 있습니다. 대부분의 직무에서 꼼꼼한 업무처리는 기본적으로 요구되는 역량입니다. 따라서 과거의 단점을 극복하는 과정을 보여줌으로써 현재의 장점이 됐다는 것을 잘 표현하고 있다고 볼 수 있습니다. 특히 주위 지인들의 칭찬을 추가한 것은 면접위원이 판단하는 '객관적인 기준'으로 인식될 수 있는 부분이므로 좋은 답변이라 생각됩니다.

지원자 H

저는 한때 내성적인 성격 탓에 주변 사람들을 이끄는 리더십보다는 다른 사람의 의견을 따르는 팔로우십이 더 강한 성향을 갖고 있었습니다. 하지만 일상생활에서나 직장생활을 할 때 리더십이 필요한 경우도 있다고 생각해 평소 저의 의견을 설득력이 있는 글로 정리하여 주위 사람들에게 이를 관철시키고, 설득력 있게 주장하는 경험을 차곡차곡 쌓아 왔습니다. 그래서 현재 제 주위 사람들은 저의 조용한 리더십에 대해 좋은 평판을 해주곤 합니다. 이러한 저의 모습은 귀사의 ○○직무에서 상황에 따라 제가 가진 '조용한 리더십'과 '공감하는 팔로우십'을 적절히 활용하는 일원으로 인정받을 수 있으리라 확신합니다.

지원자H는 조직적합성 측면에서 자신의 강점을 잘 어필하고 있습니다. 성격이 내성적이었지만 합리적이고 설득을 중시하는 조용한 리더십을 기르기 위해 노력했다는 점이 면접위원에게 가점요소로 작용할 수 있을 것이라 판단됩니다.

이상으로 '직무적합성'에 대해 몇 가지 예시를 중심으로 살펴보았습니다. 최근 많은 기업에서 관심을 두고 있는 면접 평가요소인 만큼 차후 면접을 준비하는 데 참고가 됐으면 좋겠습니다. 시대

필자 소개

안쌤(안성수)
채용컨설팅 및 취업 관련 콘텐츠/과제 개발
NCS 채용 컨설팅, NCS 퍼실리테이터
취업·채용 관련 강의, 코칭, 경력 및 직업상담
공공기업 외부면접관/면접관 교육 등
취업/채용 관련 칼럼니스트, 자유기고가
저서 〈NCS와 창의적 사고기법으로 접근하기〉 外

계속되는 출산율 저하
그에 대한 해법은 있는가?

저출산 문제, 경제적 지원만으로는 해결 어려워

현재 우리 정부에서는 매년 감소하고 있는 출산율을 높이기 위해 다양한 정책을 내놓고 있지만, 막대한 예산을 쏟아붓고 있는 것과 비교해 저출산 대응을 위한 정책들이 효과를 보이지 않고 있는 것이 특별한 현상은 아닙니다. 이미 많은 선진국에서 과거부터 겪어왔던 현상이자 현재에도 진행 중인 문제이기 때문입니다.

출산은 다양한 요건이 얽혀 있어 단순히 경제적 지원만으로는 상승을 이뤄내기 어렵습니다. 사회구조와 문화를 고려하며 정책의 방향을 잡아야 합니다. 원인 진단 내용으로는 사교육비, 육아 분담, 경력단절, 주택 지출 등을 언급할 수 있고, 해법은 정부의 정책 수립과 실행으로 귀결하는 것이 일반적입니다.

출산율 저하를 바라보는 관점에 따라 논거의 활용 방식이 바뀝니다. 출산율 저하가 일시적인 현상이자

자연스러운 주기라고 전제한다면, 일련의 정책이 불필요해 보일 수 있습니다. 반면, 한국사회의 병폐가 초래한 현상이라고 접근하는 경우, 정책을 문제해결의 핵심으로 다룰 수 있습니다. 두 가지 사례를 통해 출산율 저하 현상에 논거를 적용하는 방식을 살펴보겠습니다.

예시 답안 1

한국의 출산율 저하 현상이 지속되며 국가경쟁력 약화를 우려하는 시국이 이어지고 있다. 장기적으로 국가와 민족의 소멸까지 염려해야 할 만큼 한국의 출산율은 반등 없이 내려가는 중이다. 이런 상황에서 '합계출산율❶ 0.78'이 의미하는 바는 상대적으로 충격이 클 수밖에 없다. OECD 가입국 범주에서 한국의 출산율이 최하를 기록한 것이기 때문이다. 바로 앞선 순위의 국가와도 격차가 적지 않게 벌어져 상대적으로 문제가 심각함을 알 수 있다. 저출산 문제에 대한 해법을 정책과 환경에서 찾는 상황이지만, 출산율의 급선회를 이뤄내는 것은 인구구조와 결부해 운영해야 하는 장기 과제라 결코 녹록지 않다. 정부는 15년간 280조원의 예산을 출산율 증가를 위한 제도운영에 투자했는데, 소수의 선진국을 제외하고 대다수의 국가가 겪는 출산율 저하 현상을 비켜갈 수는 없었다.

일본의 경우, 이민장려 정책으로 자국 내 생산과 소비뿐만 아니라 출산에도 힘을 보탤 해외 국민을 적극적으로 받아들이며 인구 감소를 완만한 추세로 낮췄다. 그럼에도 청년층의 결혼 기피와 출산율 저하가 심화하자 일본정부는 갖가지 정책을 시도하고 있다. 이처럼 일본사회에서 나타나고 있는 저출산 현상은 대체로 한국에도 재차 등장하는 경향을 보인다. 한

국사회에는 참고할 사례라 반색할 만해도 해답은 늘 일정치 않기에 사회적인 고민은 불가피하다. 두터운 별형의 인구분포가 지속되지 않는 한 출산율 저하 현상은 성장하는 국가에서 나타나기 마련이다. 과거 베이비 붐 시대에는 한국의 인구분포가 매우 두터운 별형 구조를 이뤘는데, 이러한 인구구조를 현재는 인도가 갖추고 있다. 인도와 인구규모가 비슷한 중국 역시 최근 출산율 저하로 골머리를 앓고 있다. 산업 발전과 출산율의 관계를 유추할 수 있는 대목이다.

한국이 별형 구조에서 종형 구조로 변화한 것은 발전의 방증이기도 하다. 한국, 일본, 중국은 공통적으로 산업발전에 성공했고, 마찬가지로 출산율 저하를 겪고 있다. 프랑스, 영국, 독일 등의 유럽 대표국가도 출산율 저하 문제로 어려움을 겪은 사례가 있고, 최근 들어 이것이 다시 반등하는 모습을 보이는 상황이다. 코로나19로 불안감이 커져 출산을 미룬 가임 연령층이 안전을 확인하고 다시 본래의 주기로 회귀한 게 주효했다. 이러한 사실은 출산율 저하가 주기적인 현상이며, 적절한 상황과 지원이 맞물릴 때 출산율이 상승 추세로 돌아설 수 있음을 의미한다. 하지만, 이러한 추세는 경제 부침과는 다른 면면을 지닌다. 문화와 트렌드에 영향을 받기 때문이다. 추세 전환을 도모하는 여러 정책과 제도를 다각적으로 시도할 때 사회문화와 트렌드의 변화를 반드시 고려해야 하는 이유다.

비혼주의, 딩크족[2] 등이 줄곧 언론 기사에 등장하고, 자주 접하는 방송사 프로그램에 이를 실천하는 연예인의 삶을 소개하는 사례가 적지 않다. 문화와 트렌드는 다수가 특정 행동을 선호하며 지향할 때 사회에 자리매김한다. 출산 기피를 합리화할 트렌드를 젊은 층이 반기지 않을 이유도 없다. 가뜩이나 만만찮은 현실에 굳이 어려움을 가중하며 미래를 불투명하게 만들 필요는 없다고 느끼기 때문이다. 이와 같은 현상은 MZ세대 사이에서 더욱 두드러질 공산이 크다. 출산율 저하가 경제와 사회의 복합적인 원인이 작용해 발생한 주기적 현상에 해당할지라도 추세의 강도와 반등 방법은 과거와 양상이 다를 수밖에 없다. 트렌드와 문화가 맞물려 주기가 반드시 일률적이지 않고, 그 효과도 예상보다 늦게 나타날 수 있다. '출산율 1 미만'이라는 결과가 충격적이라 한국의 상

황이 두드러져 보일 뿐 이미 대만과 일본에서는 오랜 기간 출산율 반등을 위한 정책을 시행해 왔다. 그럼에도 불구하고 관련 정책들은 여전히 효과를 보지 못하고 있다.

현재 한국사회는 부부가 최소 2명의 자녀를 가져야 현재의 인구규모를 간신히 유지할 수 있다. 정부는 출산율을 높이기 위해 경제적 지원과 사회적 문제해결을 지속하며 출산에 따른 각종 부담을 낮추는 데 주력하고, 2명 이상의 자녀로 이뤄진 가정에 내재한 상대적 행복을 문화와 트렌드에 담아내는 시도를 병행해야 한다. 한 차례 트렌드가 공감을 얻기 시작하면, 출산율 반등은 빠르게 이뤄질 수 있다. 교육비 지원, 남성 출산휴가 기간 연장, 출산에 따른 여성 경력단절 차단 등으로 출산에 우호적인 조건을 충족해도 부부가 다자녀로 행복한 미래를 그릴 수 없다면 출산율은 장기간 '1 미만'이라는 수치에서 횡보할 것이다. 현실과 미래의 접점을 찾는 노력은 온전히 정부의 몫만은 아니다. 언론과 사회가 다자녀 가정의 행복을 제시하는 문화와 트렌드를 형성하는 데 힘을 보태야 한다. 전시에도 아이들은 태어났다. 이는 더 나은 미래에 대한 기대감이 출산을 추동한 결과다. 코로나19가 가져온 생존의 불확실성에서 갓 벗어난 지금이 출산의 기대감을 높이는 문화와 트렌드를 제안하기 적절한 시기다.

---

❶ 합계출산율 : 가임기 여성(15~49세) 한 명이 평생 낳을 것으로 예상되는 평균 자녀 수를 말한다. 한 국가 또는 사회의 출산율을 나타내며 국가별 출산력 수준을 비교하는 지표로 이용된다. 최근 한국은 급격한 출산율 감소와 함께 빠른 속도로 고령화가 진행 중이며, 저출산율이 심각한 수준에 도달해 관련 대책이 시급한 상황이다.

❷ 딩크족 : 딩크란 'Double Income No Kids'의 앞글자를 딴 것으로 딩크족은 맞벌이 무자녀 가정을 의미한다. 자발적 무자녀 가족이 증가하고 있는 현대사회에서 부부만의 생활을 즐기기 위해 선택적으로 자녀를 가지지 않고 생활하는 맞벌이부부를 가리키는 말이다.

답안 분석

출산율 저하를 국가발전에 따른 부수 현상으로 전제했습니다. 유럽국가는 반등에 성공했다는 사례를 제시하며 출산율의 주기성에 초점을 맞췄고, 부부가

출산을 결정하는 요인으로 정책보다는 문화와 트렌드가 미치는 영향이 크다고 주장했습니다. 또 정부의 정책 수립과 실행을 해법으로 제시하는 대신 문화와 트렌드를 주도하는 언론과 사회의 역할을 강조했습니다.

이러한 접근방식은 현재 결혼적령기 세대의 가치관에서 도출한 것입니다. 트렌드와 문화는 동일 세대가 공유하고 서로 따르는 경향을 보입니다. 또 경제적 지원을 지속하며 출산문화가 트렌드로 자리매김할 때 출산율이 반등할 수 있다는 관점도 현실적입니다. 타투, 반려동물 등의 문화가 대중화에 이르는데 언론의 지속적인 노출이 일정 부분 영향을 미쳤기 때문입니다. 현시대가 자녀를 양육하기가 쉽지 않은 환경이라는 것은 부정할 수 없는 현실이지만, 언론이 결혼적령기 세대에게 출산장려 문화를 제안한다면 변화는 정책과 맞물려 더욱 빠르게 찾아올 수 있습니다.

출산율 저하의 심각성은 이미 여러 매체에서 식상할 만큼 논의된 내용이라 언급을 최소화했고, 출산에 대한 세대의 인식 변화를 촉구하는 방편으로 문화와 트렌드를 선택했습니다.

예시 답안 2

경제적 유인과 결부한 출산율 반등 정책이 다채롭게 펼쳐지고 있다. 금리가 치솟는 시기에 채무자에게 솔깃한 제안일 수 있는 대출원금 탕감까지 등장할 만큼 현재 한국의 출산율 저하 현상은 심각하다. 대출원금 탕감은 헝가리에서 시행했던 정책인데, 출산율에 미치는 영향은 불투명했어도 혼인건수는 뚜렷하게 상승했다는 점에서 해당 사례를 참고한 듯하다. 일단 근거가 미약하게나마 있는 정책을 제시할 정도로 상황이 녹록지 않다는 뜻이다. 심지어 언론에서는 국가 소멸까지 운운하고 있다. 그러나 현재 우리가 당면한 현실을 생각하면 이러한 발언을 무시할 만한

상황은 아니다.

단순한 셈법으로 골든타임을 놓칠 경우 모수가 작아져 1 미만의 출산율은 장기적으로 인구 0명에 수렴한다. 그 이전에 지역 소멸이 먼저 체감할 수 있는 위기로 다가올 것이다. 수요가 줄면 공급이 줄고, 결과적으로 경제규모가 작아져 번영이 어렵게 된다. 출산율 저하가 뉴노멀❶ 시대의 단면이긴 하지만, 0.78이라는 출산율은 다양한 사회구조가 나타나는 OECD 가입국 중에서도 최하 수치인 까닭에 한국사회에서 원인을 찾을 필요가 있다.

출산에서 시작해 육아, 교육으로 이어지는 과정에는 자녀와 가족으로 얻을 효용을 차치하고, 그 과정에서 소요되는 경제적 비용이 지배적인 영향을 미친다. 현재 한 자녀를 키우는 데 들어가는 비용은 과거와 비교할 수 없을 만큼 거대해졌다. 두 자녀 이상은 일반 가정에서조차 감당이 버거운 경우가 많다. 공교육에만 의존할 수 있다면 경제적 비용은 출산에 큰 영향을 미치지 못할 수 있다. 하지만 우리나라처럼 교육열이 높은 사회적 환경에서는 공교육이 사교육을 완전대체하는 것은 불가능에 가깝다. 특히 사교육은 자녀의 경쟁력을 높이는 데 필요해 대입까지 지속해서 비용을 지출해야 한다. 주변 아이들은 학원을 다니며 배우는 상황인데 자신의 자녀를 집에서 자율학습하도록 독려하는 부모는 드물 것이기 때문이다. 이와 같은 상황은 맞벌이 부부가 증가하는 요인으로도 작용한다.

또 아직까지 여성이 출산으로 얻는 것보다 잃는 게 더 많다. 경력단절과 독박육아의 대상은 대체로 여성이다. 경제적 부담 증가를 소득으로 보전해야 하는데 여성은 경력단절로 미래를 보장할 수 없고, 남성에게 제공하는 출산휴가와 육아휴가는 기간이 상대적으로 짧아 여성의 육아부담이 증가한다. 출산을 바라보는 사회적 시각이 바뀌고 있지만, 여전히 변화가 필요한 상황이다. 더불어 안정적인 주거환경은 자녀 양육의 필수요소다. 내 집 마련이 목표인 가정의 지출내역에서 가장 큰 비용을 차지하는 항목이 집이다. 출산과 결혼을 연계할 현실적 고리가 집이지만, 부동산 가격 폭등으로 주택 지출이 과다해 결혼을 미루거나 포기하는 사례가 늘고 있다.

나아가 정부는 출산에 따른 비용부담을 낮출 수 있는 지원방안을 마련하며 육아를 둘러싼 환경과 인식 제고에 필요한 제도 수립도 병행해야 한다. 선진국의 사례는 이미 여러 형태로 국내 정책에 적용한 상태다. 최근 발표된 합계출산율 0.78은 정부의 실패라기보다 코로나19의 영향이 컸다고 할 수 있다. 팬데믹 공포에서 벗어나고 있는 국면을 적극적으로 활용해 부부가 육아를 분담하고, 여성의 경제활동 지속성을 높이는 정책으로 출산에 대한 인식 변화를 이끌어야 한다. 주택공급 증가로 가격안정화의 토대를 다지는 것을 시작으로 자녀양육에 대한 지출규모가 줄어들 때 출산계획을 세우는 가정이 늘어날 수 있다. 정부는 빠른 시일 내 그 시기가 도래할 수 있도록 정책을 다각적으로 도입하고, 정책의 지속성을 유지하며 미래에 대한 신뢰를 쌓아야 한다.

---

❶ 뉴노멀 : 뉴노멀(New Nomal)이란 시대의 변화에 따라 새롭게 부상하는 표준을 의미하는 것으로 통상 2008년 세계 금융위기 이후 등장한 새로운 경제질서를 가리키는 말이다. 최근에는 코로나19가 전 세계로 확산한 이후 사회·경제 전반에서 다양한 변화가 나타남에 따라 기존의 '뉴노멀'의 의미를 확장해 사용하고 있다.

답안 분석

경제적 부담 증가를 출산율 저하의 원인으로 특정하고, 원인을 상호 연계해 기술했습니다. 사교육비 지출이 부담으로 작용해 맞벌이의 필요성이 높아지는

데, 출산 후 여성은 오히려 경력단절로 경제활동이 불투명해질 수 있습니다. 아울러, 여성이 육아를 책임지며 부담이 가중되기 일쑤입니다. 또한, 주택 지출의 증가는 출산과 결혼을 가로막는 요인임을 언급했습니다.

이러한 원인에 대한 해법은 일반적인 내용으로 구성했습니다. 정부가 출산 여성의 경제활동을 지원하고, 주택가격의 안정화를 도모하며 공동육아 환경을 만드는 활동에 노력을 기울이는 것입니다. 이는 앞서 언급한 출산율 저하 원인과 결부할 수 있어 해법으로 타당합니다. 🔲

자기소개서 작성 팁을 유튜브로 만나자!

필자 소개

정승재(peoy19@gmail.com)
[홈페이지] 오로지첨삭(www.오로지첨삭.한국)
오로지면접(fabinterview.com)
유튜브 채널 : 오로지첨삭
[저서] <합격하는 편입자소서 & 학업계획서>
<합격하는 취업, 자소서로 스펙 뛰어넘기>

국민의 건강과 행복을 책임지는
건강운동관리사

건강운동관리사란?

건강운동관리사란 개인의 신체상태와 체력적 특성에 따라 적합한 운동 형태, 강도, 빈도 및 시간 등을 지도·관리하는 사람을 말한다. 과거 생활체육지도자 자격으로 불렸으나 현재는 급수별로 분류되어 생활체육지도자 1급은 건강운동관리사라는 이름으로 시험이 시행되고 있으며, 2, 3급은 생활스포츠지도사 1, 2급으로 변경·시행되고 있다.

건강운동관리사는 의사 또는 한의사가 의학적 검진을 통해 환자의 건강증진 및 합병증 예방 등을 위해 치료와 운동이 모두 필요하다고 인정하는 사람에 대해 물리치료사의 업무 영역인 물리요법적 재활훈련이나 신체 교정운동을 제외한 운동 수행방법을 지도·관리한다. 물리치료사와 생활스포츠지도사의 중간 영역의 업무를 수행하며 병원 밖에서 전문적으로 운동을 지도하는 운동전문가로써 '운동처방사'라고도 한다.

자격증 취득정보

건강운동관리사는 국가공인자격으로 국민체육진흥공단에서 시행하고 있으며, 별도의 응시자격이 존재한다. 만 18세 이상만 응시가 가능하고, 체육분야 전문 학사 학위 이상의 학력이 있거나 문화체육관광부 장관이 인정한 외국의 체육분야 전문학사 이상의 학위를 보유하고 이를 증명할 수 있는 별도의 서류를 제출한 자에 한해서만 응시자격이 주어진다. 만약 관련 학위가 없는 경우에는 학점은행제 제도를 통해 학위를 취득하는 방법도 있다. 또한 관련 규정에 의해 결격사유에 해당하는 자는 건강운동관리사 자격을 취득할 수 없다.

시험은 필기와 실기로 나눠서 치러진다. 필기시험은 ▲ 건강·체력평가 ▲ 기능해부학(운동역학 포함) ▲ 병태생리학 ▲ 스포츠심리학 ▲ 운동부하검사 ▲ 운동상해 ▲ 운동생리학 ▲ 운동처방론 등 총 8과목으로 구성돼 있으며 객관식 4지 선다형으로 과목당 20문항씩 총 160문항이 출제된다. 과목당 40% 이상, 전 과목 평균 60% 이상을 득점해야 한다.

실기시험은 ▲ 심폐소생술(CPR)/응급처치 ▲ 건강/체력측정평가 ▲ 운동트레이닝방법 ▲ 운동손상 평가 및 재활 등 4과목으로 구성돼 있으며 실기·구술시험 형식으로 치러진다. 각각 만점의 70% 이상 득점해야 합격할 수 있다. 또 실기시험에 합격한 후에도 200시간(일반연수 120시간 + 현장실습 80시간)의 연수교육까지 이수해야 최종 합격할 수 있어 연

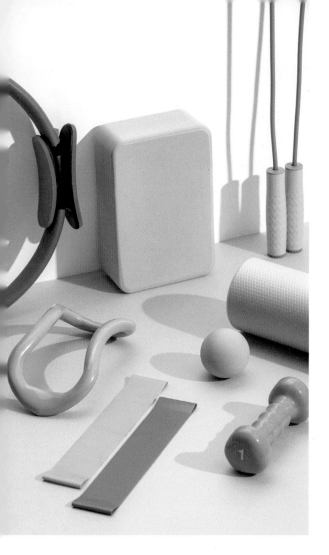

이루어지며 과목별로 5분 정도밖에 주어지지 않으므로 질문에 대해 구체적이고 정확하게 논리를 갖춰 답변하는 연습이 필요하다.

자격전망 및 시험일정

현대사회에 들어서면서 만성질환 및 성인병 환자들이 증가함에 따라 치료와 함께 운동이 필요한 환자들이 늘어나고 있어 보건의료 영역에서 관련 자격 보유자에 대한 수요 역시 계속해서 높아질 것으로 전망된다. 특히 수술이나 약물적인 치료보다 운동을 통한 보전적 치료의 중요성이 커지면서 건강운동관리사를 비롯한 여러 체육지도자 자격증에 대한 관심도 높아지는 추세다.

건강운동관리사 자격을 취득하면 국민체력센터나 시·도에서 운영하는 체력센터에 취직할 수 있으며, 종합스포츠센터, 종합병원의 스포츠 의학센터 등 의학 계열의 직종에서도 근무할 수 있다. 특히 보건소에서는 운동처방사 채용공고 시 건강운동관리자 자격을 기본 자격요건으로 하고 있다. 다만 채용인원이 많지 않고 대부분 계약직 형태로 근무하고 있어 지원 시 확인이 필요하다. 시대

수과정의 90% 이상을 참여해야 한다. 더불어 연수 태도·체육지도·현장실습에 대한 평가점수 역시 각각 만점의 60% 이상이 돼야 한다.

건강운동관리사 자격은 필기시험의 난이도가 높은 자격증으로 꼽히고 있어 요약집이나 기출문제집만 공부해서는 합격하기 힘들다. 특히 필기시험의 과목 수가 8개로 많은 편에 속해 문제 수가 많고 시험 범위도 방대하다. 따라서 교재를 통해 과목별로 공부한 후 종합도서와 기출문제집을 풀어보며 전반적인 내용을 정리하는 것이 권장된다. 실기시험 역시 직접 실습하고 말로 시험을 보기 때문에 주로 인강 등 강의를 수강하거나 스터디원을 구해 함께 준비하는 방식이 흔하게 활용된다. 구술의 경우 15분 내에

2023년 건강운동관리사 시험일정

구분	원서접수기간	시험일자	합격자발표
필기	5. 11(목)~5. 17(수)	6. 17(토)	7. 3(월)
실기	7. 5(수)~7. 10(월)	7. 22(토)~7. 24(월)	8. 1(화)

2023 건강운동관리사 필기+실기 한권으로 끝내기

현업에서 활동 중인 건강운동관리사들이 공동집필한 도서로 필기와 실기 이론 내용이 모두 수록돼 있어 효율적인 학습이 가능하다. 또한 과목별 출제예상문제 및 3개년 기출문제, 상세한 해설을 통해 시험에 완벽 대비할 수 있도록 했다.

편저 강명성, 김현규, 박민혁

상식 더하기 +

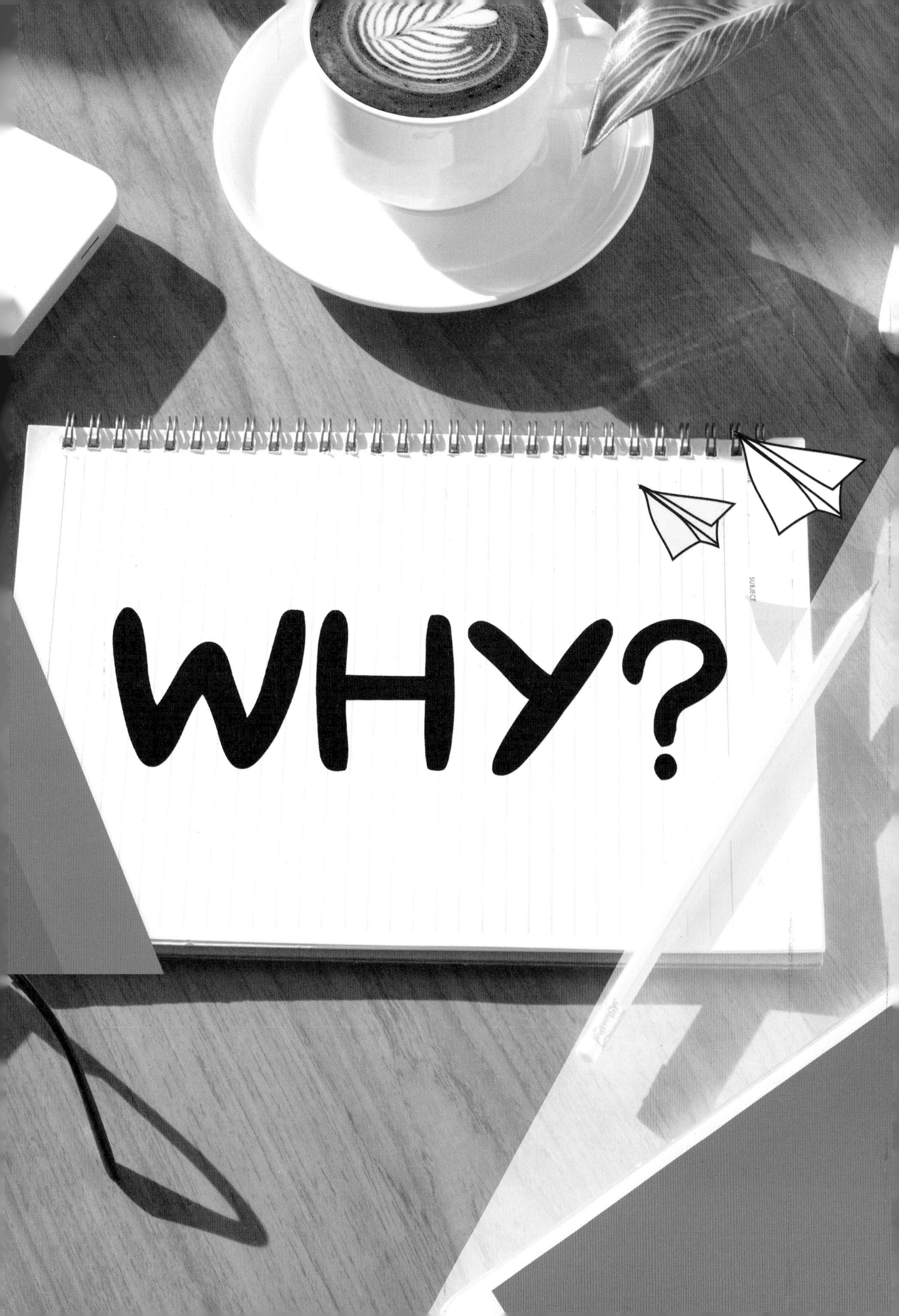
WHY?
SUBJECT

모두 타버려 재가 된 나
번아웃 증후군

아무 일도 하고 싶지 않아요 …

"출근 생각만 하면 피곤해", "격렬하게 아무것도 하기 싫다" 이렇게 쉽게 피곤해지고 집중력과 의욕이 떨어지는 상태, 겪어본 적이 있나요? 의욕적으로 일에 몰두하던 사람이 극도의 신체적ㆍ정신적 피로를 느끼며 무기력해지는 상태를 '번아웃 증후군'이라고 합니다. 이 증후군은 직장인 10명 중 9명이 경험했을 만큼 흔한데요. 세계보건기구(WHO)는 번아웃 증후군을 '제대로 관리되지 않은 만성적 직장 스트레스 증후군'으로 정의하고, 건강에 영향을 미치는 인자라고 밝혔습니다.

번아웃은 정신적ㆍ신체적 탈진 상태

번아웃 증후군을 의심할 수 있는 증상에는 어떤 것이 있을까요? '번아웃(burnout)'이란 단어처럼 신체적ㆍ정신적 에너지가 소진되어 탈진한 느낌이 들고,

쉽게 짜증이 나거나 화가 나면 의심해봐야 합니다. 또, 일에 의욕이 생기지 않으며 일에 대한 심리적 거리감이 들거나 부정적인 느낌이 늘어나는 경우도 그렇죠. 일의 효율과 성취감이 떨어지는 것도 의심해 볼 만한 증상입니다.

번아웃 증후군의 주 원인은 충분히 해소하지 못한 스트레스가 장기간 누적되는 것입니다. 긴 노동시간에 비해 휴식은 짧고, 강도 높은 노동이 이어지면 발생할 수 있죠. 특히 목표를 높게 잡고 전력을 다하는 사람에게 주로 나타날 수 있습니다. 방민지 분당차병원 정신건강의학과 교수는 "일을 너무 완벽하게 하려거나, 혼자 너무 많은 책임을 지려고 하는 사람들, 또 고객을 상대하는 서비스직 종사자가 번아웃에 취약한 편"이라고 밝혔습니다. 이어 "생각보다 힘든데도 힘든 줄 잘 모르는 사람들이 많다"면서 "현재 어느 정도의 컨디션인지, 쉬어야 할 때는 아닌지, 자신한테 관심을 기울이는 게 필요하다"고 덧붙였습니다.

번아웃 신호가 나타난다면?

번아웃 증후군 신호가 나타나면 우선 휴식과 수면을 충분히 취하는 게 중요합니다. 일은 되도록 업무시간 내에 끝내고 스트레스를 해소할 운동이나 취미 활동을 해야 하죠. 자신의 성취를 인정하고 긍정적으로 평가하는 것도 필요합니다. 혼자 힘으로 이겨내기 어렵다면 주변 사람에게 힘든 마음을 털어놓고 도움을 받는 것도 좋습니다. 최재원 노원을지대병원 정신건강의학과 교수는 "번아웃 증후군이 있다면 사실 업무적인 스트레스가 있다는 것인데, 두통이나 불면증 등의 증상이 나타나면 병원 진료를 받는 것도 도움이 될 수 있다"고 조언했습니다. 시대

현대인을 위협하는 또 다른 적 … 만성피로 증후군

날씨가 온화해지는 봄철이면 온몸이 나른해지고 가만히 앉아 있으면 졸음이 쏟아지는 춘곤증이 찾아오는데요. 그런데 이러한 증상이 계속되고 충분히 휴식을 취해도 졸음이 가시지 않는다면 만성피로 증후군을 의심해볼 필요가 있습니다. 만성피로는 잠을 푹 자도 피로가 해소되지 않고 신체기능까지 함께 떨어지는 증상을 말하는데요.

전문가들에 의하면 만성피로 증후군의 원인은 보통 스트레스와 과로라고 합니다. 또한 바쁜 일상 속에서 운동량이 부족하고 과도하게 음주와 흡연을 하거나 불규칙한 식사가 이어질 때 나타날 수 있죠. 즉, 평소의 나쁜 생활습관이 크게 영향을 주는 경우가 많습니다. 뿐만 아니라 고혈압, 당뇨 같은 만성질환이나 우울증 같은 정신적 질환도 만성피로를 유발할 수 있는데요. 만성피로가 심해지면 식은땀이 나고 두통 등이 동반돼 자칫하면 일상생활을 어렵게 만들 수 있죠.

일단 만성피로가 있다면 병원에서 정확한 원인을 진단하는 것이 급선무입니다. 또 피로를 풀겠다고 음주나 흡연, 카페인 등에 의존하게 되면 증상이 더욱 심해질 수 있으니 주의해야 합니다. 무엇보다 평소 충분히 휴식을 갖는 습관을 들이고, 균형 있고 규칙적인 생활을 하는 것이 예방과 치료, 두 마리 토끼를 한 번에 잡는 최선의 수단이라고 합니다.

네 번째 수업
오픈 레그 로커

두 다리를 들어 올린 채 유지하는 '오픈 레그 로커' 동작은 보기에는 쉬운 것처럼 느껴질 수도 있습니다. 하지만 대부분의 사람들이 동작을 막상 해보면 팔다리가 부들부들 떨려 신기하고 재미있다는 이야기를 하곤 합니다. 굳이 무릎을 다 펴지 않아도 팔다리가 떨려서 힘든 동작이지만 필라테스 강사들은 "무릎을 더 펴보세요" 또는 "팔의 힘은 풀어보세요"라고 말하곤 합니다. 그 이유는 오픈 레그 로커 동작에서 다리의 힘을 조절하며 무릎을 펴려고 할 때 사용되는 근육이 있기 때문입니다.

필라테스 강사들은 종종 수강생들에게 이런 요청을 받기도 하는데요.

"선생님, 제 앞벅지 좀 없애주세요"

여기서 앞벅지는 승모근만큼이나 여성들에게 미움을 받는 근육, 바로 대퇴사두근을 말합니다. 대퇴(넓적다리)는 허벅지를, '네 개의 머리'라는 뜻의 사두는 허벅지 앞에 위치해 네 개의 근육으로 이루어진 강하고 큰 근육을 의미합니다. 몸은 하나인데 머리는 여러 개인 신화 속 인물처럼 우리 몸에도 '머리가 여러 개'라고 표현되는 근육들이 있습니다. 근육이란 뼈와 뼈를 연결하는 구조물이고, 뼈와 닿는 지점이 어디냐에 다라 그 근육의 정체성이 결정된다고 해도 과언이 아닙니다. 즉, 근육의 머리가 여러 개라는 말은 서로 다른 각각의 근육이 뼈와 붙는 어느 하나의 지점을 공유하고 있다는 뜻이 됩니다.

허벅지에 있는 네 개의 근육은 크게 대퇴직근, 외측광근, 내측광근, 중간광근으로 이루어집니다. 대퇴직근은 허벅지에 있는 곧은 근육으로 무릎 아래에 있는 경골(정강이뼈)과 골반 앞쪽에 튀어나온 전상장골극과 만납니다. 외측광근은 허벅지 측면에 있는 거대한 근육을, 내측광근은 가운데에 있는 거대한 근육을, 중간광근은 중간에 있는 거대한 근육을 말합니다. 세 근육 모두 경골과 대퇴골(넓적다리뼈)의 상단에 닿아 있습니다.

위 네 개의 근육이 공통으로 가지는 부착점, 즉 뼈와 닿는 지점은 무릎 아래 경골입니다. 이처럼 하나의 공통된 부착점을 가지면서 각기 다른 갈래로 갈라지는 근육의 무리를 '머리가 여러 개'라고 표현합니다. 대퇴사두근은 총 네 개의 갈래가 있어 붙은 명칭으로 대퇴골 상단과 경골 상단에 부착점을 가지는

대퇴사두근 무리가 활성화되어 수축하면 무릎을 펴는 움직임이 생기게 되는 것입니다. 강사가 오픈 레그 로커 동작에서 "팔에 힘을 빼고, 무릎을 좀 더 펴 보세요"라고 말을 한다면 그것은 대퇴사두근의 힘이 필요한 순간이라는 의미입니다. 시대

HOME PILATES

오픈 레그 로커(Open Leg Rocker)

❶ 앉은 자세에서 오른손으로는 오른쪽 발목을, 왼손으로는 왼쪽 발목을 잡아 두 발을 몸 쪽으로 당겨옵니다.

❷ 손으로 발목을 잡은 상태에서 오른쪽 다리를 천천히 매트 위에서 들어 올려줍니다.

❸ 오른쪽 발끝을 포인(발가락 끝을 바깥쪽으로 뾰족하게 세우는 동작)한 상태에서 무릎을 최대한 펴서 유지한 다음 천천히 다리를 내립니다.

❹ 이번에는 왼쪽 다리를 들어 올린 뒤 최대한 무릎을 펴고 잠시 유지한 다음 천천히 내려놓습니다.

❺ 좌우 양쪽을 한 번씩 해본 뒤 동시에 두 다리를 들어 올립니다.

❻ 두 다리를 들어 올린 상태에서 균형을 잡고 양쪽 무릎을 최대한 펴줍니다.

❼ 이때 두 다리 사이의 간격은 어깨너비 정도로 유지합니다.

❽ 마음속으로 천천히 10초를 센 후에 다리를 내려놓습니다.

필라테스로 배우는 근육의 세계

쉽게 배우는 필라테스! 강사의 지도 없이 혼자서도 따라 할 수 있는 필라테스 동작들과 우리 몸에서 중요한 근육들을 소개한다.

저자 김다은
필라테스 강사이자 아들러를 전공한 상담 전문가. 새로운 프로그램을 만들어 제공하는 콘텐츠 크리에이터로도 활동하고 있다.

개항기에 들어온
음식의 이름

"새로운 요리의 발견은
새로운 별의 발견보다도
인류의 행복에 한층 더 공헌한다"

– 프랑스 미식가, 브리아 사바랭

개항기란 일제의 강압에 의해 강제로 체결된 강화도조약 이후 종래의 사회질서를 타파하고 근대적 사회를 지향하던 시기를 말한다. 강화도조약 체결 이후 이전까지 굳게 닫혀 있던 조선의 문이 열리자 다른 나라와도 잇따라 통상조약이 체결돼 외국의 선진문물이 들어왔다. 이때 다양한 국가의 다양한 음식도 유입됐는데, 일본을 통해 들어온 만큼 음식 이름의 유래도 독특하다.

빵과 카스텔라

우리가 흔히 식사나 간식으로 먹는 빵은 포르투갈어 '빠오(Pão)'가 일본식 발음 '빵(パン)'으로 바뀐 것이다. 널리 사용되는 영어 '브레드(Bread)'가 아니라 포르투갈어가 사용

된 이유는 서양국가 중 처음으로 일본과 공식 교역을 시작한 나라가 포르투갈이었기 때문이다. 포르투갈 선원들을 통해 밀가루를 발효시킨 음식인 빠오를 접한 일본에서 포르투갈어의 변형인 '빵'으로 정착한 것이다.

일본은 포르투갈인들에게 제빵기술을 배워 자국의 실정에 맞게 오븐에 굽지 않고 당시 서양에는 없던 물엿을 넣어 만드는 '카스텔라(Castella)'라는 일본식 빵도 나가사키에서 처음 만들었다. 이 카스텔라는 별사탕, 양갱과 함께 새로운 별미로 자리잡아 최고사령관 격인 쇼군은 물론 조선통신사들에게도 사랑을 받았다고 한다. 조선통신사 사신들은 이 빵의 이름을 '가수저라(加須低羅)'라고 기록하기도 했다. 참고로 일본인들은 오랜 기간 포르투갈어 방식으로 알파벳 표기를 해왔기 때문에 지금도 일본에서는 돈을 세는 단위인 엔을 'Yen'으로, 1889년 설립된 에비스 맥주는 'Yebisu'라고 표기하고 있다.

식빵이란 단어는 한자 '식(食)'과 '빵(パン)'이 결합한 단어로 역시 일본에서 만들어졌다. 한 영국인이 일본의 항구도시 요코하마에서 빵 장사를 했는데, 이 가게에서 제빵기술을 배운 일본인이 자신의 가게를 차리면서 영국 제과점에서 팔던 네모난 모양의 빵을 '서양인이 주식으로 먹는 빵'이라는 의미로 '쇼쿠빵(食パン)'이라 이름 붙였다. 이를 우리나라 방식으로 읽게 된 것이 '식빵'이다.

개항기에는 중국 상인들도 우리나라에 진출해 중국요리 전문점과 중국식 과자점이 유행하고 있었다. 이때 중국식 붉은 된장인 춘장(차오장)에 캐러멜을 넣은 짜장면이 국내에서 첫선을 보였다. 또 중국 과자점에서 동그란 모양의 반죽 안에 속을 넣어 판매하던 빵은 만주족이 먹는 둥근 밀가루 떡과 유사하다고 여겨 오랑캐 빵이라는 뜻의 '호빵(胡パン)'이라고 불렀다.

서양요리 이름의 유래

일본을 통해 다양한 서양식 음식이 전파되면서 일부 명칭이 왜곡되기도 했다. 그중 대표적인 것이 '카레'다. 일본인들이 카레를 '커리(Curry)'를 잘못 알아듣고 '카레(カレー)'라고 부르는 바람에 우리나라에서도 지금까지 카레로 부르고 있다. '흰 셔츠(White Shirt)'가 와이셔츠(Y-shirt)'로 불리는 것 역시 이와 비슷하다. 또 영국에서 '포크 커틀릿(Pork Cutlet)'으로 부르는 돼지고기 튀김요리를 우리는 '돈가스'라고 부른다. 이는 일본에서 '돈가츠(豚カツ)'라고 부르던 것이 일제강점기에 우리나라로 들어오면서 돈가스로 바뀌어 지금에 이른 것이다.

요즘엔 거의 찾아보기 어렵지만 1980년대까지만 해도 인기 있던 '경양식(輕洋食, 가볍게 먹는 서양요리) 식당'이라는 표현도 일본에서 건너온 것이다. 이 경양식 식당에서 팔던 '함박스텍(함박스테이크)'의 원래 명칭은 '햄버거스테이크(Hamburger Stake)'다. 독일 함부르크에서 다진 고기를 빚어서 구워 먹는 요리를 함부르크식 스테이크라고 불렀는데, 이것이 일본에서 '함바그 스테끼'가 되어 우리나라에 들어온 것이다. 시대

알아두면 쓸데 있는 유쾌한 상식사전 -우리말·우리글편-

내가 알고 있는 상식은 과연 진짜일까?
단순한 호기심에서 출발할 수 있는 많은 의문들을
수많은 책과 연구 자료를 바탕으로 파헤친다!

저자 조홍석
아폴로 11호가 달에 도착하던 해에 태어났다.
유쾌한 지식 큐레이터로서
'한국의 빌 브라이슨'이라 불리길 원하고 있다.

1대가 20명을 이기다
재봉틀

식인종들에 둘러싸여 있었다. 그들은 금방이라도 나를 죽일 듯이 서슬 퍼렇게 쳐다보고 있었다. 우두머리인 듯한 사내가 앞으로 천천히 걸어 나와 무릎이 꿇린 채 엎어져 있는 내 앞에 섰다.

"1시간을 주겠다. 그동안 무슨 수를 써서라도 만들어내라. 살고자 한다면 반드시 해내야 한다."

그는 오만하게 내려다보며 이 한마디만을 남기고 돌아섰다. 나는 그들이 원하는 것을 주어진 시간 안에 만들어내기 위해 도면을 그리고, 또 그렸다. 시간은 야속하게 쉬지 않고 흘러갔다. 시계의 초침소리가 머리를 울려댔다.

"시간이 다 됐다. 죽여라."

누군가가 내 팔을 잡는 것을 시작으로 많은 이들이 달려들었고, 어느새 나는 제단 위에 올려졌다. 내 심장을 꿰뚫을 창을 들고 한 사내가 서서히 다가왔다. 그때 창끝이 눈에 들어왔다. 창끝의 조금 넓적한 부분에 구멍이 뚫려 있었다.

"저거, 바로 저거야!"

내가 다급하게 외쳤지만, 그는 아랑곳없이 창을 높이 쳐들었다.

"잠깐! 내 말 좀 들어…. 으악!"

하우는 눈을 번쩍 떴다. 꿈이었다. 안도의 한숨이 터져 나오는 것도 잠깐, 다음 순간 그는 자리를 박차고 일어나서는 테이블로 달려가 무언가를 그리고 쓰기를 반복했다. 오랫동안 해결하지 못해 끙끙 앓고 있던 난제의 해답을 찾은 것이었다. 바늘귀를 두꺼운 뒤쪽이 아니라 천을 뚫는 뾰족한 끝쪽에 내는 방식의 새로운 재봉기구가 태어나고 있었다.

18세기 이후 세계는 급변했다. 증기기관에 힘입어 방적기와 방직기에 혁신이 이루어진 섬유산업도 급

엘리어스 하우

속히 발달하고 있었다. 소규모의 수공업으로 이루어지던 맞춤복도 이제 생산공장에서 대량으로 생산되는 기성복에 자리를 내줬다. 하지만 바느질만큼은 여전히 수작업에 의존해야 했다. 일거리는 넘쳐났고 일은 더뎠다. 그러니 기계화의 맛을 본 기술자들이 또다른 일확천금을 위해 많은 시간과 노동을 요구하는 바느질을 대신할 기계개발에 덤벼든 것은 너무도 당연한 일이었다.

영국의 토머스 세인트(Thomas Saint)도 그런 사람들 중 하나였다. 가구상인이었던 그는 1790년에 가죽에 구멍을 뚫고 구멍 사이로 실을 통과시키는 재봉틀로 특허를 받았다. 1829년에는 프랑스의 바세레미 시모니(Bathelemy Thimonnier)가 한 가닥의 실로 바느질을 하게 만들었고, 이듬해에 특허를 받았다.

하우의 재봉틀

시모니의 재봉틀은 수평으로 된 봉에 바늘이 연결되어 있는 구조를 가지고 있었는데, 수작업보다 5배 이상 빠른 속도로 바느질을 할 수 있다. 하지만 시모니의 사업이 크게 번창하자 바느질을 하던 재봉사들이 생계에 위기를 느끼면서 시모니의 공장에 불을 지르고 그에게 집단적인 폭력을 가했다. 결국 1841년에 시모니의 공장은 파국을 맞이하고 말았다.

이런 때에 꿈에서 아이디어를 얻어 새로운 재봉틀을 발명한 이가 바로 엘리어스 하우(Elias Howe, 1819~1867)다. 그의 재봉틀은 이전과 달리 뾰족한 끝쪽에 바늘구멍을 냄으로써 윗실과 밑실로 겹바느질을 가능하게 했다. 1846년에는 특허도 받았다.

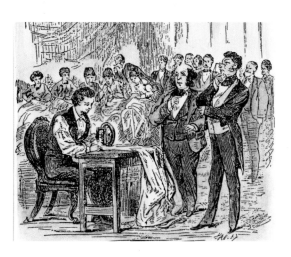

그러나 하우도 시모니와 마찬가지로 거센 저항에 부딪혔다. 하우가 보스턴의 양복점 주인들에게 자신의 재봉틀을 보여주자 그들은 "이 기계가 양복값을 떨어뜨리고 결국 양복점을 망하게 할 것"이라며 반발했다. 갱단을 시켜 하우의 목숨을 협박하고 재봉틀을 파괴하는 일까지 일어났다.

그래서 하우는 영국으로 갔다. 재봉틀을 선전하기 위해 재봉틀을 쓰는 한 명과 바느질을 하는 20명 중 어느 쪽이 빨리 박음질을 하는지에 대한 시합도 개최했다. 결과는 재봉틀의 승리였고, 이를 계기로 하우의 재봉틀은 널리 확산되기 시작했다. 비록 후원자와 분쟁이 발생하고 설상가상 아내의 건강까지 나빠진 탓에 1년 만에 미국으로 돌아왔지만, 영국에서의 1년은 그가 살면서 맛본, 몇 안 되는 달콤한 성공의 순간이었다.

이후 재봉틀은 미국 피츠타운 출신의 기계공인 싱어(Isaac Merritt Singer)가 바늘의 아래쪽에 구멍을 만들고 발판을 추가하는 식으로 개량하며 대중화됐다. 한편 재봉틀은 영어로 소잉머신(Sewing Machine)이지만, 우리에게는 머신의 일본말인 미싱(ミシン)이 더 익숙하다. 천을 짜는 베틀과 비슷하다는 의미에서의 우리말 재봉틀을 놔두고 '바느질'이라는 의미도 없이 그냥 '기계'라고 부르는 것이다. 시대

인간과 닮았다?!
휴머노이드

미국 라스베이거스에서 열린 세계 최대 가전·IT 박람회인 CES 2023에서 눈길을 끄는 개발품이 하나 있었다. 미국의 스타트업 에이라이프(aiLIFE)가 개발한 휴머노이드 '소지'였다. 인간의 상반신을 본뜬 소지는 눈에 장착된 카메라로 사물을 판단하며, 인공지능을 탑재해 대화도 가능했다. 소지는 앞에 있는 사람의 숫자를 정확히 짚으며 "2명이 있다"고 말했다. 꽤나 놀라운 장면이었다. 이렇듯 우리는 과거부터 지금까지 인간을 닮은 로봇을 만드는 데에 관심을 두었고, 실제로 점점 더 소름끼치도록 인간과 닮아가고 있다.

로봇(Robot)이라는 용어는 1920년 체코슬로바키아의 극작가 '카렐 차페크'가 쓴 〈로섬의 유니버설 로봇〉이라는 희곡에서 처음 등장했다. 여기서 로봇은 노역을 뜻하는 체코어 'robota'에서 유래됐다고 한다. 인간의 명령을 맹목적으로 따르는 노예라는 의미가 있다고 하는데, 현재도 로봇은 사람의 손을 대신해 명령을 수행하고 있다.

기계공학과 IT기술의 결합체인 로봇의 종류는 매우 다양하고 우리 생활과 산업 전반에서 두루 사용되고 있다. 용도에 따라 형태도 천차만별이다. 우리가 가정에서 흔히 사용하는 로봇청소기부터 네트워크에서 정보를 전달받아 도서관 같은 공공시설에서 시민들을 안내하는 로봇도 있다. 또한 실시간으로 인간의 조작과 명령을 받아 재난현장에서 생존자를 탐색하는 로봇도 있다. 아울러 지구 너머 화성을 누빈 미 항공우주국(NASA)의 탐사차 '퍼서비어런스'도 입력된 명령에 따라 탐사임무를 수행하는 로봇의 일종이다. 공장에서는 기계팔로 작업공정을 반복해 수행하는 로봇이 이미 오래 전부터 쓰이고 있다. 하지만 사실 우리는 로봇이라고 하면 흔히 인간을 닮은 로봇을 떠올리게 된다. 그래서 여기서는 인간을 닮은 '휴머노이드(Humanoid) 로봇'에 대해 이야기하고자 한다.

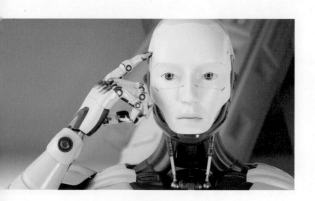

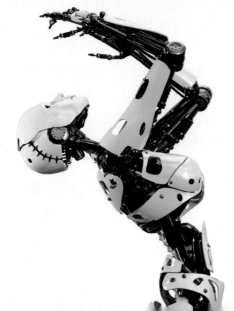

중요한 건 인간처럼 움직인다는 것

세계에서 휴머노이드 로봇 개발을 주도했던 대표적 국가에는 일본이 있다. 1973년 일본 와세다대학 연구팀에서 개발한 최초의 2족보행 로봇인 '와봇 1(WABOT-1)'이 등장했다. 그러나 이 로봇의 움직임은 그저 발을 몇 걸음을 떼는 정도에 불과했고 움직임 또한 부자연스러웠다. 그러나 시간이 흐르면서 기술력을 쌓은 일본은 점차 깜짝 놀랄만한 성과를 보여주었다. 2000년에 일본의 자동차 기업 '혼다'가 개발한 '아시모(ASIMO)'는 사람의 외모와 음성을 인식하고 평면과 계단까지 비교적 자유롭게 걸어 다니는 모습을 보여줬다. 한편 우리나라에서도 2004년에 한국과학기술원(KAIST)에서 개발한 '휴보(HUBO)'가 공개됐다. 분당 65걸음을 움직이고 장애물을 피해 다니며, 다섯 손가락의 자유로운 움직임을 구현해냈다.

한국과학기술원(KAIST)이 개발한 인간형 로봇 휴보

이런 사실로 미뤄보아 휴머노이드는 다른 로봇에 비해 연구개발에 더 많은 비용과 시간이 필요할 수밖에 없다. 스스로 공간정보를 파악해 직면한 상황에 대해 판단이 가능한 인공지능이 탑재돼야 하고, 무엇보다 자유로운 동작이 이뤄지려면 관절을 역학적으로 제어해야 하기 때문이다. 사실 우리가 로봇을 노동에 이용하기 위해 꼭 사람의 형태로 만들 필요는 없다. 지금도 다양한 형태의 로봇들이 우리의 일을 돕고 있으니 말이다. 그런데 휴머노이드의 가장 주요한 목표는 역시 '인간처럼 자유롭게 움직인다'는 것이다. 여기에는 어떤 의미가 있는 걸까?

다방면에서 활약할 '인간을 닮은 로봇'

개선된 휴머노이드가 특히 활동할 무대는 재해구조현장으로 전망된다. 왜냐하면 인명을 구조하는 현장이 대개 인간의 신체구조·생활환경에 알맞게 설계되어 있기 때문이다. 예를 들어 주택의 화재현장에서도 사람을 탐색·구조하기 위해서는 바퀴달린 차량형 로봇보다 인간형 로봇이 훨씬 효과적이다. 현장에 진입해 문을 열고 밸브를 잠그고 사람 데리고 나오는 것이 가능하다. 실제로 2015년 미국 국방고등연구계획국(DARPA)이 개최한 '로보틱스 챌린지'에서 우리나라의 휴보가 재난대응 로봇코스 1위를 차지했다. 코스를 살펴보면 로봇이 직접 운전을 하고, 장애물을 극복하며 문을 열고 사다리를 올라야 한다. 심지어 소방호스를 연결하고 밸브를 잠그기까지 해야 하는데, 이는 휴머노이드가 아니면 수행하기 어렵다.

휴머노이드는 현재도 계속해서 발전하고 있다. 미국의 로봇공학기업 '보스턴 다이내믹스'는 유튜브 채널에 자사의 2족보행 로봇인 '아틀라스'를 공개하며 사람들에게 큰 충격을 줬다. 놀랄 만큼 자연스러운 뜀박질에 장애물을 뛰어넘고 공중제비까지도 하는 모습을 보여주면서 화제가 되기도 했다. 2021년에는 그 가능성에 주목한 현대자동차그룹이 보스턴 다이내믹스를 인수하면서 기대감을 모으기도 했다.

더욱 능숙한 움직임을 갖추게 된 로봇은 향상된 AI를 탑재해 우리가 원하는 서비스를 인간의 형태로 직접 전해주게 될 날이 올 것이다. 인간형 로봇이 일상과 우리 산업 구석구석에서 폭 넓게 쓰이게 될 것은 자명하다. 실대

독립운동의 대부, 연해주의 별
최재형 지사

지난 3월 국가보훈처는 제104주년 3·1절을 맞아 유관순 열사의 옥중 동료였던 신관빈 지사를 비롯해 직계후손이 없는 무호적 독립유공자 32명의 가족관계 등록을 창설하고 대한민국 호적을 부여했다. 그러나 후손이 있음에도 오늘날 대한민국 국민이 아닌 분들도 있다. 특히 러시아 연해주로 이주했던 독립운동가들이 대부분 그러하다. 만주, 연해주의 독립운동사에 숨은 주역인 최재형 지사가 그랬던 것처럼….

러시아의 반혁명세력인 '백군'이 1919년을 기점으로 무너져가자 이를 기회로 항일세력의 활동이 활발해졌다. 연해주 각지에서 한인들은 무력투쟁을 하는 한인부대를 더욱 적극적으로 후원했고, 중국 만주지역 한인 독립운동단체들은 연해주로 무기 수집대를 보내 연해주 마을을 돌면서 무기를 수집했다. 그러는 중에 친일파 한인과 일본 밀정들이 살해를 당하거나 피습을 당하거나 행방불명되는 일도 빈번해졌다. 일본상품 불매운동도 전개됐다. 이 불매운동에는 한인뿐 아니라 러시아인과 중국인도 함께했다.

일본제국은 위협을 느꼈다. 그래서 연해주에서 항일세력을 파괴할 준비를 했다. 1920년 3월, 일제 사령부는 연해주의 혁명수비대에게 전면공세 준비를 지시했고, 군인들에게도 비밀리에 명령을 하달했다. 항일 조선인들을 제거할 계획도 포함했다. 그래놓고는 3월 31일에 시베리아에 주둔하고 있는 일본군을 철병하겠다고 선언했다. 그러면서 조건을 내걸었다.

1. 블라디보스토크 주정부는 한인들에게 무기를 공급하지 말라.

2. 일본군 주둔에 필요한 제반의 사항(숙영, 급양, 운수, 통신 등)에 관해 지장을 주지 말라.

주정부는 일본군 요구를 모두 수용하기로 했다. 4월 5일에 조약문에 도장을 찍기로 하고 붉은군대(소련군)는 각 부대에 경계태세를 해제하라고 지시했다. 4월 4일에는 지휘관들 다수가 주말휴가에 들어갔다.

그런데 바로 그날, 4월 4일 밤 일본군은 붉은군대를 습격했다. 군인들을 무장해제시키고 체포했다. 일제군의 습격은 4월 8일까지 계속됐다. 일본군은 연해주를 장악하고는 투옥된 백군세력을 석방하고 무장해제된 붉은군대 군인들과 민간인들을 마구잡이로 체포했다. 군인 중 러시아 사람은 백군진영에 넘기거나 살해했다. 그리고 한인 대상으로는 마을째로 소개작전을 펼쳤다. 러시아의 문건은 그날의 그 현장을 이렇게 기록했다.

1920년 일제의 한인학살

한인촌은 블라디보스토크 변두리에 있었는데, 엄청난 강도와 폭력을 체험했다. 야만적인 일본군들은 한인들을 마을에서 쫓아가면서 소총으로 때렸다. 포로들은 신음하고 비명을 지르고 반죽음의 상태였다. 블라디보스토크는 끔찍한 곳이 됐다. 모든 지하실, 감옥들은 포로들로 꽉 찼다. 그날 살인범들이 몇 명의 한인을 죽였는지 짐작하기조차 힘들다.

최재형 지사
(1860.8.15~1920.4.7)

일본군은 참변을 일으키면서 최재형 지사를 제일 먼저 찾았다. 최 지사는 가족과 이웃이 당할 고통을 우려해 피하지 않고 있다가 그대로 잡혀가 즉결 처형됐다. 자신의 재산과 능력을 공동체에 바치면서 한인들의 존경을 받았던 따뜻한 어른이자 연해주 독립운동의 든든한 뒷배였던 최 지사의 마지막이었다. 참변 발발 이틀만이었다.

최재형 지사의 어린시절은 불우했다. 노비와 기생의 자식으로 태어나 가난에 허덕이다 조부와 부친을 따라 러시아 연해주의 한인마을 연추로 간 것이 9살 때였다. 10대 시절에는 가난 때문에 가출해 노숙하다 쓰러지기까지 했다. 천운이라면 러시아 선장 부부에게 구조돼 6년간 러시아 상선을 타고 전 세계를 돌아다니며 견문을 넓힌 것이었다. 이후 연추로 돌아온 그는 러시아군 통역과 군납업으로 큰 재산을 모았고, 지역의 도헌(군수)이 됐다.

최 지사는 이때부터 자신의 부와 지위로 연해주 일대 한인촌에 30여 개 학교를 세우고, 우수한 학생들을 대도시로 유학을 보낸 뒤 이들이 다시 돌아오면 학교에서 동포 아이들을 가르치게 했다. 1908년에는 독립운동조직인 동의회를 조직했고, 의병부대인 대한의군에 무기와 숙식을 제공했으며, 동포신문인 '대동공보'를 인수해 여론을 이끌었다. 1909년 안중근 의사의 의거도 그의 후원이 있어 가능했다. 안 의사가 결의를 다지고자 단지동맹을 한 곳도 그의 집이었고, 안 의사에게 기자증을 주어 신분세탁을 도운 것도 그의 신문사였던 것이다.

1919년 상하이 대한민국임시정부가 수립했을 때는 초대 재무총장으로 일했다. 동포들의 권익에도 힘써서 연해주 지역의 한인들은 최 지사를 '최 페치카'로 불렀다. 페치카는 '난로'를 뜻하는 러시아어로 동포들을 따뜻하게 보살펴주었기 때문에 붙은 별명이었다. 최 지사가 순국한 그해 5월 임시정부 인사들은 연해주에 모여 동포들과 추도회를 열었다. 주검도 묘지도 없는 눈물의 추도식이었다.

최재형 지사의 가족

정부는 1962년 대한민국 건국훈장 독립장을 추서하고 1970년에 국립묘지에 108번 가묘로 모셨다. 그러나 2009년에 멸실된 것이 밝혀져 복원해야 했다. 의열투쟁에서 김원봉, 중국 내 독립운동에서 김구, 미주 독립운동에서 안창호를 빼놓을 수 없듯이 러시아와 연해주 독립운동 역사에 아주 중요한 인물인데도 최 지사가 필연적으로 얽힐 수밖에 없는 사회주의와의 연관성으로 인해 배제돼온 결과였다. 시대

보편교회의 시작
니케아공의회

Council of Nicaea

교회법을 반포한 가톨릭 최초의 공식 종교회의

#삼위일체 #사두정치 #삼위이체 #부활절

"성자(예수)는 피조물이지만 무로부터 창조된 첫째 피조물이기 때문에 성부(하나님)의 가장 사랑받는 피조물입니다. 또한 오직 성부만이 시작이 없고 무한하고 영원합니다."

아리우스는 요한의 복음서 14장 28절과 골로사이인들에게 보낸 편지 1장 15절을 인용하며 성경의 권위에 호소했다. 이에 니콜라우스는 치밀어오르는 분노에 몸을 떨었다.

아리우스의 뺨을 때리는 니콜라우스

'내가 그 오랜 세월 동안 감옥에서 고난을 받은 것이 정녕 이 사람이 우리의 믿음을 배반하는 것을 듣기 위함이란 말인가?'

더 참을 수 없었다. 그는 벌떡 자리에서 일어나 곧장 아리우스를 향해 걸어갔다. 그리고는 아리우스를 똑바로 마주한 채 그의 얼굴을 향해 손을 휘둘렀다.

철썩!

회의장에 순간 정적이 감돌았다. 니콜라우스가 한창 자기주장을 하던 아리우스의 따귀를 때린 것이다. 이에 아리우스는 직접 황제 앞으로 나아가 고했다.

"감히 황제 앞에서 주교의 얼굴을 때리는 일이 벌어졌습니다. 이는 이 자리에 있는 모두는 물론이고 황제 폐하를 무시한 것입니다. 이런 무도한 자를 벌하지 않을 수는 없는 일입니다."

그는 니콜라우스가 황제와 회의에 참석한 주교들을 무시했다면서 그에 대한 처벌을 강력하게 요구했다. 황제는 고개를 끄덕였다.

"미라의 주교 니콜라우스를 일단 별궁에 감금하라."

회의진행을 방해했다는 것이었다. 결국 니콜라우스는 주교의 옷을 빼앗긴 채 궁전의 부속건물에 갇히게 됐다.

니케아공의회(이콘)

회의 도중 주교가 또 다른 주교의 뺨을 때리고, 그 때문에 주교의 지위까지 빼앗기는 초유의 사태가 벌어진 것은 325년 니케아공의회에서였다.

삼위일체냐, 삼위이체냐

군인들의 반란, 역모, 암살로 연이어 황제가 바뀌던 군인황제시기(235~283) 이후 국가권력과 왕좌를 네 명이 나누어 통치하는 사두정치체제시대를 연 콘스탄티누스 1세(재위 306~337)는 커다란 문제에 직면해 있었다. 나머지 황제들과의 불화로 로마가 정치·사회적으로 완전히 분열됐던 것이다.

이때 그는 사회적 통합을 위해 종교를 이용하고 싶었다. 그래서 313년 메디올라눔(이탈리아의 밀라노)에서 칙령(밀라노칙령)을 선포하고 기독교를 종교로 정식인정했다. 이에 기독교인들은 이전에 몰수당했던 재산을 돌려받고 종교의 자유를 얻을 것이라고 기대했다. 그러나 320년 동로마를 지배하고 있던 리키니우스 황제가 약속을 깨뜨리고 그리스도교를 박

알렉산드리아 주교 아리우스

해했고, 결국 콘스탄티누스 1세는 리키니우스와 전면전을 치러 이를 승리로 이끌고 마침내 유일한 황제가 됐다.

하지만 기독교도들은 황제의 뜻대로 움직이지 않았다. 공식인정을 통해 그동안 입 밖으로 낼 수 없던 말을 할 수 있게 되면서 논쟁이 가능해졌고, 나아가 신학이 성립·발전하는 과정에서 많은 주장들이 생겨났다. '그리스도의 본성이 무엇인가?' 같은 철학자들이나 하는 논쟁에 집착하면서 격론과 분열을 일삼았고, 결과적으로 국론분열의 위기만 야기했다. 이런 분열은 1인 황제시대를 열고자 하는 콘스탄티누스 1세의 정치적 야심에 걸림돌일 수밖에 없었다. 황제는 온 세상을 지배했으나, 정작 교회에 대해서는 어떠한 통제권도 없었기 때문이었다.

기독교 분열의 중심에 아리우스가 있었다. 아리우스 등은 하나님과 예수가 존재론적으로 동등한 신성을 지녔다는 알렉산드리아의 아타나시우스파가 주장하는 '삼위일체론'을 단호하게 부인했다. 즉, '성자(예수)는 성부(하나님)에게 종속된 유사한 본질을 가진 성부의 피조물에 불과하다(삼위이체론)'는 게 그들의 주장이었다. 당시 동방의 많은 주교와 지도자들이 아리우스를 지지했기 때문에 논쟁은 교구를 넘어 결국 기독교 전체의 문제로 번지면서 지중해세계 전체에 논쟁과 혼란의 불씨를 퍼트렸다.

국론통일이 간절했던 콘스탄티누스 1세로서는 기독교의 분열은 골칫거리였다. 결국 그는 325년, 기독교 각 교파의 주교들을 니케아(튀르키예의 이즈니크)에 있는 황제의 궁으로 소집했다. 회의는 콘스탄티누스 1세와 318명의 주교들이 참석한 가운데 두 달여 동안 계속됐다. 바로 이 회의과정에서 미라의 주교 니콜라우스가 아리우스의 뺨을 때린 것이다.

고성이 오가고 폭력(?)도 오갔으나 결론은 났다. 웃을 수 있었던 것은 아리우스가 아니라 삼위일체를 주장한 아타나시우스파의 니콜라우스였다. 아리우스파의 주장이 이단으로 결정(니케아신경)된 것이다. 수장이었던 아리우스는 추방됐고, 황제의 칙령도 발표됐다.

"아리우스가 쓴 글이 발견되면 모두 소각하라. 그의 타락한 교리를 제압하고, 그에 관한 어떤 기억도 남아 있지 않도록 하라. 그러므로 내가 명하노니, 만일 누구든지 아리우스의 책을 숨긴 것이 발각되거나 이를 즉시 제출해 소각하지 않은 자는 사형에 처할 것이다."

그 외 니케아공의회의 결정은 다음과 같다.

❖ 유대인 달력에 의한 기존 부활절 습관을 폐지
　　→ 춘분 후 만월 다음의 첫 일요일로 지정
❖ 유대인들의 기독교인 노예 소유 불허
❖ 사제들의 고리대금업 금지
❖ 유대교로의 개종 금지
❖ 주교·사제·부제가 다른 교회로 옮겨가는 것 금지
❖ 성직자의 순결 의무화

기독교 통일보다는 황제 개입만 허용

회의의 표면적 결과는 교리논쟁의 종식이었다. 그러나 교리논쟁은 그 후에 더욱 격화되면서 이후 연이은 황제 주관의 공의회의 빌미가 됐다. 반면 콘스탄티누스 1세는 그 과정에서 교회 위에 군림하는 도덕적 절대자가 됐다. 결과론적으로 콘스탄티누스 1세가 정치적 목적으로 니케아공의회를 개최했고, 소기의 목적을 달성해냈다는 의미이다.

콘스탄티누스 1세는 국가의 통합을 최고의 목표로 삼고 있었고, 통일된 교의의 종교가 국민을 하나로 묶어주기를 바랐다. 하지만 기독교를 국가통치로 활

니케아신경을 든 콘스탄티누스 1세와 주교들(이콘)

용되기 위해서는 그 전에 교의가 통일돼야 했다. 그래서 공의회에서 다룬 대부분의 쟁점들을 자신이 원하는 방향으로, 그것도 만장일치로 결정되는 모양새를 갖췄다. 또한 쫓겨났던 아리우스파를 이용해 삼위일체설로 우위를 점한 알렉산드로스파의 수장 아타나시우스를 모략·탄압함으로써 교회권력을 견제했다. 그로써 황제 자신을 신과 동일선상에 위치하게 하고 교회 위에 군림하게 만들었다.

니케아공의회는 로마제국의 정서적 통일이라는 표면적 목적을 내세웠으나 실상은 세력이 커지는 교회권력을 국가권력 밑에 두고자 하는 정치적 노림수였다. 그러나 공의회가 거듭되는 과정에서 이단이 규정되고, 그리스도론·삼위일체론 등 전통신학의 근간을 세웠다는 점에서 교리사적으로 의의가 크다. 교회마다 서로 다른 달력으로 부활절을 계산했던 것을 율리우스력으로 통일해 정한 것도 이때였다. 참고로 아리우스에게 분노의 따귀를 날린 이는 산타클로스의 원형으로 알려진 성 니콜라우스 주교다. 그 순간만큼은 신념이 사랑보다 앞섰나 보다. ▣

영화와 책으로 보는 따끈따끈한
문화가 소식

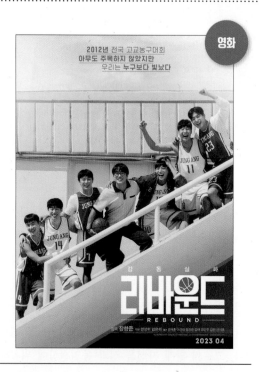

영화

발레

리바운드

청춘을 소재로 한 장항준 감독의 신작 영화가 4월 관객들을 찾는다. 해체 위기에 놓인 고등학교 농구부의 이야기를 담은 이 작품은 2012년 당시 최약체 팀이라는 오명에도 불구하고 전국 고교농구대회에서 기적을 일궈낸 실화를 바탕으로 한다. 농구선수 출신의 공익근무요원인 주인공은 모교의 신임 농구부 코치로 선임되지만, 전국대회 첫 경기에서 참패하고 농구부는 해체 위기에 놓이게 된다. 주인공은 과거에 화려하게 활약했던 선수들을 다시 모아 팀을 재건하고 전국대회에 당차게 재출전한다. 영화는 8일의 대회기간 동안 이들이 쏟아부은 열정과 기적의 드라마를 선보인다.

장르 드라마, 스포츠   **감독** 장항준
주요 출연진 안재홍, 이신영 등
날짜 2023.04.05

돈키호테

우리나라 최고의 발레단 중 하나인 국립발레단의 제195회 정기공연 〈돈키호테〉가 예술의전당 오페라극장에서 관객들과 만난다. 〈돈키호테〉는 미겔 세르반테스의 동명 고전을 바탕으로 한 작품이다. 발레 〈돈키호테〉에서는 원작의 주인공인 '돈키호테'가 상징적인 존재이자 극을 이어지게 하는 매개체로만 등장한다. 실질적인 주인공은 쾌활하고 재치 넘치는 가난한 이발사 청년 '바질'과 발랄한 매력의 선술집 딸인 '키트리'로서 이들의 사랑 이야기가 플롯의 뼈대를 이룬다. 원작보다 새롭고 낭만적인 이야기와 경쾌한 안무로 꾸며 남녀노소 누구나 즐길 수 있는 클래식 발레 작품이다.

주요 출연진 국립발레단
장소 예술의전당 오페라극장
날짜 2023.04.12 ~ 2023.04.16

드림씨어터 내한공연

전설적 프로그레시브 록밴드 드림씨어터의 내한공연이 열린다. 1985년 결성한 드림씨어터는 1989년 앨범 '웬 드림 앤드 데이 유나이트(When Dream And Day Unite)'로 데뷔했다. 1991년 보컬 제임스 라브리에를 영입한 뒤 1992년 낸 정규 2집이 크게 히트하면서 세계적인 밴드로 이름을 날렸다. 공연기획을 맡은 프라이빗커브는 "드림씨어터는 러쉬, 스피드 메탈, 프로그레시브 록의 요소를 받아들여 만들어낸 사운드로 전 세계에 음악적 충격을 줬다"며 "1990년대 이후 메탈계의 주류를 바꾼 대표적인 밴드"라고 소개했다. 드림씨어터는 지난 2000년 첫 내한 이후 여러 차례 한국을 찾았다. 이번 내한공연은 2017년 이래 6년 만으로 통산 아홉 번째다.

장소 블루스퀘어 마스터카드홀   날짜 2023.04.26

피카소와 20세기 거장들

독일 쾰른의 루드비히 미술관이 소장한 파블로 피카소와 거장들의 작품을 맛볼 수 있는 전시회가 8월 27일까지 열린다. 이번 전시는 한독수교 140주년을 기념해 루드비히 미술관과 마이아트뮤지엄의 협업으로 성사됐다. 쾰른 최초의 현대 미술관인 루드비히 미술관은 파블로 피카소와 살바도르 달리, 앤디 워홀 등 그야말로 20세기의 거장이라 할 수 있는 예술가들의 작품을 다수 소장하고 있다. 이러한 성과는 20세기 격변의 독일 사회 속에서도 예술을 사랑하는 시민들의 노력이 있어 가능했다. 이번 전시회는 어디서도 좀처럼 실제 감상하기 어려운 거장들의 작품과 함께 현대 미술의 변천, 예술을 지킨 시민들의 힘을 동시에 느낄 수 있는 드문 기회다.

장소 마이아트뮤지엄   날짜 2023.03.24 ～ 2023.08.27

초거대 위협

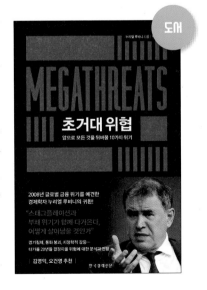

2008년 세계 경제위기를 예측한 경제학자 누리엘 루비니의 신작 도서가 13년 만에 출간됐다. '앞으로 모든 것을 뒤바꿀 10가지 위기'라는 부제를 달고 나온 이 책은 현실화된 글로벌 경제 · 사회 리스크를 진단하고, 이러한 거대한 위협 속에서 살아남을 수 있는 방법을 제시하고 있다. 그가 예상하는 10가지 위협은 부채 증가, 저금리 정책과 양적완화의 폐해, 스태그플레이션, 고령화와 연금 부담 등이다. 아무도 예상치 못했던 2008년 경제위기를 예측해낸 루비니의 10가지 진단과 예언은 섬뜩하면서도 어둠 속에서 우리가 앞으로 비춰나가야 할 경로는 어디인지 밝혀주는 등불이 된다. 🔲

저자 누리엘 루비니   출판사 한국경제신문사

내 인생을 바꾸는 모멘텀

박재희 교수의
마음을 다스리는 고전이야기

위기를 보면 목숨을 걸고 행동하라

견위수명(見危授命) - 〈논어(論語)〉

어느 날 자로가 공자에게 성인(成人)에 대해 물었습니다. 그러자 공자는 "장무중처럼 총명하고, 맹공작처럼 욕심이 없고, 변장자처럼 용감하고, 염유처럼 재주가 있는 데다가 예악으로 꾸밀 수 있다면 완전하게 성숙한 사람이 될 수 있다"고 대답한 뒤 "그러나 요즘 성인이라고 하는 자들이 어찌 꼭 그렇다고 하겠느냐? 이로움을 보면 대의(大義)를 생각하고[見利思義], 위태로움을 보면 목숨을 바치며[見危授命], 오래전의 약속을 평생의 말로 여겨 잊지 않는다면 또한 성인이라 하기에 충분하다"라고 했습니다. 후에 주자는 특히 수명(授命)을 "자기 목숨을 아끼지 아니하고 타인에게 준다는 말"이라고 풀이했습니다.

이 말은 안중근 의사가 하얼빈의거 후 여순감옥에 수감된 상황에서 나라의 앞날을 걱정하며 자신의 철학과 심경을 피력하는 간절한 마음으로 써서 남긴 글씨로도 유명합니다. 개인의 영달과 안녕을 뒤로하고 나라를 위해 목숨을 바친 안 의사의 굳은 마음을 느낄 수 있는 문구입니다.

> **見利思義 見危授命**
> **견리사의 견위수명**
>
> 이익을 보거든 의를 생각하고
> 위태로움을 보거든 목숨을 바쳐라

어려운 시절입니다. 그럴수록 정신적인 풍요로움이 요구됩니다. 하지만 위기가 없는 시절이 어디 있었겠습니까? 중요한 것은 그 위기에 주눅들지 않고 의를 중심으로 극복하는 긍정의 정신에 있습니다.

위기와 역경 앞에 긍정은
놀라운 힘을 발휘합니다.

見	危	授	命
볼 견	위기 위	바칠 수	목숨 명

출전 /《한서(漢書)》〈왕상전王商傳〉

불요불굴(不撓不屈)

한(漢)나라 성제(成帝, 제위 BC.32~BC.28)가 12대 황제로 즉위하고 3년이 되던 해에 나라에 수상한 소문이 돌았습니다.

"올가을 수도 장안(長安)에 큰 물난리가 일어난다는구만."

"저런! 도망가야 하는 거 아냐?"

"왜 아니겠나. 가뭄에는 남는 게 있어도 물난리에는 남아나는 게 없다지 않은가? 사람이고 가축이고 물에 쓸려가면 죽을 수밖에. 피할 수 있을 때 피해야지."

그야말로 장안은 혼돈의 도가니였습니다. 백성들은 너 나 할 것 없이 당장 가지고 갈 수 있는 세간살이를 챙겨 장안을 떠났습니다.

성제로서는 대책을 세우지 않을 수 없었습니다. 신하들을 급하게 소집했습니다.

"물난리가 난다고 소문이 돌아 백성들이 떠나고 있소. 어찌하면 좋겠소?"

대장군 왕봉(王鳳)이 말했습니다.

"물난리가 나면 황성이라도 온전할 수 없습니다. 황제께서도 하루빨리 배를 이용해 피난을 가셔야 합니다."

왕봉은 성제의 외삼촌이었는데, 대를 이은 외척으로서 그 위세에 거스를 자가 없었습니다. 황제의 거처를 제멋대로 사용하고 제 집에 황족만 사용할 수 있는 붉은색을 칠하는 등 오만함이 하늘을 찔렀지만, 할머니의 집안이자 어머니의 집안이었기 때문에 황제인 성제도 함부로 할 수 없었습니다. 신하들도 마찬가지였습니다. 왕봉이 소문의 근거를 확인하거나 조사하지 않았다는 것을 잘 알면서도 신하들은 이구동성으로 왕봉의 의견을 좇았습니다.

이런 때에 재상인 왕상(王商)이 나섰습니다.

"물난리가 난다는 것에 근거가 없는데 피난이라니요. 헛소문에 휘둘려서는 안 됩니다. 오히려 백성들에게 안정을 찾아 되돌아올 것을 명령해야 합니다."

성제는 왕상의 의견을 따랐고, 그 결과 다행히도 장안의 민심은 점점 안정을 찾고 질서도 회복이 돼갔습니다. 또한 조사결과 소문은 근본도 없이 지어낸 이야기임이 판명됐습니다. 이 일로 성제는 왕상을 칭찬했고, 왕봉에게는 불신의 생각을 품게 됐습니다.

그 후로도 왕봉과 왕상은 때때로 부딪쳤습니다. 왕봉의 일족인 양융(揚肜)이 태수로 임했을 때 백성들에게 고통을 준 일이 있었는데, 왕봉은 양융을 변호하고 용서달라고 청한 반면 왕상은 이를 받아들이지 않고 양융을 파면케 했습니다. 때문에 왕봉은 자신의 경솔함이나 일가의 잘못을 반성하기는커녕 오히려 왕상에게 원한을 품었습니다.

이를 두고 '한서(漢書)'를 쓴 반고(班固)는 다음과 같이 평했습니다.

"그 사람 왕상은 소박하고 성실하여 불의에 굴복하지 않고 흔들리지 않았기 때문에 도리어 사람의 원한을 사게 된 것이다."

살다 보면 선택을 해야 하는 일이 있습니다. 권력이나 지위를 앞세운 강요에 직면하는 일도 있습니다. 짜장이냐 짬뽕이냐의 문제라면야 마음을 따르지 못하더라도 아쉬움이 고작일 테지만, 양심을 넘어 철학의 문제로까지 확장되면 고심이 깊어질 수밖에 없습니다. 개인적인 일이 아니라 정치·사회적인 것이라면 더더욱 고민이 됩니다.

4월 11일은 대한민국임시정부 수립 기념일입니다. 4월 19일은 이승만독재에 맞서 항거한 4·19혁명 기념일입니다. 일본제국주의와 독재에 맞서 휘거나 굴하지 않았던 증거입니다. 불의라면 맞섭시다. 좀 깨지더라도 들이받아나 봅시다. 더 나은 방향으로 한 걸음 더 나아갈 것입니다. 극악했던 주 98시간 노동시간도 그런 들이받음이 있어 개선됐습니다. 시대

不	撓	不	屈
아니 불	휠 요	아니 불	굽을 굴

완전 재미있는 낱말퀴즈

			¹			
	²					
	³	⁴				
				⁶		
		⁵				

가로

❶ 아비지옥과 규환지옥을 아울러 이르는 말
❷ 중국 삼국시대 촉한의 정치가이자 뛰어난 군사전략가
❸ 더 높은 단계로 발전하는 것을 비유적으로 이르는 말
❺ 2023년 6월 특별자치도 출범을 발표한 도
❻ 한때 태양계 9번째 행성으로 구분됐으나 2006년 행성의 지위를 잃고 현재 왜소행성으로 분류됨

세로

❶ 너그럽고 속이 깊은 마음씨
❷ 우리나라 남서쪽에 있는 가장 큰 화산섬
❹ 약한 자가 강한 자에게 먹힌다는 뜻의 사자성어
❻ 색의 밝고 어두운 정도

참여방법
보기를 보고 가로세로 낱말퀴즈를 풀어보세요. 낱말퀴즈의 빈칸을 모두 채운 사진과 함께 <이슈&시사상식> 4월호에 대한 감상평을 이메일(issue@sdedu.co.kr)로 보내주세요. 선물이 팡팡 쏟아집니다!
❖ 아래 당첨선물 중 받고 싶으신 도서와 이름, 주소, 전화번호를 함께 남겨주세요.

<이슈&시사상식> 3월호 정답

¹잉	글	랜	²드		
꼬			라		
부			⁴마	무	리
⁴부	⁵재				
	활				
⁶용	의	⁷자			
	품	⁸유	학	생	

참여해주신 모든 분들께 감사드립니다.
당첨되신 분께는 개별적으로 연락드립니다.

당첨선물
정답을 맞힌 독자분들 중 가장 인상적인 감상평을 남기신 분께는 <발칙하고 유쾌한 별별 지식백과>, <소원니놀이터의 띠부띠부 직업놀이>, <지금 내게 필요한 멜로디>, <미국에서 기죽지 않는 쓸만한 영어 : 일상생활 필수 생존회화> 등 푸짐한 선물을 드립니다!
❖ 참여하실 때는 반드시 희망 도서를 하나 골라 기입해주세요.

한 달 이슈를 한 권으로!

 서＊현(영주시 영주동)

개인적으로 미디어, 신문, 잡지 등을 통해 매일 시사뉴스를 읽으며 정보를 접하는 편이다. 그러나 때로는 바쁜 일정 탓에 하루 동안 어떤 일이 있었는지 모르고 스쳐 지나갈 때도 있다. 그럴 때마다 한 달간 있었던 주요 이슈를 정리해 주는 시사전문 도서가 절실하다고 느껴진다. 특히 시사의 경우 그 내용이나 사건의 전개가 단편적이기보다 연속성을 띠고 진행되는 경우가 대부분이라 흐름을 짚고 넘어가는 것이 무엇보다 중요하다. 그런 점에서 〈이슈&시사상식〉은 주요 사건의 최신이슈뿐만 아니라 과거부터 진행되어 온 상황도 정리해줘서 유용하게 읽고 있다.

상식과 교양을 한 번에

 김＊진(성남시 수정구)

바쁘게 하루를 보내다 보면 사회, 경제, 정치 등 여러 분야에서 시시각각 변화하는 소식들을 놓치지 않고 접하기 쉽지 않다. 그래서 매달 출간되는 〈이슈&시사상식〉을 통해 한 달간 있었던 주요 이슈 및 상식과 관련된 내용들을 접하는 편이다. 다른 코너들도 물론 도움이 되지만 개인적으로는 상식 더하기 코너를 재밌게 읽고 있는데, 실생활에서도 활용할 수 있고 교양 함양에 도움되는 내용들이 실려 있기 때문이다. 이 책을 통해 다양한 분야의 주요 이슈를 정리해보고, 또 그동안 잘 알지 못했던 교양지식을 쌓을 수 있어서 정말 유익한 도서라는 생각이 든다.

취준생들에게 강력 추천

 임＊진(김포시 풍무동)

한 달간 주요 이슈를 모아둔 〈이슈&시사상식〉. 특히 이달의 뉴스 코너에는 사람들이 관심 있게 살펴볼 만한 이슈가 순위별로 정리되어 있어 각자에게 필요한 내용을 골라 읽어볼 수 있다. 또한 찬반토론과 핫이슈 퀴즈, 필수 시사상식 등을 통해 이슈와 관련된 키워드들을 학습할 수 있고, 이전에 알지 못했던 내용들도 숙지할 수 있도록 구성되어 있다. 필기뿐만 아니라 면접에서도 시사상식과 관련된 내용이 출제가 되고 있기 때문에 시사공부가 필수적인 취준생들이 더 많은 정보를 습득하기 위해서라도 꼭 한번 읽어보면 좋을 것 같다는 생각이 들었다.

꼭 알아야 하는 이슈

정＊철(화성시 반송동)

〈이슈&시사상식〉은 지금 우리가 관심을 가지고 고민해봐야 하는 이야기를 중심으로 필요한 내용만 골라 전달해주는 도서다. Hot Issue 파트를 중심으로 한 번쯤 뉴스에서 봤을 법한 굵직한 사건들이 독자들이 쉽게 이해하고 생각해볼 수 있도록 정리 · 구성돼 있다. 또한 취준생들에게 도움이 될 만한 논술 · 면접 관련 코너를 비롯해 시사상식 기출문제 및 예상문제, 찬반토론, 취업데스크 등의 코너도 수록돼 있어 다방면에서 활용이 가능하다. 이 책을 읽으며 현대인이라면 꼭 알아야 하는 사회현안들을 파악하고 자신의 의견을 정리해보면 더 좋을 것 같다.

독자 여러분 함께해요!

〈이슈&시사상식〉은 독자 여러분의 리뷰를 기다리고 있습니다. 분야·주제 모두 묻지도 따지지도 않습니다. 보내주신 리뷰 중 채택된 리뷰는 다음 호에 수록됩니다.

참여방법 ▶ 이메일 issue@sdedu.co.kr
당첨선물 ▶ 정답을 맞힌 독자분들 중 가장 인상적인 감상평을 남기신 분께는 〈발칙하고 유쾌한 별별 지식백과〉, 〈소원니놀이터의 띠부띠부 직업놀이〉, 〈지금 내게 필요한 멜로디〉, 〈미국에서 기죽지 않는 쓸만한 영어 : 일상생활 필수 생존회화〉 등 푸짐한 선물을 드립니다!

❖ 참여하실 때는 반드시 희망 도서를 하나 골라 기입해주세요.

나눔시대

함께 배우고 성장하는 배움터! (주)시대고시기획 시대교육(주) 입니다.
앞으로도 희망을 나누는 기업으로서 더 큰 나눔을 실천하겠습니다.
나눔은 행복입니다.

재외동포재단, 경인교육대학교
한국어능력시험 관련 교재 기증

장병 1인 1자격,
학점 취득 지원

전국 야학 지원
청소년, 어린이 장학금 지원

" 숨은 독자를 찾아라! "

〈이슈&시사상식〉을 함께 나누세요.

대학 후배들이 하루의 대부분을 보내고 있을
동아리 사무실에 〈이슈&시사상식〉을 선물하고
싶다는 선배의 사연

마을 도서관에 시사월간지가 비치된다면 그동
안 아이들과 주부들이 주로 찾던 도서관을 온
가족이 함께 이용하게 될 것으로 기대한다는
희망까지…

〈이슈&시사상식〉, 전국 도서관
및 희망자 나눔 기증

양서가 주는 감동은 나눌수록 더욱 커집니다. 저희 〈이슈&시사상식〉도 힘을 보태겠습니다.
기증 신청 및 추천 사연을 보내주세요. 사연 심사 후 희망 기증처로 선정된 곳에 1년간 〈이슈&시사상식〉을 무료로 보내드립니다.

* 보내주실 곳 : 이메일(issue@sdedu.co.kr)
* 희망 기증처 최종 선정은 2023 나눔시대 선정위원이 맡게 됩니다. 선정 여부는 개별적으로 알려드립니다.

(주)시대고시기획

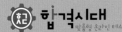

"합격" 보장! 각종 '시험' 합격 대비 도서

각 분야의 1등 강사진과 집필! 공무원 시험부터 NCS 및 각종 기업체 취업 시험, 중졸/고졸 검정고시와 같은 학습 관련 시험 및 매경테스트, 그리고 IT 관련 시험 및 TOPIK, G-TELP, ITT 등의 어학 시험 등 각종 시험에서의 '합격'을 보장하는 도서!

9급 공무원

경찰공무원

군무원

PSAT

지텔프(G-TELP)

NCS 기출문제

SOC 공기업

대기업 · 공기업 고졸채용

ROTC 학사장교

육군 부사관

한국사능력검정시험

영재성 검사

일본어 한자

토픽(TOPIK)

영어회화

엑셀